Klassische Reisen

Ein newe Reyßbeschreibung auß Teutschland nach

Constantinopel vnd Jerusalem.

Darinn die gelegenheit derselben Länder/Städt/
Flecken/Gebew rc. der innwohnenten Völcker Art/Sit-
ten/Gebreuch/Trachten/Religion vnd Gottesdienst rc.

In sonderheit die jetzige ware gestalt deß H. Grabs/der Stadt Jerusalem vnd
anderer heiligen Oerter/darbey allenthalben der heiligen Schrifft
vnd deß Authoris Meinung hievon.

Item welcher gestalt vnd was die Röm. Keys. May. durch ihrn
Legaten dem Türckischen Keyser/auch dessen fürnembsten Officiern/jedem besonder zur Praesent vnter wegen vnd zu Constantinopel damals überliessern lassen/
sampt desselben werth vnd der Legaten Ampt/Habitation/jährlichen Besoldung rc.
vnd ganten Butesten daselbst.

Deßgleichen deß Türckischen Reichs Gubernation/Policey/Hoßhaltung/nutzbarkeit
deß Reysens/vnd vielerley andern lustigen sachen/

Mit hundert schönen newen Figuren/dergleichen nie wird gewesen seyn/

In III. vnterschiedlichen Büchern
Auffs fleissigst eigner Person verzeichnet vnd abgerissen

Durch Salomon Schweigger/damal Diener
am Evangelio übers dritt Jar zu Constantinopel rc.
Dieser Zeit aber Prediger der Kirchen zu vnser Frawen inn Nürnberg.

Vnd jetzo auff offtes begehrn vieler fürnemer/erfahrner vnd gutherziger leut
menniglich so wol zum Trost vnd Warnung als zur lust

Gedruckt vnnd verlegt zu Nürnberg/durch
Johann Lantzenberger. M. DC VIII.

Salomon Schweigger

Zum Hofe
des türkischen Sultans

Bearbeitet und herausgegeben
von Heidi Stein

VEB F. A. Brockhaus Verlag Leipzig

Reproduktionen von Joachim Petri nach Holzschnitten des Originals

ISBN 3-325-00061-4

1. Auflage
© VEB F. A. Brockhaus Verlag Leipzig, DDR, 1986
Lizenz-Nr. 455/150/6/86, LSV 5379
Lektorat: Christa Kunze
Buchgestaltung: Hans-Jörg Sittauer
Printed in the German Democratic Republic
Lichtsatz: Karl-Marx-Werk Pößneck V 15/30
Druck und buchbinderische Weiterverarbeitung:
Grafische Werke Zwickau
Redaktionsschluß: 30. 4. 1985
Bestell-Nr. 587 227 5
01350

Inhalt dieses Reis-Buchs

Das ander Buch

Ist eine Beschreibung von allerhand Gebräuchen im geistlichen und weltlichen Regiment des türckischen Kaisers, sampt seinen Lustgärten und seltsamen Tieren, ferner von etlichen fürnehmen Gebäuen, Gelegenheit und Gestalt der Stadt Constantinopel; auch was sonsten Fürnehmes, weil ich da gewest, fürgeloffen ist; und hat 65 Kapitel

Im Jahre 1608 erschien in Nürnberg »Ein newe Reyßbeschreibung auß Teutschland Nach Constantinopel und Jerusalem ... Mit hundert schönen newen Figuren ... In III unterschiedlichen Büchern Auffs fleissigst eigner Person verzeichnet und abgerissen Durch Salomon Schweigger ... Gedruckt vnnd verlegt zu Nürnberg/ durch Johann Lantzenberger. MDCVIII.« Salomon Schweigger (1551–1622) gehörte in den Jahren 1577–1581 als protestantischer Prediger zum Gefolge des Gesandten Joachim Freiherrn von Sintzendorff (1534–1594), der im Auftrage des habsburgischen Kaisers Rudolf II. (1576–1612) als ständiger Vertreter Österreichs in der Hauptstadt der Osmanen residierte.

Schweigger schildert im ersten Teil seines Buches die Reise von Wien (10. Nov. 1577) über Budapest, Belgrad, Sofia, Plovdiv, Edirne nach Istanbul (Konstantinopel). Seinen dortigen Aufenthalt vom Januar 1578 bis zum März 1581 während der Regierungszeit Sultan Murats III. (1574–1595) behandelt der zweite Teil. In lockerer Folge erzählt der Autor vom Leben in dieser Stadt und ihren Bewohnern, berichtet vom Hofstaat des Sultans und kommentiert Zeitereignisse. Der dritte Teil ist einer anschließenden Pilgerreise nach Jerusalem gewidmet, von wo aus Schweigger auf direktem Wege in seine Heimat Württemberg zurückkehrte (November 1581).

Vorliegende Herausgabe dieses Werkes beschränkt sich auf die beiden ersten Teile, die einen der frühesten, im Druck erschienenen deutschen Reiseberichte über die Türkei darstellen. Die Beschreibung der Pilgerfahrt ist zwar auch nicht uninteressant; die Informationen jedoch, die Schweigger über die osmanischen Provinzen Syrien (dazu gehörte auch das Territorium Palästinas) und Ägypten gibt, bleiben wegen der Kürze seines Aufenthalts nur an der Oberfläche. Über diese Länder existieren andere gehaltvollere Berichte, auch schon aus früherer Zeit.

Des weiteren wurde hier auch auf die letzten vier Kapitel des 2. Teils verzichtet, welche die griechische und armenische Bevölkerung Istanbuls zum Gegenstand haben, sowie auf Kapitel IX (Vom Gottesdienst in der Herren Legaten Behausung ...) und Kapitel IX des 1. Teils (Von dem Zustand des ungarischen Reichs, was sich für Krieg darinnen verloffen ...).

Das Interesse, das Schweiggers Reisebuch fand, bezeugen die schnell aufeinanderfolgenden Neuauflagen von 1609, 1613, 1614, 1619, 1639, 1644 und 1664, dazu auszugsweise Drucke 1660, 1661 und 1665. Unsere Bearbeitung stützt sich auf den Faksimile-Neudruck der Erstausgabe, den die Akademische Druck- und Verlagsanstalt Graz 1964 in ausgezeichneter Qualität herausgebracht hat (Band 3 der Reihe »Frühe Reisen und Seefahrten in Originalberichten«, Einleitung von Rudolf Neck). Zu Vergleichszwecken wurden die Ausgaben von 1619 und 1664 herangezogen. Die vorliegende Ausgabe enthält auch Reproduktionen des größten Teils der »schönen newen Figuren« – Holzschnitte, die nach Schweiggers eigenen Zeichnungen entstanden.

Für den heutigen Leser ist die deutsche Sprache des Originaltextes sicher von besonderem Reiz. Deshalb war es das Ziel der Bearbeitung, phonetische, grammatische und lexikalische Eigenheiten der frühneuhochdeutschen Sprachstufe, soweit sie hier erkennbar sind, zu erhalten. Lediglich Orthographie und Zeichensetzung wurden im Interesse der leichteren Lesbarkeit dem heutigen Gebrauch angepaßt. Da es zur Entstehungszeit des Werkes noch keine allgemeingültige deutsche Schriftsprache gab, spiegelt der Text auch Aussprachenschwankungen wider, wobei sich besonders deutlich Merkmale des süddeutschen Sprachraums zeigen. Insgesamt machen es die wechselhaften Lautverhältnisse im Verein mit der Regellosigkeit der Orthographie jener Zeit recht schwer, zu einer zweifelsfreien phonetischen Rekonstruktion zu gelangen, so daß Fehler dabei nicht auszuschließen sind. Für die türkischen Wörter gilt diese Problematik in noch stärkerem Maße, da die türkische Sprachgeschichte im Vergleich zur deutschen viel weniger erforscht ist. Deshalb wurden die türkischen, wie auch andere fremdsprachige Elemente stets in der jeweiligen Schreibung des Originals belassen, ebenso sämtliche Eigennamen (Personennamen, geographische Bezeichnungen, Länder- und Völkernamen).

Die älteren deutschen, die türkischen und sonstigen fremdsprachigen Wörter und Wendungen sowie Eigennamen und

Sachbegriffe werden in den Anmerkungen erklärt. Um die nachfolgende Lektüre zu erleichtern, sei hier nur auf einige häufig vorkommende deutsche Wörter hingewiesen, deren Gebrauch z. T. vom heutigen abweicht:

allerdings – in allen Dingen, gänzlich
auf ein Zeit – einstmals
bei – ungefähr, etwa
billig – gerecht, verdientermaßen (wie billig – wie es recht und billig ist)
durchaus – gänzlich, völlig
einig – einzig
etwa(n) – früher einmal; vielleicht, manchmal
fast – sehr, völlig
für – vor (als Präposition und Vorsilbe)
gemein – allgemein
hin und wider – da(-hin, -her), und dort(-hin, -her), allenthalben
männiglich – jedermann
nach Notdurft – nach Bedarf, in der erforderlichen Weise
schwerlich – mit Mühe
überflüssig – reichlich, übermäßig

Häufig ist das Reflexivpronomen »sich« der 3. Person noch durch den Dativ des entsprechenden Personalpronomens vertreten: »Er bildet ihm ein« statt »Er bildet sich ein«.

Kürzungen des Textes sind nicht gekennzeichnet; in eckigen Klammern stehen vereinzelte Wortergänzungen nach Kürzungen wie auch Korrekturen von eindeutig falschen Namen und Zahlen.

Für die freundlich gewährte Hilfe bei der Bearbeitung des deutschen Textes möchte ich an dieser Stelle Herrn Prof. Dr. sc. Rudolf Große (Leipzig) meinen besonderen Dank sagen, desgleichen Herrn Prof. Dr. sc. Dr. h.c. Ernst Werner (Leipzig) für seine wertvollen Hinweise zur Beurteilung historischer Sachverhalte. Bereitwillige Auskunft zur Klärung von Detailfragen gaben mir Frau Doz. Dr. sc. Elke Blumenthal (Leipzig), Herr Doz. Dr. sc. Heinz Fähnrich (Jena), Herr Pfarrer Christian Führer (Leipzig), Frau Prof. Dr. habil. Zsuzsa Kakuk (Budapest), Herr Dr. Albert Lindner (Leipzig) und Frau Dr. Ursula Novotny (Leipzig), denen ich dafür ebenfalls zu herzlichem Dank verpflichtet bin. _H.S._

Salomon Schweigger

Das erste Buch

Ist eine Beschreibung der Reis von Tübingen aus, im Herzogtum Würtenberg, nach Wien, hernach von Wien bis gen Constantinopel, und hat 15 Kapitel

Das I. Kapitel

Ist des Autoris Abschied von der Hohen Schul zu Tübingen, wie er zu Wien ankommen, trachtet nach Gelegenheit auf Constantinopel, wird von dem kaiserlichen Legaten zu einem Hofprediger nach Constantinopel angenommen

Als man zählt nach Christi unsers Herrn Geburt 1576 Jahr, den 26. Septembris, im 25. Jahr meines Alters, nahm ich mein Abschied von der Hohen Schul zu Tübingen – nachdem ich in den Fürstlichen Coenobiis im Fürstentum Würtenberg, nämlich Alpersbach und Herren Alb, in die fünf Jahr und bei der Schul zu Tübingen drei Jahr in Studiis humanioribus beneben dem Studio Theologiae zugebracht –, dann ich von Jugend auf ein sondere Begierd getragen, ferne Land zu sehen und etwas zu erfahren.

Es trug sich auch zu, daß eben im selbigen Jahr ein Reichstag zu Regenspurg gehalten war, dahin trachtet ich vor allen Dingen zu kommen, denselbigen zu sehen. Und als ich dahin kam, hielt ich fleißige Nachforschung, wie ich bei edlen Herren möcht befördert werden als ein Paedagogus, mit derselben Kindern in Italiam oder Franckreich zu kommen, aber es fehlet mir mein Fürnehmen. Derwegen nahm ich nach acht Tagen mein Reis nach Lintz in Oesterreich, allda traf ich an Scholae provincialis Rectorem, Ehren Joannem Memhardum, mit dem ich vor der Zeit im Land zu Würtenberg in Kundschaft kommen. Diesem eröffnet ich mein Fürnehmen und bat ihn, daß er mir behülflich sein wollt, daß ich mit edler Herren Kinder, die in großer Anzahl daselbst sein, möchte verschickt werden. Dieser nahm sich meiner fleißig und freundlich an und verschafft so viel, daß ich von der Landschaft Procuratore, Ehren Joann Dienstdorffer, zu einem Paedagogo seiner Kinder angenommen war.

Als ich aber bis in den dritten Monat daselbst verharret und sich kein bessere Gelegenheit für mich wollte zutragen, nahm ich meinen Abschied von dannen nach Wien, hielt mich etlich Wochen in dem Fürstlichen Würtenbergisch Collegio, die Lilien-Bursa genannt. Mein Vetter Joannes Ruff, damalen Conventualis zu Mölck, jetziger Zeit Abt zum Hl. Kreuz zu Wien, reicht mir Sumptus und Zehrung und tät das Best mit mir, dann ich von Tübingen mehr nit denn sechs Taler hinwegbracht.

Als ich nun diese Zeit zu Wien mein Wesen hätt, kompt in Erfahrung Herr Ambrosius Ziegler, damals Prediger zu Herrenals, in einem Flecken zunächst bei Wien, daß ein Studiosus von Tübingen verhanden sei. Und als ich zu ihm in sein Herberg kam, da er eben in der Stadt krank lag, zeigt ich ihm an, wie es mir gieng und was ich Sinns wäre; bat ihn, er wollt als ein Sympatriota das Best bei mir tun, daß ich möcht befördert werden. Der erbot sich alles Guts und ließ nichts erwinden an ihm, ob er mich möcht versehen, aber es war umbsonst. Und als ich vielmals zu ihm in sein Losament kam, vermahnt er mich freundlich, dieweil ich in Studio Theologiae bei der Schul zu Tübingen ein gute Zeit hätt zugebracht, hoffet er, ich hätt so viel darin zugenommen, daß ich nun auch andere könnt unterweisen und lehren. Derhalben sollt ich ihm in seiner Kirch ein Beistand tun, weil er mit Leibsschwachheit beladen. Wofern ich nun würde Fleiß fürwenden, alsdenn werde ohn Zweifel Gott der Allmächtige Gnad geben, daß es künftig an Fürderung nicht werde manglen. Auf solche gutherzige Erinnerung laß ich mich endlich bereden und ziehe alsbald nach Grätz in Steyermarck, allda es eine feine Kirch und Schul, etliche feine Theologos hatt'. Als ich nun von ihnen examiniert worden und ein Predig getan, auch nach solchem allem von ihnen Ordinationem und offentliche Testimonia erlangt, war ich von ihnen wieder nach Wien abgefertigt. Daselbst hab ich in der christlichen Kirchen Herrenals mit demjenigen Quintlein, das mir der Herr verliehen, gearbeitet bis in den siebenten Monat.

Hiezwischen bin ich in einer Gastung zu Wien geraten, zu Herrn Hans Auer, damaln Kais. Maj. Hofdiener, jetzund Obrister an den krabatischen Grenzen, welcher vielmals zuvor der kaiserlichen Legaten Hofmeister nach Constantinopel gewe-

sen. Und als er über Tisch der Stadt Constantinopel und der Türckey Meldung getan, fragt ich, ob es sein könnte, daß auch ich daselbst hin möcht kommen. Darauf er geantwort, es könnte wohl sein, woferr ein kaiserlicher Gesandter dahin abgefertigt würde, wollt er, soviel ihm müglich, mir behülflich sein; sagt auch zumal, daß in Kürze ein Botschaft würde abgefertigt werden.

Als nun die Zeit herzurucket, daß ein kaiserliche Botschaft sollte abgefertigt werden, war ernennt der edel und gestrenge Herr Joachim von Sintzendorff und Gogitsch zu Feureck, Kais.Maj. Reichshofrat, ein verständiger, gelehrter und christlicher Herr. Da er sich anfieng zur Reis rüsten, sahe er sich vor allen Dingen umb ein Prediger umb. Da war ich von etlichen fürnehmen Leuten meinem günstigen Herrn fürgeschlagen, sonderlich tät Herr Ziegler das Best. Hierauf schickt wohlermeldter mein gnädiger Herr von Sintzendorff nach mir, zeigt mir an, wie von der Kais.Maj. er verordnet wär ein Legat nach Constantinopel, dahin er eines Predigers bedürftig. Weil er denn von vielen fürnehmen Leuten vernommen, daß ich Lust dahin hätt und ich mich wollt brauchen lassen, so sollt ich's zuvor wohl bedenken, denn diese Reis werd etliche Jahre erfordern. Dargegen erklärt ich mich, wie ich jeder-

zeit hätt groß Verlangen gehabt, an diese Ort zu kommen und
etwas zu erfahren; wär auch noch bereit, mich gebrauchen zu
lassen, woferr ich anders dahin tüchtig, wöll auch an meinem
müglichen Fleiß nichts erwinden lassen; damit schied ich ab.
Nach etlichen Tagen ward ich wiederumb erfordert und war
mir ein Bestallung gemacht, daran ich nach Gestalt der Sachen wohl vernügt war. In solcher Weil wurden alle Ding,
zur Reis nötig, zugericht – Pferd, Schiff, Kutschen, Kleider
und anders. Keiner wollt der letzt sein, – da uns doch letzlich
allen des Wanderns gnug worden ist, wann wir schon nicht so
sehr darnach gestellt hätten.

Das II. Kapitel

Abschied von Wien und Verzeichnus der Personen bei dieser Reis

Den 10. Tag Novembris, als man zählt nach Christi Geburt
1577, begab sich der Herr Abgesandte auf die Reis sampt dem
Adel und den Herren, die er bei sich hätt. Denn es pflegen allzeit
etlicher ansehlicher Herrn Söhne mitzureisen, die doch
dem Herrn Legaten nit zugehören, sondern Ansehens halb
und der Kais. Maj. zu Ehrn mitziehen, welche auch gleich
nach verrichter Werbung und Überantwortung der kaiserlichen Verehrung mit dem übrigen Haufen, nämlich mit den
gedingten Landkutschern, so die Güter umb Lohn geführet,
wieder heraus in Teutschland ziehen. Der Herr Legat wurde
von vielen fürnehmen Herren auf das Schiff beleitet, und hielten die Morgenmahlzeit daselbst, waren lustig und guter Ding
miteinander und machten ihren Abschied.

Umb zwei Uhr nach Mittag ist man vom Land gefahrn, und
hat der Herr Legat zuvor an das Volk, so am Land gestanden,
ein kurze Red getan, sie alle und das ganze Vaterland den
göttlichen Gnaden und Schirm, auch uns samptlich ihrem
christlichen Gebet befohlen. Am selbigen Abend kamen die
Schiff an im Flecken Vischamünd und blieben daselbst über
Nacht. Ich kam eine halbe Stunde zuvor dahin auf einem
Kutschen mit zween guten Freunden, die mir das Gleit gaben,
dann ich hätt die Schiff, als sie zu Wien von Land stießen,

versaumbt und die Stund der Abfahrt nit erfahren können. In diesem Flecken hielt desselben Tags Hochzeit Herr Peter Hirsch, Pfarrer daselbst. Der kam zu mir in die Herberg – dann er war mein guter Bekannter – und lude mich zur Hochzeit, welchem ich auch zu Willen war und erschiene zum Nachtessen. Viel ehrliche Leut und Bürger von Wien waren zugegen, die waren lustig und freundlich mit mir. Nach dem Nachtessen gieng ich hinaus an das Wasser und stellt mich ein in meines gn. Herrn Schiff. Des Morgens frühe, ehe man von Land fuhr, kam alles Gesind von allen Schiffen in Ihr Gn. Schiff zusammen, und las ich ein Kapitel aus der Bibel mit angehenktem Gebet für glückliche Reis und daß der allmächtige Gott zu unserm Fürnehmen wölle seine göttliche Gnad verleihen, daß es möge gereichen zu Gottes Ehr und des allgemeinen Vaterlands Wohlfahrt. Nach vollendtem Gebet verfügt sich das Gesind alles wieder an sein Ort und Stell, und fuhren also weiter fort. Dies geschahe alle Tag; des Sonntags hielt man ein Predig. Den ganzen Tag bracht man zu mit Schreiben, Lesen, Spielen, Musik, zum Teil mit Fabulieren und dergleichen Kurzweil. Und dies war der erste Tag unser Reis, welches ein schöner und lustiger Tag war.

Die Schiffe der Gesandtschaft

Folgt hernach ein Verzeichnus derjenigen Personen, so in dieser ansehlichen und ehrlichen Compagnia sich befunden:

Diese werden in drei Haufen nach den dreien Schiffen geteilt, als nämlich ist des Herrn Legaten, meines gn. Herrn Schiff, mit A verzeichnet, darauf war Ihre Gn. in eigner Person und hätten ein eigens Kämmerlin und Stüblin innen. In dem großen Gemach zunächst dabei waren Herr Wolff von Hofkirchen und Herr Septimus von Liechtenstein, beide Freiherren. Nach diesen etliche vom Adel, als Hans von Seidlitz, Christoff von Vitzetum, Hans Scharenberger, Görg Caspar von Neuhauß, Bernhart von Bartenhauß, Sigmund Steger, Romanus von Pranck – diese waren für sich selbs und hätten ihre eigne Pferd und Kutschen und ihre acht Diener. Ferner waren in Ihr Gn. Schiff Wentzel von Budowitz, Doktor Bartholomeus Petz – Secretari, der Prädikant Salomon Schweigger, Gregorius Hokh von Dannbach, Helmhart Heyden zum Dorff, Hans Ferenberger von Egenberg und Christoff Fieringer – alle vier Ihrer Gn. Jungen, Philipp Kolbeck – über die Kredenz, und drei Diener.

In des Hofmeisters Schiff, mit B verzeichnet, war Herr Hans Auer, Kais. Maj. Hofdiener und Ihr Gn. Hofmeister, der hätt bei sich des Herrn Legaten Gesind, als Philip Hannibal von Eckersdorff, Jacob Khober – Schreiber, Veit Kastisch – Stallmeister, Jacob Rorer, Ambrosi Eißler, David Meme – Balbierer, Michael Amas, Steffan Masser – beide Stallknecht, Görg Klug – Uhrmacher, Niclaus Leffler – Goldschmied, Adam Hochreuter – Pincern, Tobias Danckh – Kredenzer, Sebald Schleicher.

Auf dem Kuchenschiff, mit C verzeichnet, war Joachim Haintz – Kuchenmeister, Wilhelm Neuhauß – Oberkoch, Caspar Barkirch – Unterkoch, sampt zweien Kuchenjungen.

Auf dem vierten und fünften Schiff, mit D, E verzeichnet, waren Ihrer Gn. zween Kutscher sampt ihren zweien Vorreutern, als nämlich zu Ihr Gn. Leibkutschen zween und zum Heerwagen zween. Desgleichen der andern Herren und Junkern Kutschern sampt den Land- oder Lehekutschern und den Kutschenpferden.

Des Herrn Legaten Schiff hat die Kais. Maj. Ihren Gn. verehret, darin sie mit der Leich ihres Vaters seligster Gedächtnus, Maximiliani II., von Regenspurg gefahren. Das hätte in der Mitte bei zwölf Schuh und in der Länge bei hundert Schuh wie fast die andern alle, doch waren die zwei Pferdschiff offne Schiff, ohne Dachung und ohn Gemach.

Belangend die Kleidung, ist dieselbig allerdings ungrisch gewesen durchaus.

Das III. Kapitel

Die Schiffahrt von dem Flecken Vischamund bis gen Commorra

Den 11. Novembris frühe brachen die Schiff auf von obgemeldtem Vischamund und kamen umb zwölf Uhr zu Mittag zu Preßburg an. Allda ländeten wir zu und hielten die Morgenmahlzeit. Unter der Mahlzeit kam des Bischofs Hofmeister, verehrt mein gn. Herrn sechs großer Kannen mit gutem ungerischen Wein, zween Aurhahnen und ein Hasen. Nach der Mahlzeit schifften wir fort und blieben über Nacht in einer Au gravidanna. In die Stadt Preßburg bin ich nicht kommen, darumb kann ich ihrer Gelegenheit halb kein Bericht tun. Sie ist aber jetziger Zeit die namhaftigst Stadt und die Hauptstadt in Ungern, da die Ständ jährlich ihre Versammlung und Landtäg halten. Sie liegt einsteils am Berg, einsteils auf der Ebne und hat ein sehr schön fest Bergschloß, und siehet die Gelegenheit des Schlosses und der Stadt der Stadt und Schloß Tübingen gar ähnlich. Den 12. Novembris haben wir bei einem ungerischen Dorf Weikau angeländt und das Frühmahl gehalten. Des Abends bei einem Flecken Wodock unser Nachtläger gehabt, daselbst wurden die Pferd aus den Schiffen ausgesprengt.

Den 13. Novembris sein wir in der Festung Commorra gar spät ankommen und mit gewaltigem Freudenschießen aus der Festung empfangen worden. Es war uns auch ein Nassada entgegengeschickt, das ist ein schnell Streitschiff, darin bei dreißig Ungern, dern ein jeder mit einer Copia oder Rennspieß und mit einem langen Rohr versehen ist, sampt einem Säbel. Es sein tapfere geschwinde Leut, die den Paß auf dem Wasser erhalten.

Desselbigen Abends wurden wir gewahr eines Kometen

oder Pfauenschwanz gleich nach der Sonnen Untergang. Einer aus den Nassadisten berichtet uns, daß zu der Zeit, als Siget verlorn worden, sei auch ein solcher Komet erschienen eben in dieser Gegend des Lufts oder Himmels gleich wie dieser, nämlich Anno 1566. Wir sein aber mit diesem Kometen bis gen Pontipicolo oder Kleinbruck, ein teutsche Meil von Constantinopel, kommen, daselbst haben wir ihn verloren. Es ist aber gleich das folgende Jahr im andern Monat der Zug des Türcken wider den Sophi in Persia angangen. Ob nun neben andern Änderungen auch die Zerrüttung dieser beider Reich sei bedeutet worden, gib ich verständigen Leuten zu ermessen.

Den 14. Novembris mußten wir zu Comorra auf das türckisch Gleit warten, welches uns sollte annehmen. In solcher Zeit spazierten wir umbher und besichtigten den Flecken und Festung. Der Fleck zwar ist mit einem starken eichen Zaun umbgeben, anderhalb Manns hoch, welcher durchaus geflochten und mit Leimen geschliert ist wie andere dergleichen Kastell und Flecken mehr in Ungern, aus welchen sie sich doch redlich wehren. Vor dem Tor zu Comorra sahe ich 24 Türckenköpf an einem Zaun herumb nacheinander stekken. Zum Morgenessen kam [der Leutenant daselbst,] Herr Ferdinand Samaria, bracht meinem gnädigen Herrn sein Verehrung, nämlich ein Rehe, ein guten ungerischen Wein, Fisch und anders. Nach dem Morgenessen gieng ich hinein in die Festung zu dem Prädikanten, der neulich von Tübingen dahin verordnet war, mit Namen Johannes Werner von Calw, der führet mich in der Festung herumb. Da sahe ich gewaltige Geschütz auf Rädern, unter denselbigen sahe ich eines, darauf stund meins gnädigen Fürsten und Herrn, des Herzogen von Würtenberg, Wappen. Die Basteien sein von gewaltigen Werkstücken gebaut von allen Orten herumb sampt einem sehr tiefen Graben. Zudem wird das ganze Haus beinahe allenthalben mit der Thonaw umbgeben, also daß es beide von Natur und Gebäu gar fest und wehrlich. Inwendig siehet man nichts denn gar niedere rauchige Häuslein für die Soldaten. Der Fähndrich dieses Orts, Herr Ferdinand Külman, ein Würtemberger, empfieng mich ganz freundlich und bat mich auch zum Nachtessen, aber ich entschuldigte mich. Die Festung ist mit einer teutschen Besatzung belegt, daher ein jeder

Unger, der in die Festung gehen will, der muß unter dem Tor sein Säbel von sich legen, daraus abzunehmen, daß man ihnen nicht traut. Die ganz Gegend herumb ist ein schön eben und fruchtbar Land.

Die Insel, darin Comorra liegt, wird teutsch genennt die Schütt, ungarisch Cituatum, daher der teutsche Name kompt, sonst wirds' genennt Cituatorum Insula.

Das IV. Kapitel

Wie der Herr Legat von den Türcken unterhalb Comorra angenommen wird

Den fünfzehnten Novembris, nachdem wir unser gewöhnlich Gebet und Lesen verricht des Morgens früh, da kompt ein Post und zeigt an, die Türcken seien vorhanden und warten unser, daß sie uns beleiten. Da machten wir uns alsbald auf, fuhren von Land und zogen den Türcken entgegen und waren von einundzwanzig Nassaden beleitet, auf welchen ein Anzahl Hakenschützen und Fußvolk verordnet war, ungefährlich bei zwölfhundert. Es donnert allenthalb von großen Stücken und Handröhren hinter uns in der Festung, unter uns auf den Schiffen und vor uns von dem Feind. Als wir nun ein Büchsenschuß fern von den Türcken waren, stiegen wir alle aus. Indem nun mein gn. Herr ein gute Weil verzog, daß sie kämen, ihn zu empfahen, wollten sie doch nit herzukommen, dann sie sorgten, es möcht ein Betrug darhinter sein. Da schickt Ihre Gn. zu ihnen, warumb sie ihn nit annehmen. Dem zeigten sie wiederumb an, er soll zu ihnen hinabkommen, der ihnen aber antwortet, es sei nit der Brauch, daß er sie empfahe, sondern daß er von ihnen empfangen werd; da sie es aber nit tun wöllen, wisse er sich ferner der Gebühr nach zu verhalten, welches sie auch mit ihrem großen Schaden erfahren sollen. Darauf sie ihme wiederumb anzeigen lassen, woferr er sein Gleit werd abschaffen, so wöllen sie alsbald ihn, wie sich gebühr, empfahen und annehmen. Aber Ihre Gn. wollten ihr Ansehen wie billig erhalten und ihnen nit nachgehn, verzog im freien Feld noch ein kleines. Da faßten die Türcken letzlich ein

Herz und traten zween ihrer Obersten sampt etlich Jungen gegen uns, und als sie auf etlich wenig Schritt gegen Ihrer Gn. herzunaheten, fiengen die beide an zu laufen, so fast sie vermochten, und erwischt der eine Ihre Gn. bei der Hand und küsset dieselb, desgleichen gebaret auch der ander gegen dem Herrn Leutenampt, welcher neben Ihrer Gn. stund. Da fieng der Herr Leutenant an gegen ihnen zu reden – er redet aber auf ungerisch –, daß von der Röm.Kais.Maj. dieser gegenwärtige Herr Gesandte abgefertigt wär zu ihrem Herrn, dem Sultan, derwegen sollen sie Fleiß ankehren, daß derselbig sampt den Seinigen von ihnen der Gebühr nach gehalten, beleitet und sicherlich ohne alle Hindernus fortkommen mög, damit er sich nichts zu beklagen hab. Der eine Türck antwortet, er wollte ihne, Herrn Legaten, bei seinem Kopf also beleiten und führen, daß sie daran ein gutes Genügen tragen sollen. Dann also bestätigen sie fast alle ihre Händel, sprechend: »Waschuschum!«, und greifen mit solchem Wort auf das Haupt. Alsbald traten wir in unsere Schiff, und weil es Morgenessens Zeit war, schickten wir uns zur Mahlzeit und auch zugleich zum Fortfahren. Es beruft auch Ihre Gn. gemeldte zween Türcken zur Mahlzeit, aber sie schlugen's ab mit Anzeigung, daß sie jetzund ihre Fasten müßten halten.

Unter diesen Weilen, daß man viel des Gleits halb mit den Türcken verglichen und nach Notdurft mit ihnen ein Abred gehalten, traten die Kriegsleut von beiden Parteien zusammen, grüßten einander gar freundlich und sprachen ein gute Weil miteinander. Es gebrauchten sich aber beide Teil solcher Bescheidenheit, daß niemands im wenigsten hätt können vermuten, daß diese Leut sollten abgesagte Todfeind, sondern vielmehr gute Freund, Bekannte und Brüder miteinander sein. Da fragt einer den andern von seinem Spießgesellen, der von einem oder dem andern Teil da oder dort vor derselben Zeit wär gefangen worden; ihre Reden waren ungrisch, krabatisch und türckisch. Ein türckischer Soldat hofiert dem Herrn Leutenant mit zween türckischen Leffeln, die er ihm verehrt, ohn Zweifel, [um] seiner Freund und Bekannten einen, der zu Comorra gefangen lag, also Huld und Gunst zu erlangen, oder daß er dem Herrn Leutenant bekannt oder bei ihm hievor gefangen gewesen.

Nach vollendtem ihrem Gespräch, welches sich etwan ein

Viertelstund verzog, eilet ein jeder auf sein Nassada oder Schiff und wichen diejenigen von uns, die meinem gn. Herrn das Gleit von Wien bis daher hätten geben, nämlich des Herrn Legaten beide Brüder – Herr Hans und Herr Tiburtius, Herr Sinnich und andere wenig, und war solcher Abschied gar traurig anzusehen. Dies alles hat sich unterhalb Comorra eine halbe teutsche Meil verloffen. Wir schieden aber mit großem Büchsendonnern voneinander.

Das V. Kapitel
Von unser Ankunft zu Gran

Desselbigen Abends sein wir zu Gran oder Strigonio ankommen, welches den Namen hat von dem Wasser zu Gran. Der lateinisch Nam aber kompt von dem Wort »Ister«, – das ist »Tonaw« – und »Gran«, als wollt ich sprechen »Istrigranium«, sonsten »Istripolis«, dann das Wasser Gran fällt daselbst in die Tonaw.

Als wir nahe zu der Stadt kamen, ließen unsre zehn Nassaden ihre Geschütz abgehn. Viel hundert Personen stunden vor der Stadt Schauens halb, unter welchen ich doch kein Weibsperson gesehen, die Maulaffen feil gehabt hätt. Der Beg daselbst – das ist der Hauptmann, seinem Ansehen nach soviel als ein Freiherr – fertigt alsbald etlich seiner Hofleut und Diener ab mit Verehrung und Gaben, mein gn. Herrn damit zu empfahen, nämlich fünf lebendige Widder, ein ganzen geschlachten Ochsen, Brot die Viele, zwölf junge Hühner und etlich Wachskerzen. Er ließ auch neben Überlieferung der Verehrungen fragen, ob es Kais. Maj. wohl gienge, desgleichen Ihrer Gnaden und dero Angehörigen. Es war auch zugleich ein starke Gwardi uns zugeordnet, die lag am Gestad zunächst bei den Schiffen und hätt ihr Feur die ganze Nacht über. Als sie zu Nacht aßen, gieng ich unter ihrem Haufen herumb, da teilten sie mir mit ihrer Speisen zu essen, nämlich ein Bissen Brot, dem Geschmack nach wie das Abscherren der Multern, davon man an etlichen Orten bei uns ein besonder Brot macht, wie dann in Bulgarey dergleichen Brot gar gemein ist, das sie nennen Bogatshen. Auf dem Brot gaben sie mir ein Viertel von eim Hühnlein, in Zwiebel eingedämpft, das schmeckt mir beides gar wohl. Ich sahe auch ihrem Gottesdienst und Gebet zu, das sie unter dem freien Himmel in ihrem Lager verrichten, darüber wir allezumal uns verwunderten und nicht ohn Lachen den schimpflichen Gebärden zuschaueten.

Das VI. Kapitel

Von der Handlung zu Gran mit dem Begen

Den 16. Novembris, umb 8 Uhr des Morgens, schicket der Beg meinem gn. Herrn ein schön wohlgerüst Pferd, köstlich geschmuckt, darauf ritt Ihre Gn. zu dem Begen. Ihme waren ihrer vier von des Begen Hofgesind zugeordnet, ihne zu beleiten, die ritten vor Ihrer Gn. her. Die übrigen Herrn giengen alle zu Fuß. Wir zogen aber lang am Berg umb ein unlustigen Weg, daß einem im Traum nicht leichtlich ein schändlicher Weg sollt fürkommen. Dann die Häuser liegen weit voneinander zerstreut, als wann sie einem aus eim Sack gefallen wären, und sein mit Stroh und Schindeln bedeckt, ein rechte Abschrift von den Köhlerhüttlein. Die Straß an allen Orten ist sehr kotig, unflätig und tief. Die stattlichsten Häuser sein wie ein Heustadel, wie dann der Beg selbst in einem solchen Palast wohnet, umb ihn her etlich wenig Häuser, ein Viertelmeil von der Stadt gelegen; die ganze Gegend siehet einem Meierhof ähnlich.

Da wir nun aus den Kotlachen kamen und mancher Pfützen die Augen ausgetreten hätten, kamen wir letzlich zu des Begen Meierhof. Die vier Zauschen, die uns vorritten, stiegen vor dem Tor ab und giengen zu Fuß vor Ihren Gn. durch den Hof. An der Stiegen stieg Ihre Gn. auch ab und gieng in des Begen Losament. Im Hof stunden zu beiden Seiten des Begen Hofgesind und Ritterschaft, tolle Tropfen, neigten sich und erzeigten Ihren Gn. Reverenz.

Sobald man die Stiegen hinaufkompt, da ist ein langer Gang von ungehobleten Brettern zusammengeschlagen, zu beiden Seiten stunden des Begen übrig Hofgesind, Diener und Amptleut. Auf einer erhöchten bretterin Bühnen, mehr dann eins halben Manns hoch, saß der Beg auf einem niedern Stühlein, gegenüber war ein leerer Sessel meinem gn. Herrn verordnet. Als Ihr Gn. auf die Bühnen traten, stund der Beg auf – der war ein alter feister Mann –, der ergriff mit beiden Händen den Herrn Legaten bei seiner rechten Hand, und schlug ein jeder an die Brust, neiget sich stillschweigend. Darnach setzet sich Ihre Gn. an ihren Ort, wünschet dem Begen durch den Dolmetsch ein guten Tag, welcher ihm hingegen danket, darauf Ihre Gn. ihme von wegen der Kais. Maj. ließ ein Gruß vermelden. Weiter sprach er: nachdem die Kais. Maj. hochseligster Gedächtnus, Kaiser Maximilianus der Ander, vorlängst einen Friedensanstand hätten aufgericht mit seinem Herrn, Sultan Murath, so begehre die jetzig Kais. Maj. denselbigen Anstand von neuem zu bestätigen, von welches wegen von Ihr Maj. er auch abgefertigt sei, damit solcher Fried fürohin erhalten und kontinuiert werde. Und nachdem die verschien'e Zeit her vielmals von ihnen, den Türcken, wider den abgehandleten und beschloßnen Frieden wär gehandelt und der Fried nicht wär gehalten worden, so wollten Ihr Kais. Maj. sich versehen, sie werden sich fürhin den aufgerichten Friedensarticuln in allem gemäß verhalten; darauf ihme das kaiserliche Schreiben an ihne, den Begen lautend, überreicht, lateinisch geschrieben – ersterzähltes Inhalts. Als nun der Beg auf solches Anbringen sich freundlich erklärt, auch seinen Fleiß und guten Willen erboten, ließ Ihre Gn. ihme durch seine Diener die kaiserlichen Verehrungen übergeben, nämlich ein hoch verguldt Kredenz, fünfhundert Taler, zwo verguldte Schalen, damit er auch gar wohl vernügt war.

Nach solchem begehrt Ihre Gn., soferr etwas von alten Gebäuen in der Stadt vorhanden wär, daß er's möcht besichtigen, welches ihme auch alsbald gutwillig vergunnt war. Also nahmen wir von dem Begen den Abschied und waren von den obgemeldten Zauschen in das Schloß beleitet. Das Schloß aber muß vor der Zerstörung ein herrlich Gebäu gewesen sein, dann man siehet an den Scherben, wie der Haf gewesen ist. Es ist aber Schloß und Stadt anders nicht anzusehen, als wann der Feind erst gestern davon abgezogen wär von dem

Sturm und Eroberung, dann es liegt alles überm Haufen, nicht anders als wie es beschossen und geschleift ist worden; alle Gemäur neigen sich zum Fall. Wir haben in dieser alten Festung nichts Sonderlichs, das zu merken wär, funden dann ein sehr schöne Kirch und in derselben den Chor, welcher am Boden, an den Wänden und zu den Seiten mit rotem gebalierten Marmor zugericht ist; darin ich zween Grabstein gesehen, aber die Schrift war aller zuschlagen. Jedoch befindt man so viel, daß es sein Äbt oder Bischof gewesen, wie dann die Infulen anzeigen.

Diese Steinhaufen und zerstörten Gebäu waren unsere stumme deutende Bußprediger, die uns das Herz berührten, gleichwie Scipio Aemylius, der Cartaginem hat eingenommen und verbrannt, ihme selbs aus dieser Flammen predigt. Wir bedachten auch zumal, daß es ein sonderliche Straf und Schrecken von Gott sein muß über die Christen, daß sie so verzagt sein. Wann man von den Türcken redt, so entfällt uns das Herz, indem wir uns einbilden, sie seien unüberwindlich, und ihre Städt seien alle stählin oder mit öhrin Mauren beschlossen, die man nicht erobern oder zerbrechen könn – so es doch nichts sein dann offne Dörfer; nicht allein diese Stadt, sondern auch andre alle. Wiewohl es geschehen kann, daß ein solch Nest über Nacht kann befestiget werden in fürfallender Not, wann der Feind daher rauscht, wie vielmal geschehen.

Diese Stadt und ganz Bistum Strigonium hat der türckisch Tyrann Solymann, der zwölft in der Ordnung, in sein Gewalt bracht eben zu der Zeit, als Anno Christi fünfzehnhundertvierzigunddrei Kaiser Carolus der fünft und König Franciscus in Franckreich sich umb das Herzogtum Meyland balgten. Inzwischen nahm der Türck seiner Schanz wahr und reißt gedachtes Bistum zu sich, desgleichen auch Stulweissenburg.

Das VII. Kapitel

Abschied von Gran nach Ova

Nachdem wir nun das zurissen Schloß und Stadt gnugsam besichtigt, eilten wir wieder auf die Schiff, stießen von Land und
kamen nach Untergang der Sonnen in einen Flecken mit Namen Marusch, — das ist »Margreth«, in welchem der Mehrteil
der Einwohner Arianer sein, unangesehen, daß der Pfarrer
dies Orts fürgab, sie wären der evangelischen Lehr zugetan.
Gegen diesem Flecken über, jener Seit der Tonaw, liegt ein
sehr hohes altes Bergschloß, das wird mit dem krabatischen
Namen Wischigradi — das ist »Blindenburg« — genannt, dessen Paulus Jovius auch gedenkt. Dahin spaziert mein gn. Herr
sampt dem Adel und etlichen Türcken. Dasselbig hat das Ansehen, daß es beides von wegen seiner Gelegenheit des Orts
und auch von Gebäu sehr fest gewesen sei, jetziger Zeit aber
ist es übel zerrissen. Ein alter Soldat liegt darin und hält
Wacht, hat ein Notschlangen und zween Doppelhaken bei
sich und kann sehen, was von dem Wasserstrom oben herab-
kompt. Ich sahe in einer Kuchen ein Herd, darauf ein Feuer,
neben dem Herd ein Pferd, das war am Fuß angebunden und
fraß getrost daher. Dergleichen Stallung und Krippen hab ich
zuvor auch nie gesehen.

Dies Schloß hat Lenhart Fels, Königs Ferdinandi Feldober-
ster, eingenommen und geschleift Anno 1540. Wir sahen an
einem Ort ein großen Salzfelsen aus dem Erdrich gar tief her-
fürgehn; ob nun daselbst ein Salzbergwerk sei oder dahin getragen und geschütt sei, ist mir unwissend. Dies Haus soll der
königlichen Kron in Ungern Behalter gewesen sein, da sie ist
verwahrt worden, nämlich des ersten christlichen Königs Stephani, der zum christlichen Glauben bekehrt war von Kaiser
Heinrichs des Heiligen Tochter Anno Christi 1006.

Unterhalb des Bergs in der Ebne sein viel alter Gebäu und
zerbrochene Gemäuer, soll ein schön königlich Lusthaus und
Garten gewesen sein, von Kaiser Sigmund angefangen und
von Matthia Corvino vollführt worden, dann es ist ein gar
schöne Gelegenheit, da die Thonaw gleich nebenhin fleußt.

Nachdem wir dies gesehen, traten wir in unsere Schiff und
erholten uns mit Speis und Trank.

Den 17. Novembris, umb 2 Uhr nach Mittag, sein wir zu Ova, sonsten Buda genannt, ankommen. Der Wascha schicket uns zwo Nassada entgegen, die empfiengen uns ein halbe Meil oberhalb der Stadt mit gwaltigem Schießen; unsere Nassadisten brauchten sich auch tapfer mit ihrem Schießen. Alsbald wir aber zugeländt nicht weit von des Wascha Behausung, schicket der Wascha einen seinen Zauschen – der ist so viel als einer vom Adel oder Landmann –; dieser empfieng mein gn. Herrn von des Wascha wegen. Bald nach ihm kamen andere Diener mit Verehrung, doch nicht so stattlich wie zu Gran geschahe; sie brachten fast ein würtenbergischen Eimer Wein, Brot, ein Schaf, Fisch, Hühner, Salat, Reis und Zucker. Dann nachdem wir von Comorra weg geschieden und von den Türcken sein angenommen worden, haben wir die ganze Reis auf des türckischen Kaisers Kosten gezehrt. Jedoch brachten wir unser Zech mit und bezahlten's überflüssig. Ihre Gn. lude diese Leut zu Gast, aber sie schlugen's ab, weil sie Fasten halten mußten.

Empfang des Gesandten beim Statthalter von Buda

Den 18. Novembris, umb 8 Uhr am Morgen, war der Herr Gesandte durch vier Zauschen zum Wascha beleitet, von dem er freundlich empfangen war. Sein Gemach ist nicht schöner dann des Begen zu Gran, dann die Behausung gleichet in allem einem Bauernhof. Inwendig sein zween weite Säl, ganz finster und schlecht gebaut. Im äußersten warten die Diener auf ihre Herren, im innersten sitzen seine Rät und fürnehmste Offizier zu beiden Seiten an langen Bänken herab (E). Oben im Saal saß der Wascha (B) auf einem niedern Stühlein, anderhalb Schuh hoch. Im Hof stunden zu beiden Seiten über dreißig Jonaken, seine Hofdiener, durch welche wir mußten durchziehen; die neigten sich gegen Ihren Gn. nämlich mit gebognem Leib, fürnehmlich aber neigten sie das Haupt. Als nun Ihre Gn. (A) ihr Werbung bei dem Wascha mündlich durch den Dolmetsch (C) und schriftlich vorbracht – inmaßen oben bei Gran angezeigt worden – und der Wascha sich mit vielen Worten erboten, er wöll darüber halten mit ganzem Fleiß bei seinem Kriegsvolk, daß nichts wider die aufgerichte Friedenshandlung fürgenommen werd, überantworteten Ihre Gn. durch seine Diener (D) die kaiserlichen Geschenk von Geld, Kredenz und Uhrwerk, damit wir doch leider nicht viel ausgericht. Das erfahren diejenigen Christen, die beides unter dem Türcken seßhaft sein und die an den Grenzen sitzen, welche dieser Verehrungen wenig genießen, sondern nichtsdestoweniger täglich gefangen und wie das Viehe ohn alle Barmherzigkeit gemetzget und niedergehauen werden.

Oben ist gemeldt worden, daß des Wascha Hofgesind (C) in dem Hof gestanden, dem Herrn Oratori Reverenz erzeigt. Dieselbigen alle hätten über die Schultern Luchsen, Leoparden und anderer räubischen Tier Häut herabhangen, damit ihr freudig Gemüt anzeigend, item ein Streich aufzufangen, auch dem Feind und seinen Pferden mit solchen lötzen Pelzen ein Abscheuen zu machen. Auf solche Weis treten auch die ungrischen Jonaken herein, ausgenommen die Kappen.

Nach solchem traten herfür etliche des Wascha Diener, die zuvor bei meinem gn. Herrn angehalten, er sollt ihrethalb bei dem Wascha ein Vorbitt tun, damit sie zum Zauschenstand möchten befürdert werden, welches auch beschehen ist. Dieser Brauch wird bei dem Wascha und dem Sultan gehalten, daß ihrer viel durch der Legaten Vorbitt befürdert werden.

Als nun dies alles verricht, begehrt mein gn. Herr, daß er möcht das Schloß besichtigen, welches er auch alsbald bewilligt. Das Schloß liegt an einer Seiten des Bergs, darauf auch zum Teil die Stadt steht. Wir giengen durch zween weite Höf; inwendig funden wir das alt Gebäu zerbrochen, eins Teils aber zum Fallen ein gut Ansehen hätte. Ein sehr schönen Saal sahe ich, der war noch nit ausgebaut. Alle Türengeschwell und Pfosten fast in allen Gemachen, desgleichen die Fenster und Ladengestell durchaus sein von schönem roten Marmor gehauen. Die Läden und Fenster sein schier alle zugemauret und an einem jeden nur so viel Liecht übriggelassen, daß einer den Kopf hinaus kann stoßen. Ich bin in die alte königliche Buchkammer kommen, darin ich in einem Tanister etliche briefliche Sachen funden, aber in Eil diese nicht können besichtigen. Ich fund auch die Legenda der Heiligen lateinisch, welche ich von dem alten Türcken begehrt, der sein Wohnung in diesem Gemach hätt, aber er sagt, er dörft es nicht weggeben, es sei seines Kaisers.

In einem andern hübschen Gemach saß auch ein alter fürnehmer Türck; im selben Gemach an den Wänden herumb siehet man noch viel feine Gemäl, nämlich die Kindheit, Mäßigkeit, Kühnheit, Hoffnung, Glaub, Stärk, Tapferkeit, Fürsichtigkeit und Gerechtigkeit, und läßt sich ansehen, es sei der Königin Gemach gewesen, dann an der Wand ward ich gewahr, daß mit einem Messer darein gekratzet war: »Isabella Regina. Sic fata volunt.« Sie ist aber König Sigmunds aus Poln Tochter und König Joannis Weywode Gemahl gewesen, welche[r] Anno Christi 1539 gestorben ist. Die Wappen des Königs Matthiae Corvini, der sonsten Huniad wird genannt, werden noch an vielen Türen in Stein gehauen funden; dieser hat regiert, da man zählte 1490, zur Zeit Kaiser Friedrichs des Dritten.

Weiter ein großer Saal ist vierundvierzig Schritt lang und achtzehn breit. Item ein gewölbts Gemach, an dessen Gewelb steht gemalt ein Sphaera und Himmelslauf (ist doch fast verdunkelt), wie des Himmels Gestalt und Ansehen damals gewesen, als vorgemeldter König Matthias geborn war. Dabei steht eine solche Schrift: »Aspice Matthiae micuit quo tempore regis, Natalis coeli qualis utroq. fuit.«

In einem andern Gewelb zunächst dabei ist wieder ein gemalte Sphaera oder Himmelskugel, die das ganz Gemäur von allen Orten einnimbt, in welcher anzeigt wird das Ansehen oder Gestalt des Gestirns der Zeit, da Vladißlaus König in Ungern worden.

Obgedachten Laßla, der sonst König in Böhem war, hat der Kaiser nach dem tödlichen Abgang Corvini, Königs in Ungern, in das Königreich Ungern eingesetzt. Also hat Vladißlaus zwei Königreich gehabt, daher steht bei jetztgedachter Sphaera diese Schrift: »Magnanimus princeps diademate gaudet utroq. Vladislaus, tollit ad astra Caput.«

Als man zählte nach Christi Geburt 1578, den 19. Mai, hat der Strahl geschlagen in dies königliche Schloß, den Pulverturn angezündt, darin etlich tausend Zentner Pulvers gelegen, davon die Basteien und das ander Gebäu zersprengt. Da sein die großen Stück alle in die Tonaw versenkt worden; viel gefangne Christen sein darin von dem Feur verdorben, viel Inwohner von dem Feur desgleichen verbrennt und beschädigt worden. Summa aller zumal, so in diesem Wetter zu Ova und Pest umbkommen, beides Christen, Türcken und Juden 2000, darunter 500 Christen. Von Kindern und übrigen Gesind sein blieben bei 3000, von Gebäuen und Häusern in beiden Städten 800. Es sein auch bei 5000 Ochsen und ander Viehe verdorben. Nach solchem hielt der Wascha bei der Kais. Maj. an umb Proviant, Holz, Stein und dergleichen Zeug, welchs er auch erlangt, dann in der Teuerung vor etlich Jahren hat der Wascha den Kaiserischen auch lassen Proviant zuführen.

Von den vorigen Zauschen waren wir weiter beleitet gen Pest hinüber, jenseit der Tonaw gegen Norden. In einer halben Stund kann man dahin gehen, liegt in einem ebnen, weiten Feld, hat ziemlich hohe, dicke, starke Mauren, ist unzerbrochen und noch ein ganze Ringmauer, und ist in diesem Fall über Ova, Gran und Griechischweissenburg, dann dieselben haben nicht ganze Ringmauren, sonst sein s' übel zerrissen und nichts dann offene Flecken. Wir zogen aber umb die Mauren gar herumb in einer Stund. Inwendig hat es schlechte niederträchtige Gebäu und liederliche Häuslein wie in ganz Türckey, item sehr kotige und wüste Gassen. Und wohnen auch etliche Christen darin, haben ein eigne Kirchen und ein eignen Pfarrer; diese sein der evangelischen Lehr, wie man mich berichtet, zugetan. Sie haben doch kein Glocken noch

Uhrenwerk wie zu Gran und Ova, dann daselbst hat es noch Schlaguhren; sonst findt man in ganz Türckey kein Glocken noch Uhrenwerk.

Es hat aber ein hülzene Schiffbruck zu Ova über die Tonaw, die liegt auf dreiundsechzig Zillen oder Schiffen, wie die auf der Tonaw bräuchig sein. Die Stadt ist viel größer dann Pest. Sie liegt zum Teil an einem Berg, zum Teil an einer Ebne und stößt hart an die Tonaw. Ich bin nicht weit drinnen kommen, dieweil das unnütz Gesind allerlei Mutwillen gegen uns übet. Es hat in der Stadt noch viel Christen, wie in allen anderen Städten hin und wider, die sein alle, wie sie fürgeben, der evangelischen Lehr anhängig. Sie haben auch in der Stadt ein feine Schul, darin die Jugend in der Schrift und christlichen Lehr unterricht wird. Es wohnen auch sehr viel Juden darinnen, die treiben Kaufmannschaft, Wucher und Verräterei.

Nach dem Schloß hab ich nichts Fürtreffliches daselbst gesehen dann die selbst warmen Bäder oder Wildbäder. Die sein zumaln auch köstlich gebaut mit marmorsteinern Tafeln, sonderlich am Boden. Mitten in der Badstuben ist ein runder Kast in die Tiefe gebaut, bei achtzehn Schritt weit, gehet einem Mann bis unter die Arm. Ringsherumb hat der Kast inwendig vier steinerin Stufen, darauf man zu sitzen pflegt, so tief einer will. Darein kompt doch kein Weib, dann sie hielten's für ein öffentliche Schand. Die Quell dieser Bäder soll so heiß sein, daß man darin ein Schwein kann brühen, jedoch schwimmen die Frösch häufig darin ohne alle Hindernus.

Das X. Kapitel
Reis von Oven gen Griechischweissenburg

Den 19. Novembris sein wir von Oven weggefahren. Von dem Wascha war uns ein Gleit zugeordnet, nämlich ein Beeg mit Namen Sinam – der war masul, das ist »von seinem Befelch abgesetzt« –, zween Zauschen sampt ihren Dienern, welche doch auf dem Wasser ihr eigen Schiff hätten und zu Land ihr eigen Reuterei. Diese alle waren feine Leut, die sich gar freundlich und bescheiden gegen uns verhielten. In einem Flecken, der Ratzenmarck genannt, hätten wir unser Nachtläger, allda der Wiro oder Schultheiß, der ein Christ, uns mit Proviant gar ehrlich und reichlich hat versehen. Die Einwohner alle sein der evangelischen Lehr zugetan.

Den 20. Novembris hätten wir unser Nachtläger in einem Dorf Backscha, in welchem alle Inwohner gehuldigte Christen sein, die beides dem Römischen und türckischen Kaiser Schatzung geben; die werden von beiderseits Reisigen täglich sehr beschwert.

Den 21. Novembris in ein Flecken Altinium – Tolna – kommen.

Den 22. Novembris haben wir bei einem Flecken Baja zugeländt und das Morgenessen allda gehalten. Gegen Abend kamen wir spät zu Seremnia an, da blieben wir über Nacht. (Im vorgemeldten Flecken Tolna verehrt der Wiro, der Schultheiß, meinem gn. Herrn zween Ochsen, Brot und Wein und anders mehr; derselbig ist über viel andere Flecken Oberamptmann.)

Den 23. Novembris sahen wir zur Rechten auf ein Meilwegs das hohe Bergschloß Satßhan, item ein ander hohes Bergschloß – heißt Haratßhan –, zur Linken das Bistum Gulusta, welches aber gar zerstörte alte Kirchen, Klöster und Gemäur hin und wider hat. Nicht weit von einem Flecken der Christen, Vilischmar oder Velmohaz, hätten wir unser Nachtläger in einer Au. Wann wir anländeten, so stiegen unser Nassadisten-Schiffleut an das Land, suchten Holz und machten ihre Feur auf im freien Feld, hielten ihre Gebet. Unter dem Gebet fiengen sie dann plötzlich an zu schreien mit lauter Stimm, von ganzer Kraft, daß das Feld erschallet: »Alla, Alla, Alla, Alla-a-a-a-a« und gleich darauf: »Hu, hu, hu-u-u-u!« Jenes heißt: »O Gott«, das ander heißt: »Der ist's«. Es ist ein ungestümer Geist und Andacht. Oberhalb dies Fleckens liegt hart am Wasser ein alt Schlößlein Erdud, hat ein schön Ansehen und liegt an einem sehr lustigen Ort. Daselbst fällt der Fluß Drab in die Tonaw, die ist ein schiffreich Wasser, kompt vom Mittag her aus Krabaten, heißt lateinisch Drauus.

Den 24. Novembris haben wir unser Nachtläger in einer Heide gehabt.

Den 25. Novembris trafen wir ein Schloß und Dorf an, Wocuwar. Wir fuhren neben einem Dorf Voking fürüber, daselbst steht auch ein zerstört weiß Gemäur von Kirch und Schloß. Unser Nachtläger hätten wir nicht weit von dem Städtlein Illoc, das liegt auf der Höhe.

Den 26. Tag trafen wir wieder ein zerstört Dorf und Schloß an, Wonost; es soll das wehrlichst unter den andern allen gewesen sein, das hat der Türck erst am letzten eingenommen. Unterhalb ein ander zerstört Schloß und Dorf, Scheravitsch, wird von Razen und Türcken bewohnt, hat in das Bistum Beitscha gehört, welches ein wenig unterhalb liegt, davon noch ein zerstört Gemäur von Kloster und Kirchen übrig ist. Von dannen sein wir kommen an die berühmbte vor Jahren Festung Waradin, liegt ziemlich hoch. Die Türcken nennen s' Peter Waradin – vielleicht von einem Hauptmann dies Namens, der das Haus ingehabt –, in welchem Schloß auch alles zerstört und wüst, da nichts zu sehen ist. Im Chor der Kirchen findt man diese Jahrzahl: M 70, ich lies es für 1070. Ein Meilwegs unterhalb liegt ein Dorf Carlowitz, darin wohnen Razen, Ungern und Türcken. Unterhalb diesem Fleçken, ein Meilwegs, lagen wir über Nacht in einer Au.

Den 27. Novembris begegnet uns ein schöner Fleck auf dem hohen Gestad, Slanicamin, darin ein große zerstörte Kirch liegt. Von fernen zur Linken auf einem sehr hohen Berg sahen wir das Schloß Ditel, das soll von Kaiser Constantino Magno gebaut worden sein, ehe dann er die Stadt Constantinopel gebaut, wie die Türcken anzeigen. In einem Flecken Surub hätten wir unser Nachtläger.

Das XI. Kapitel

Reis von Griechischweissenburg bis gen Nissa

Den 28. Novembris kamen wir zu Belgrado oder Griechischweissenburg an. Ein Viertelmeil oberhalb der Stadt wurden wir von zwo Nassada mit ihrem Geschütz empfangen, darauf unsere Nassadisten mit ihrem Geschütz wieder antworteten.

Den 29. Novembris, weil sich unser Schiffahrt hie endet, sein wir diesen Tag ein Roßlauf fern von der Stadt auf den

Schiffen stillgelegen, die Güter und allerlei Zeug aus den Schiffen getragen, die Kutschen geladen und zur Reis auf dem Land alles zugerüst. Wir giengen gleichwohl in das Schloß, daselbst haben wir unser Herzenleid, das wir zu Oven und andern Orten geschöpft, wiederumb erneuert ab den zerfallnen Gebäuen und Gemäuren.

Die Stadt Belgrad wird von den gar alten Skribenten genannt Taururum. Sie ist ein große Stadt und liegt zum Teil in der Ebne, zum Teil auf der Höhe; die Gegend herumb ist überaus schön und lustig. Die Ringmauren sein alle zerfallen von der Zeit ihrer Eroberung an, daß sie nur ein offner Mark ist wie auch andere dergleichen Städt mehr in Ungern und Türckey. Die Gebäu und Häuser sein gar schlecht und liederlich wie dann durch ganz Türckey, die Gassen durch die ganze Stadt unsauber, wüst und kotig. Die Gemäur zwar am Schloß sein unzerbrochen, von schönen hohen, starken und wehrlichen Türnen, welche allezumal mit Blei bedeckt sein. Das Schloß steht öd und ohne Besatzung. Wir sahen nichts von Geschütz oder andern Dingen, die zum Ernst gehörig sein, dann der Türck siehet wohl, daß er sich nichts Feindlichs von den Ungern und Teutschen besorgen darf.

Ich hab oberzählte Städt, Schlösser und Flecken den Mehrteil auf das Papier mit Fleiß abgerissen, welche auch dieser Beschreibung hätten sollen einverleibt werden wie ander Ding mehr, aber ich hab solche Verzeichnus und Abriß nach meinem Abschied von Constantinopel bei einem guten Freund hinterlassen und von derselben Zeit an bis daher noch nicht zur Hand bringen mögen.

Bei Belgrado endet sich das Königreich Ungern und fängt sich an die Landschaft Servia, und ist der Fluß Savus oder Sau gleichsam ein Markstein beider Grenzen. Dieser Fluß kompt von Mittag durch das Herzogtum Boßna und ergeußt sich zu Weissenburg in die Tonaw.

Anno 1521 zog Sultan Solimann mit großer Macht wider gemeldte Stadt, untergrub dieselb an etlich Orten und erobert sie also ohn allen Widerstand, dann König Ludwig war ein junger Herr und nur mit dem Namen ein König. Im Reich gieng es nach dem Sprichwort »Ein jeder Fuchs sehe zu seinem Balg«; unterdessen nahm Solimann den Schlüssel zum Reich, damit er also ein sichern Zugang haben möcht ins

Reich, wie er dann von derselben Zeit an dies Land ohn Unterlaß hat angefochten.

Also ist nun Belgrad gegen Aufgang der Markstein des mächtigen Königreichs Ungern, welches von dem lieben Gott mit allerlei zeitlichen Segen reichlich begabt und überschütt ist, dergleichen nicht bald ein Königreich unter der Sonnen funden wird; umb welcher Ursach willen vorzeiten die asiatischen, sarmatischen und scytischen Völker, die Gothen, Hunen, Wandler, Gepide, Heruli, Longobarden etc. sich so heftig umb dies Land haben angenommen; dann dies Land, nit nur seine Inwohner, sondern auch die Nachbarschaft herumb – Oesterreich, Schlesien, Böhem etc., ja das ganz Teutschland, mit Schlachtviehe – Ochsen und Rindern – proviantiert, welche durch ganz Teutschland in großem Wert verkauft und verspeist werden. Ebnermaßen wird auch durchs ganze Land allerlei Hoch- und Nieder- sampt dem Federwildbret in großer Menge gefunden. Von dem kornreichen Boden will ich nicht sagen, weil es männiglich bekannt, desgleichen allerlei köstlich Obs – Äpfel, Birn, Zwetschgen, Melonen, Pfeben, Kukumern etc. Es werden auch in der Tonaw gefangen die großen Fisch, die Hausen, deren einer etwan 18 Schuh lang oder länger ist und zween, drei, auch bis in vier Zentner wiegt; die steigen aus der Meotischen See, dem süßen Wasser nach, und werden genannt Pisces Antacaei, von dem Fluß Antacite, welcher aus Sarmatia in Paludem Maeotidem lauft; auch werden andere gute Fisch mehr funden. Was soll ich sagen von dem köstlichen Weinwachs? Was soll ich von den Metallgruben, von den reichen Gold-, Silber-, Kupfer- und Erzbergwerken, sagen? Item von den Wildbädern, davon oben bei Oven auch Meldung geschehen. Überdas wird das ganze Land mit vielen schiffreichen Wassern und andern schönen Flüssen wie ein schöner Lustgarten gewässert, an Holz und Wälden ist auch kein Mangel – also daß dieses Königreich mit allerlei Segen Gottes reichlich überschütt ist mehr dann alle andere Königreich; wo allein die Städt und Dörfer in ihr vorig Ansehen gebracht und die mahometischen Greul ausgereutet würden. Dies Königreich hat vorzeiten zwölf Grafschaften und viel mächtiger Bistum gehabt, wie dann der heilig Hieronymus ein Unger gewesen, von Stridone bürtig.

Die Ungern sein streitbare Leut, von Person lang, gerad

und stark. Sie sein aber den Teutschen nicht gar hold, haben diese Unart an ihnen, daß sie wankelmütig und unbeständig sein, dann ihr Wankelmütigkeit, Unbeständigkeit und Eigennutz das Reich verwüstet und verderbet hat.

Das XII. Kapitel

Reis von Griechischweissenburg bis gen Philippopoli

Den 30. Novembris haben wir uns auf die Kutschen begeben und die Tonaw verlassen. Die Schiff verehrt mein gn. Herr den Nassadisten, den Schiffleuten; sein Hauptschiff ward wieder nach Oven geführt und dem Wascha verehrt. Von Weissenburg aus waren wir beleitet mit 50 Reisigen auf ein Meilwegs. Der Kutschen waren vier: die erste meines gn. Herrn, die ander des Hofmeisters, die dritt des Freiherrn von Hofkirchen und des Herrn von Liechtenstein, die viert etlicher vom Adel, zum fünften der Heerwagen, darnach noch zehn Land- oder Lehekutschen, darauf man Geld und andere kaiserliche Güter führte, auf dieselben war auch das Gesind ausgeteilet. Wir sahen dieses Tags ein hohes Bergschloß, Hauala, und zur linken Hand die Stadt und Gegend Temeswar. In einem Flekken Gorozge lagen wir über Nacht. Daselbst wurd ein Stallknecht, Michael von Schleusing, von Ihrer Gn. rein Ding abgeschmiert wegen seiner Gottslästerung.

Den 1. Dezembris zwischen jetztgemeldtem Flecken und dem nächstfolgenden, welcher heißt Colar, begegnet uns der Beglerbeeg von Belgard, der von Constantinopel erst dahin verordnet und zuvor am Hof ein Nißdanschi Wascha – ein Kanzler – war. Er hätt bei sich in die 300 Reisigen seines Hofgesinds und bei 50 Kamel mit Gütern beladen. Im Weitfeld mußten wir stillhalten, bis sie fürüberkamen. Er grüßet mein gn. Herrn gar freundlich mit geneigtem Haupt, darneben ließ er seine Feldspiel mit Macht gehn, das war ein sehr holdselige liebliche Musica, als wenn die Büttner Fässer oder Schäffer binden. Im Dörflein Colar hielten wir unser Nachtläger; ist von den Sirven und Türcken bewohnt. Daselbst hätt des Beglerbeegen Gesind die vergangne Nacht ein Baurenhäuslein angezündt und gar vom Boden abgebrennt, ohngefähr mit Fleiß.

Den 2. Dezembris fuhren wir in der öden Landschaft gar stark fort. Diese Landschaft ist übel bewohnt und schlechtlich erbaut – also daß wir in dreien Tagen nit mehr denn 5 schlechte Dörflein sahen, auch zum Teil darein kamen –, da doch der Erdboden sehr fruchtbar und geschlacht, daß er Vieh und Leut wohl möcht ernähren.

In einem Flecken Belazerqua haben wir unser Nachtläger gehabt. Daselbst sein wir das erstemal in ein Carabansarai und offen Gasthaus einzogen, vorhin mußten wir uns behelfen in den armen Baurenhüttlein. Diese Gasthäuser sein auf dem Land hin und wider, nichts anders denn ein große, weite und leere Scheur oder Heustadel ohne Wirt und Lieferung. Da findet der Gast weder zu essen noch zu trinken, allein daß er sich vor Regen, Wind, Schnee und Hitz etc. kann aufhalten und schirmen. Will er essen, so muß er's mitführen oder in den Jar- und Sudelküchen erst zuwegen bringen, welches doch allein in den fürnehmen Dörfern und Märken funden wird; desgleichen muß er auch Heu und Gersten zur Fütterung für die Pferd kaufen. In diesem Flecken ist einem vom Adel, Bernhard von Bartenhausen in Bayern, sein ungerischer Wolfspelz gestohlen worden, als er bei Nacht auf dem Kutschen schlief; dieser Pelz war 40 Taler wert – da hat das siebent Gebot ein End.

Den 3. Dezembris in einem Dorf Badatschin über Nacht gelegen. Daselbst etliche vom Adel, von Feuchtigkeit des Weins überwunden, einander auf die Mäuler schlugen, hat wenig gefehlt, sie hätten zun Säbeln griffen. Weil die Türcken uns zufrieden ließen, war not, daß wir einander selbst vexierten!

Den 4. Dezembris lagen wir über Nacht in einem schönen großen Flecken, Jagodna.

Den 5. Dezembris kamen wir an den Wasserfluß Murr – Moraua –, über welchen wir gar langsam kamen, dann man führt auf breiten Nachen oder Schelchen die Kutschen und Pferd über – verzog sich bei vier Stund, bis der ganze Hauf hinüberkam. Im Flecken Baratschin hielten wir unser Nachtläger.

Den 6. Dezembris kamen wir in ein Flecken Spahidiu. Da war so große Armut, daß wir nicht so viel Salz kunnten zuwegen bringen, als uns zum Nachtessen vonnöten war; jedoch nachdem man schier das ganze Dorf durchsucht, funde man schwerlich so viel Salz – und ist doch gleichwohl der Fleck hübsch und groß. Was die Ursach sei, kann ich kein Bericht davon tun.

Den 7. und 8. Dezembris in dem Städtlein Nissa stillgelegen, damit sich die Pferd von der Reis möchten etwas erholen und rasten, dann etliche waren krank und erlegen. Es ist ein liederlich Städtlein, darin nichts Besonders zu sehen. Bei unserm Losament, welches ist gewesen des verstorbenen Beegen oder Landvogts Behausung, hab ich funden ein alten Marmorstein, einer Ellen hoch und halb so breit, mit dieser Schrift: »D. M. Aureliae Florentinae dulcissimae, et Victorinae et Candidani et Urbi, auct. liber. Severo et sibi et suis posuit«. Das versteh ich also: »In den Ehren des höchsten Gottes seiner liebsten Aureliae von Florents item der Victoriner und dem Candidano und Severo, der die Freiheit der Stadt erhalten, auch ihm und allen seinen Zugehörigen ist diese Begräbnus verordnet worden.«

Diese Stadt ist vorzeiten gewesen die Hauptstadt in Servia. Neben der Stadt hin fleußt der Fluß Nissa, der teilt Serviam von Bulgaria. Servia, die Landschaft, und Bosna werden bei den alten Historicis mit dem Namen Mysia inferior, [= superior], wie hinwider Bulgaria und Walachia Maesia superior [= inferior] genannt. Der Erdboden in dieser Landschaft ist überaus köstlich, aber unbewohnt, und so geschlacht, daß man an vielen Orten nicht ein Steinlein einer Nuß groß möcht finden. Es hat keine Wäld dann allein viel Eichengesträuß, wie auch in Bulgaria, welche Landschaft doch besser erbaut ist. Wir haben auf dieser ganzen Reis bis gen Constantinopel nicht ein einigs Stück Wildbret gesehen, von Federwildbret zwar sahen wir Schwanen, Trappen und Adler in großer Menge. Diese Stadt Nissa soll auf halbem Weg von Wien nach Constantinopel liegen; etliche rechnen von Wien gen Constantinopel 200, etliche 280, etliche aber 300 teutsche Meiln.

Den 9. Dezembris sein wir über ein hohes Gebirg den ganzen Tag zogen bis zwo Stund in die Nacht; in einem Dörflein Guritschesme über Nacht gelegen in einem armen Bauernhüttlein.

Kleidung der Bulgaren

Die bulgarischen Weiber (B) haben im Brauch, daß sie die Ohren mit allerlei Spangen von Messing, Kupfer etc. behängen und das ganze Ohr herumb durchbohren und also beschweren – sonderlich mit Chalzedonier-Steinen, Kristalln etc. –, daß sie das Ohr müssen mit Häklein in das Haar heften, damit die Ohren von dieser Last nicht ausschlitzen. Eben also zieren sich auch die Männer (A), doch nicht also überflüssig. Die griechischen und türckischen Weiber pflegen auch ihre Ohren dermaßen mit köstlichen Geschmeiden zu zieren, mit Gold und edlen Steinen. Sie zieren aber nicht nur die Ohren also, sondern auch die Füß oberhalb den Knorren, item die Arm unterhalb der Achsel, item die Nasen. Ich hab auf ein Zeit zu Constantinopel ein bulgarisch Weib und Töchterlein gesehen, deren ein jede ein schönen gülden Ring durch die Nasen trug – und wird ohn Zweifel solcher Schmuck vorzeiten auch bräuchig gewesen sein, wie aus diesem Spruch abzunehmen: Circulus aureus in naribus ejus mulier pulchra – ein schön Weib ist ihrem Mann wie ein güldener Ring in der Nasen (Prov. 10).

Den 10. Dezembris zogen wir wieder über ein hohes Gebirg; in derselben Gegend hab ich gar schwarze, rote und gelbe Farben am Erdrich, von gar scheinbarlichen, deutlichen Farben gemerkt. In einem Dorf Scherdiu lagen wir über Nacht in eines Spahi Behausung, –der ist soviel als einer vom Adel –, der erzeigt meinem gn. Herrn allen guten und geneigten Willen. Vor dem Dorf steht ein fein alt Kastell in der Ebne unten am Berg, dabei sein etliche Wasserquellen, das Schloß hat fünf starke Türn. Auf dem Berg siehet man viel alt Gemäur. Die Inwohner zeigen an, das alte Schloß unten am Berg sei von Türcken gebaut als ein Gegenwehr, weil sie das Schloß auf dem Berg nicht kunnten gewinnen, welches aber schwerlich zu glauben, dann die Türcken bauen nicht so herrliche Häuser als dies ist.

Den 11. Dezembris, als wir für diesen Flecken hinauskamen, trafen wir an ein gepflasterte Landstraß, die doch mehrteils in Abgang kommen Alters halb: ist derhalb nicht ein stetigs und aneinanderwährendes Pflaster, sondern es verleurt sich oft, bald erzeigt es sich wieder. In einem Dorf Tragomanli – das ist »zu Dolmetsch« – sein wir über Nacht gelegen in einem armen Baurenhüttlein, da der Stall, Kuchen, Stuben und Kammer alles eins war. Und da sein wir aus dem rauhen Gebirg kommen in ein herrlich schön eben Land.

Den 12. Dezembris kamen wir auf die Sophianer Heiden, welche nicht könnt schöner gemalt werden. Sie ist weit über das Lechfeld, wie man von Augspurg auf Landsperg reiset. Ein Viertelmeil vor der Stadt hielten 30 Reisige, mein gn. Herrn zu empfahen. Über diese Heiden haben wir ein halben Tag zugebracht mit heftigem Eilen an allen Orten umb die Stadt. Auf etliche Meilen siehet man im weiten Feld viel tausend Hügel in der Ebne aufgeworfen, mit Gras überwachsen; wie sie aber daher kommen und was sie bedeuten, können die Einwohner keinen Bescheid davon geben. Meine Gedanken hievon sein diese, daß es möchten Kenotaphia, Tumuli honorarii vel Manes sein – Ehrengräber –, wiewohl die Anzahl zu groß. Man wöll dann sprechen, daß unter diesen Hügeln die Leichnam der Erschlagnen seien häufig also verscharret worden in einer großen Schlacht dieses Orts. Dann daß unter solche Hügel die Leut seien begraben worden, bezeugt die Gewohnheit der Tartar, welche heutigs Tags ihre König unter dergleichen Hügel begraben. Ein Raguseer Kaufmann daselbst, in dessen Herberg wir einlosiert warn, zeigt meinem gn. Herrn an, daß Türcken auf ein Zeit auf einem solchen Hügel gegraben in Meinung, ein Schatz zu finden, da haben sie letzlich ein Schädel eines Menschen antroffen, in Größe eines Wasserschaffs. Ich halt aber gänzlich darfür, sie seien zu einer Schanz in einem namhaften Feldzug aufgeworfen worden, darhinter man sich vor feindlichem Gewalt hat mögen schützen. Dann daß man bei den Griechen pflegt hab, solche Hügel in Feldlägern aufzuwerfen, bezeuget Herodot im Buch Calliope, fol. 628, da er den Zug Xerxis in Griechenland beschreibt. Sein auch gedachte Hügel ein ungleiche Weite voneinander, einer weiter dann der ander, etwan bei 20 Schritt weniger oder mehr, in der Höhe bei 10 oder 15 Elln, und haben ein Ansehen wie die Heuhaufen, die auf den Wiesen stehn. Sie haben ein hübschen Ansehen, als die etwas Sonderlichs hätten zu bedeuten. Der hievon ein gewissere Mutmaßung wird bringen, dem will ich mit meiner Opinion weichen.

Für unser Losament kamen die türckischen Gaukler, die trieben ihr Affenspiel mit den Affen und Geißen mit Springen und Hupfen, die wollten unsers Gelds auch haben. Wir besichtigten auch etliche alte Kirchen, die etwa dem Sohn Gottes, jetzt aber dem Teufel und seinem Propheten Muhamed zugehörig.

Den 13. Dezembris stillgelegen, die Zeit mit Spazieren vertrieben und nichts Sonderlichs gesehen.

Den 14. Dezembris von dannen hinweggereist und trafen ziemlichen Schnee an. Aus meins Herrn Gesind einer, Ambrosi Eißler, ward krank, der blieb daselbst still liegen. Dem ward unserer Zauschen einer zugeordnet, der auf ihn sollt warten und, da es besser würde, alsdann mit ihm hernachkommen, wie er dann in wenig Tagen wieder zu uns kam. Als wir nicht weit mehr vom Nachtläger warn, fiel ein Kutschenpferd über ein Brücklein ab, dann es fast eisig war, das wurd wiederumb mit großer Müh ohn Schaden wieder herausgebracht. In einem Flecken Allasiaclis lagen wir über Nacht und waren ziemlich wohl einlosiert.

Den 15. Dezembris fiel ein große Kälte an, also daß einem Janitscharn aus unserm Gleit die Ohren erfrorn. In einem Dörflein Hichtimon, in einem armen Baurenhäuslein, waren wir einlosieret. Desselbigen Abends empfieng mein gn. Herr Schreiben von Constantinopel, von Herrn David Ungnad, dem kaiserlichen Oratore.

Den 16. Dezembris reisten wir über ein hohes Gebirg, auf desselben Höhe funden wir ein alte verfallne Porten, von Ziegelsteinen gebaut, dabei zunächst ein Christendörflein, Deruent. An diesem Ort enden sich die obgemeldten Hügel. In dieser Revier hat es viel Federwildbret, als Kranich, Habich, Leffelgäns, Adler und Geiren.

Von Sophia bis gen Constantinopel haben wir stets die zwei hohen Gebirg zu beiden Seiten gehabt, nämlich zur Rechten Erebum und zur Linken Emum, dieser ist 6000 Schritt, das ist anderthalb teutsche Meil, hoch (Plin., lib. 14). Man lieset in Historien, daß König Philippus aus Macedonia, des großen Alexanders Vater, vier Tagreisen an dem Berg Hemo sei hinauf, und zwo Tagreisen herab gereist, damit er sich auf diesem Berg möcht umbsehen. Dann man hielt dafür, daß man auf dieses Bergs Spitzen den Tonawstrom, das Venedisch Meer, item Italiam und Teutschland könnt sehen, welches ein groß Wunder ist, dieweil das Venedisch Meer oder Mare Adriaticum von gemeldtem Gebirg über 100 Meiln ist, wie auch Teutschland über 100 Meiln davon gelegen. Hemus ist berühmbt von dem Silberbergwerk, welches vorzeiten daselbst gewesen, daher es bei den Italis den Namen bekommen Monte argentato; die Türcken nennen ihn Balban, die Einwohner in krabatischer Sprach Comoniza.

Den 17. Dezembris in ein schöne weite Landschaft kommen; in einem Flecken Tadarbasar über Nacht gelegen.

Das XIII. Kapitel

Reis von Philippopoli bis gen Adrianopel

Den 18. Dezembris kamen wir gen Philippopoli, welchs die Hauptstadt von Macedonia ist; sie liegt unter dem Berg Rhodope. Sie hat etwan geheißen Poniropolis und Trimontium; die Türcken nennen sie Philippe. Daselbst waren wir in ein türkisch Mesgith einlosiert – welchs ist ein Kirch –, bei derselben ein Gasthaus oder Hospital gestift, in welchem viel feine kleine und saubere Gemächlein und Kämmerlein nacheinander herumb sein, in welche wir eingeteilt wurden.

Diese Stadt ist sehr groß und weit, liegt an einem gar lustigen Ort. Die Gebäu aber sein von Leimen und Erden zusam-
mengestickt, gar liederlich und niederträchtig nach der Mahometaner Brauch. In der Stadt sein 3 ziemliche hohe Berg, darauf vorzeiten königliche Paläst und Häuser gestanden, wie das
verfallen Gemäur anzeigt, aber von Schriften und dergleichen
Urkund haben wir nichts funden. Außerhalb der Stadt, 2 oder
3 Stadia, funden wir 2 gewelbte Gräber in Gestalt wie Brun-
nenstuben, an einem andern Ort ein einigs Grab auf ebnem
Boden in ein Felsen gehauen, steht offen, einer Ellen tief, ohn
Schriften; wird für eins macedonischen Königs Begräbnus
von Türcken gehalten. Ich hätt aber gemeint, ein königlich
Grab wär ansehlicher und herrlicher.

Den 19. Dezembris von dannen wegzogen, kamen gegen
Abend in ein Dorf Conosch, daselbst hätten wir unser Nachtläger.

Den 20. Dezembris im Dorf Virobo über Nacht gelegen; ein
Kutschenpferd fiel über die Brucken ab, das war doch ohn
Schaden wieder herausgezogen.

Den 21. Dezembris kamen wir gen Mustapha Wascha
Dschupri – das ist gen »Bruck«, dann »dschupri« heißt »ein
Bruck«. Daselbst ist ein sehr schöne steinerine Bruck, dieselb
ist 365 gemeiner Schritt lang und 9 breit; desgleichen ein
schöne Carabansarai oder Gasthaus, das ist 135 Schritt lang
und 35 breit, darinne können 3000 Pferd stehen. Und ist beides die Bruck und Gasthaus von einem aus den türckischem
Häuptern, die man nennt Wascha – das heißt »ein Kopf« –
gebaut worden, mit Namen Mustafa Wascha. Im Jahr Christi
1571 hat dieser Wascha die Insel Cypern eingenommen und
hat den Obristen der Insel, Antonium Bracademum, lassen lebendig schinden.

Den 22. Dezembris zu Adrianopel ankommen. Türckisch heißt sie Edrene, etliche Skribenten nennen diese Stadt Vscudama, item Oresta. Im Hineinfahren empfiengen uns die türckischen jungen Galgenvögel mit Schneeballen und schreien stetigs: »Gaur, gaur!« – das ist »Heid oder Unglaubiger«. Es war auch mein gn. Herr von einem getroffen, welchem Mutwillen unsere Janitscharn auch nicht mit Gelegenheit kunnten fürkommen. Der Cadi – der Stadtrichter oder Stadtvogt – hielt sich gar freundlich zu meinem gn. Herrn, führt uns in das türckisch Stift; den beruft I. Gn. zu der Morgenmahlzeit und verehrt ihm ein schön Paar Pirschrohr. Als es nun gar kalt war und großer Mangel im Losament von Holz verhanden, brach das Gesind hin und wider in der Herberg Bretter ab, wo man s' fund; die hat es verbrennt und also der Kält, soviel müglich, Widerstand getan. Daher erhub sich von den Türcken große Klag, und mußt mein gn. Herr den Schaden abtragen mit zween Talern, der sonsten mit einem Paar [bar?] Batzen hätt mögen erstattet werden.

Selimiye-Moschee in Edirne

Das Stift oder Dschuma, welchs wir sahen, ist ein herrlich Gebäu, von Sultan Selim nach Eroberung der Insel Cypern gebaut, zu welchem er alles Einkommen derselben Insel hat verschafft. Dies Gebäu ist über die Maßen groß, von schönen Werkstücken gebaut außerhalb, inwendig aber geziert mit allerlei schönen gefärbten Steinen, als Marmor, Alabaster, Serpentin und dergleichen. Es ist aber nicht von Türcken gebaut, dann sie nichts solches zu tun vermögen, sondern von den gefangnen leibeignen Knechten, den Italianern. In Mitte dieser Kirchen, im runden Dachgewelb, hangen in etlichen Reihen im Circul herumb bei 5000 Lampen. An den vier Ecken dieses Tempels sein vier Türn unsäglicher Höhe, rund; ein jeder hat drei Kränz oder Umbgäng von hübscher durchgebrochner Arbeit. In jedem sein drei Schnecken inwendig, alle drei nebeneinander und mit einer Wand voneinander unterschieden – so doch die Türn so schmal anzusehen sein, daß möchte man gedenken, es sollt kaum so viel Weite haben, daß einige Stieg oder Schneck möcht darin Raum haben. Und gehn solche Schnecken zum höchsten bis unter das Dach hinauf.

Den 24 Dezembris war ein ungestümer Wind, ein tiefer Schnee und überaus große Kälte. Da sein wir in einem schönen Flecken, Hapsa, stillgelegen, welcher dem Mehmet Wascha, der dazumal obrister Wascha war, den sie nennen Vesirasem, angehöret. Daselbst ist ein schöne Carabansarai sampt einer schönen Kirchen. In diesem Flecken haben wir unsern Christtag begangen mit Beten, Singen, Lesen und andern christlichen Exercitiis.

Wie der Herr Legat vor der Sta

A. Dise seyn alle Zaitschen bey 150. an der Zahl / die Deckel / die etliche über den Hüten führn / brauchen sie wanns Regenwetter ist / dz der weisse Bund nit naß werd / es hat diser Vberschutt Falten / daß man jn kan zusammen legen / vnd ist aus solchem Zeug gemacht / wie man die Baret bey vns macht / vnd seyn alle roth.

B. Seyn t
C. Der Sa
D. Des H

Den 26. Dezembris sein wir im Flecken Porgas über Nacht gelegen.

Den 27. Dezembris haben wir an das Meer, genannt Propontis, kommen und haben im Flecken Silembria unser Nachtläger gehabt.

Den 28. im Flecken Pontigrando – das ist »zu Großenbruck« – über Nacht gelegen.

Den letzten Dezembris zu Pontipicolo oder Kleinbruck ankommen; liegt ein Meilwegs von Constantinopel. Dahin hat Herr David Ungnad, Kais. Orator daselbst, sein Prädikanten, Herr Stephan Gerlach, sampt andern Dienern abgefertigt mit viel Proviant und edlen Früchten, mein gn. Herrn zu verehren und zu empfahen. Nach überreichten Verehrungen und verrichter Empfahung zogen sie wieder nach Constantinopel.

Das XV. Kapitel

Von unser Ankunft zu Constantinopel

Den 1. Tag Januarii Anno etc. 1578 zu Constantinopel ankommen; das war der allerunlustigest Tag, den wir auf der ganzen Reis gehabt wegen des Regens, Schnee und der Kälte. Ein Meilwegs außerhalb der Stadt traf Freiherr Ungnad, der Ora-

Einzug des Gesandten in Istanbul

tor, uns an, setzt sich zu meinem gn. Herrn in den Kutschen, und zogen also fort. Ein Stadium vor der Stadt hielten 150 Pferd, mein gn. Herrn zu empfahen und einzubeleiten, wie hiebeigelegte lange Figur andeutet. Beide Herren Legaten sampt ihrem Adel setzten sich auch auf die Pferd. Und kamen des Morgens umb 9 Uhr zu Constantinopel an, vollbrachten also hiemit diese mühselige Reis. Dem allmächtigen ewigen Gott sei Lob und Dank in Ewigkeit!

Das ander Buch

Ist eine Beschreibung von allerhand Gebräuchen im geistlichen und weltlichen Regiment des türckischen Kaisers sampt seinen Lustgärten und seltsamen Tieren, ferner von etlichen fürnehmen Gebäuen, Gelegenheit und Gestalt der Stadt Constantinopel; auch was sonsten Fürnehmes, weil ich da gewest, fürgeloffen ist; und hat 65 Kapitel.

Das I. Kapitel

Von der Herren Oratorum Wohnung zu Constantinopel

Als wir auf die vorgehende langwierige Kälte allezumal ein gute warme teutsche Stuben vergeblich wünscheten, wurden wir in das verordnet Losament und Carabansarai des Herrn Oratoris, Herrn David Ungnaden, einlosiert, welches zwar groß und weit gnug, schier wie ein Schloß in die Vierung gebaut und in den vier Gängen herumb die Gemach und Kammern unterschiedlich nacheinander. In jeder Kammer ist ein Fenster, 5 Viertel einer Elln hoch und 3 Viertel breit, in die dicke steinerine Maur gehauen, das auf die Gassen hinausgeht, desgleichen ein niederer Laden oder Fenster, der auf den Gang herausgeht. Die Kammern sein alle gewölbt, bei zwölf Schuh weit in die Vierung gebaut. Das ganze Haus ist außen von lauter Werkstücken, inwendig von Maursteinen, doch ungetüncht. Und sehen die ungetünchten unebnen Stein von der ungetünchten Maur ganz finster, schwarz und rauchrig herfür, daß ich darfür halt, die Schlosser und Schmied in Teutschland, denen von Rechts wegen finstere Werkstatten gebührn, übertreffen weit erstgemeldte Losament. In einem jeden Gemach ist ein Kamin, aber nicht allen Dienern wird vergönnt, Feur zu halten wegen des Mangels an Holz, dann ein Som Büchenholz oder Roßlast gilt ein halben Taler. Wiewohl vom türckischen Hof die Kuchen nach Notdurft versehen wird, so muß doch der Legat von dem Seinigen den übrigen Mangel erstatten, damit er für sein Person, item die Kredenzkammer, des Hofmeisters, des Secretarii und Prädikanten Gemach zu Winterszeiten mit Holz und Feur möchten versehen sein, dann der Winter über die Maßen kalt wegen der beider Meer – Ponti Euxini und Bosphori Thracici –, die dann solche Kälte im Winter, und im Sommer hergegen unleidenliche Hitz verursachen.

In mehrgedachten Kammern hatt ein jeder ein Bettladen mitsampt den Matzen – das sein Polster, mit Werg oder Roß- und Kühhaar ausgefüllt. Die Bettstatten vergleichen sich allerdings den Obshütten, dann zu beiden Seiten sein zwei ungehoblete büchene Bretter, das Haupt- und Fußbrett mit Lattennägeln an vier Stollen genaglet, darin der Boden desgleichen von ungehobleten Brettern ist. So haben wir in den Gemachen ein ziemliche Notdurft Mäus, Ratzen, Wiesel, Wandläus, Flöh und Läus gehabt; es hat auch etlichmal das Gesind in ihren Matzen – wie auch mein gn. Herr in seinem Bett – auf ein Zeit ein Schlangen funden und mit dem Säbel entzweigehauen – und das vielen unglaublich scheint. So sein auch die Pferd mit den Flöhen sehr übel geplagt, daher sie im Sommer so unruhig und im Stall dermaßen toben und springen, als wann man sie mit Sporen hiewe.

Auf dem obgemeldten Gang hat Freiherr David Ungnad auf seinen Kosten ein feinen Saal (A) zur Tafelstuben lassen bauen – dieser hat bei 12 Schritt in der Länge und 8 in der Breite – und seine Kämmerlein am Saal lassen tünchen und

Die Herberge des österreichischen Gesandten in Istanbul

sauber zurichten; der Kammern sein in der Summa 30. In Mitte des Hauses ist ein hübscher, weiter gepflasterter Hof, in welchem ein Schöpfbrunnen (D), doch hat er kein heilsam Wasser. Das Haus ist unten her allenthalben gewölbt, dieselben Gewelb (C) sein Stallungen für die Pferd. An einem Ort ist es mit Brettern verschlagen anstatt eines Kellers, in diesem Stall könnt man über 400 Pferd stellen. Es ist aber kein Barrn oder Raufen darin, auch keine unterschiedliche Ständ, wie in unsern Landen bräuchig, sondern wie die Weite des ganzen Gebäus sich selbst gibt nach den vier Gängen, so lang und breit ist er.

Diese Herberg gehört zu der nächsten Stiftkirchen, Ali Wascha genannt – das ist »die Kirch des Ali Wascha«, als von dem sie erbaut worden –, daraus gibt der türckisch Kaiser jährlich etlich hundert Asper Hauszins in die Stiftkirch. Über der Porten auf (B) seind zwo Kuchen; auswendig hat diese Behausung Läden oder Kräm (E), darinne haben etliche Handwerksleut ihre Werkstätt. Unter der Porten (F) ist bestellt zur Gwardi ein Zausch mit vier Janitscharen, welche beides dem Herrn Oratori und seinem Gesind zugeben werden, sie auf der Gassen zu beleiten; deren jedem gibt der Herr Orator jährlich 50 Dukaten und ein Kleid. Die werden alle Jahr abgewechselt, ausgenommen der Zausch nicht. Der ist schon viel Jahr Gwardi-Obrister gewesen, der hat jährlich etlich 100 Dukaten an Geld und andern Schmieralien.

Das II. Kapitel

Von der Herrn Oratorn Unterhaltung und Tafelgenossen zu Constantinopel

Was demnach anlangt die Unterhaltung und Proviant, so von der Porten (also pflegt man den ottomannischen Hof zu nennen) auf den Herrn Oratorem wöchentlich verwendt wird, damit ist es folgendermaßen beschaffen: Erstlich werden dem Herrn Oratori von Hof monatlich gereicht 10000 Asper. Ein Asper tut ein halben Heller weniger dann ein halben Batzen; »aspro« heißt grobgriechisch »weiß«, wie hinwieder »to mafro« – »schwarz«, und ist Asper soviel gesagt, als wann ich sprich »ein Weißpfenning«. Von diesem Geld muß der Herr Ambasciatore oder Legat sich mit Fisch, Fleisch, Wein und dergleichen versehen. Nun geht ihm jährlich über 1000 Taler umb Wein auf – dann ich für mein Person zu Panormo in Bythinia in dem Herbst auf ein Zeit hab helfen für 800 Taler Wein einkaufen, aber es ist bei demselben nicht blieben. Item alle Monat 90 Zuckerhüt, item Wachskerzen täglich drei Oka – ein Oka ist fast dritthalb oesterreichische Pfund –, item Schmalz täglich vier Oka, mehr Reis täglich ein Metzen. Dieses alles wird je auf den 15. Tag gereicht, da auf ein Tag allweg so viel kompt. Täglich werden auch 4 Schaf abgestochen. Item Holz täglich 4 Som oder Roßlast, Heu und Gersten zu Fütterung auf die Pferd, dann anstatt des Haberns füttert man Gersten, soviel die Not erfordert. Es mag doch der Herr Orator Pferd halten so viel er will, gewöhnlich aber hält er sieben.

Von jetzterzählter Proviant hält der Herr Orator ein stattliche Tafel. An seiner Tafel hat er gehabt zween Secretarios – Herrn Ambrosium Schmeisser und Herrn Bartolomeum Petz, I. V. D., der auch nachmals Anno 1587 als ein Legat dahin verordnet war auf etliche Jahr. Item Herrn Wenceßlaum Budowitz von Budowa – ein Böhem, Ihrer Gn. Hofmeister –, item der Prädikant, demnach die vier Dolmetschen, die doch ihr Wohnung außerhalb der Behausung haben und zu Galata wohnen, zum Teil auch in der Stadt – als Dominico Zepho, Jacomodi Gaspe, Andreas N., alle drei geborne Griechen, der griechischen, italienischen, türckischen und einsteils auch arabischen Sprach wohl erfahren. Der 4. ist ein Teutscher, Melchior von Tierberg; jetzt heißt er mit seinem türckischen Namen Ali, ein Spahi – ein Reisiger –, bürtig von Fridtberg aus der Wetterau. Er ist in Sigeth gefangen worden und also ein junger Knab an ottomannischen Hof kommen, hernach unter des Sultans Leibjungen auferzogen und in türckischen Schriften unterwiesen worden: er ist der ungrischen, krabatischen, türckischen, persischen, arabischen und teutschen Sprach wohl erfahrn.

Das III. Kapitel

Was für ein Prozeß bei Überantwortung der Geschenk, so die Röm. Kais. Maj. dem türckischen Kaiser in Friedenszeit schickt, gehalten wird; auch von demselben Gemach und Zier

Den 17. Januarii Anno 1578 waren beide Herrn Oratores gen Hof für den Sultan erfordert; die ließen vor ihnen her die Verehrungen und das Geld auf den Kutschen führen. Die Kredenz, Silbergeschirr und Uhrenwerk trugen die Diener unter den Röcken verborgen bis in das Saraia oder Burg. Daselbst empfiengen s' des Sultans darzu verordnete Diener und brachten s' für den Sultan hinein in sein Gemach.

Bei der andern Porten, durch welche man in den innern Hof kompt, stiegen beide Herren Oratores sampt ihrem Adel von ihren Pferden. Die beide Herren giengen durch den weiten gepflasterten Hof zu Fuß in des Sultans Gemach hinein, der Adel und das übrig Gesind blieben in demselben innern Hof stehn. Vor den Herren gieng ein Capitßhiwascha – ein obrister Türhüter, großes Ansehens –, der trug in der Hand ein egyptisch Rohr, wie sie im Roten Meer wachsen, und beleitet die Herren Gesandten ins Gemach. Gleich vor dem Gemach warteten vier Zauschen – die sein adelmäßig –; deren zween ergriffen einen aus den beiden Legaten zuvörderst an den Wammesärmeln und griffen unter die Ärmel, führten s' also für den Sultan hinein und stießen sie alsdann vor dem Sultan ganz ungestümiglich und unfreundlich zu Boden auf die Knie. Ein Kämmerling oder Capagaschi reicht den knieenden Legaten des Sultans, der gleich vor ihnen saß, Rockärmel, den mußten sie küssen.

Diese Hofweis, daß der Röm. Kaiser oder seine Gesandten dem Türcken müssen ein Fußfall tun, ist nicht allweg gewesen, dann ich finde nicht, daß Constantinus Magnus, Carolus Magnus und andere ihrsgleichen Römische Kaiser solchs getan hätten; es ist erst aufkommen, seither das Römisch Reich auf leimen Füßen und Zehen steht. Dies ist ein recht teufelischer Stolz und Hoffart, daß diese Barbari sich nicht scheuen, dem Röm. Kaiser solchen Despekt und Spott anzutun, daß des Kaisers Gesandten diesem Bestia müssen ein Fußfall tun, da sich doch wollt gebühren, daß sie ihr Werbung vor ihm sitzend sollten verrichten, in gleichem Ansehen gegen ihm, welches aber dieser barbarische Baurenstolz nicht gestattet, auf daß männiglich sehe, daß die Tölpel nichts halten von dem höchsten Haupt der Christenheit, dem Römischen Kaiser, und von seiner Majestät Macht und Gewalt. Will sich derhalb wohl gebühren, daß die Legaten des Türcken auch in solcher Demut für der Kais. Maj. erscheinen und zu dergleichen Fußfall gezwungen werden.

Nachdem sie nun den Ärmel nach Notdurft geküßt, warn sie wiederumb aufgericht und etlich wenig Schritt beiseits gestellt. Da fiengen sie an, was sie im Befelch hätten vorzubringen, mit vorgehendem freundlichen Gruß wegen Ihrer Kais. Maj. neben Überreichung der kaiserlichen Kredenzschreiben, dies Inhalts ungefährlich: Daß Ihr Maj. diese edle Herren als Legaten (dann in dergleichen Sachen fragen die Türcken sonderlich nach dem hohen Adel) zu seiner Hoheit hab abgefertigt mit Befelch, was den angestellten Frieden zwischen Ungern und dem ottomannischen Haus belang, zu Erhaltung desselben nichts sollen unterlassen, wie dann Ihr Maj. sich solches gegen ihm, dem Sultan, freundlich versehe und bis daher zum Teil im Werk befunden hab, da nämlich vor kurzen Jahren verschienen nicht mehr dann 9000 Christen in die türckisch Dienstbarkeit sein kommen, dardurch er sein freundlichen geneigten Willen gnugsam zu erkennen geben, daraus Ihr Kais. Maj. leichtlich abnehmen kann, was sie sich fürhin gegen ihm zu versehen haben.

Dies alles hat Herr David Ungnad (A) als der älter Legat durch obgedachten teutschen Türcken, Melchior von Dierberg, sein ordenlichen Dolmetschen (D), teutsch fürgebracht, stehend und den Hut in den Händen haltend, welches gleichwohl bei den Türcken ungewöhnlich, denn kein Türck vor dem Kaiser oder Sultan den Hut abzeucht. Die Kredenzbrief waren auf Pergament lateinisch beschrieben. Wann der Herr Orator ein Periodum oder ein Sentenz geredt, trat der Dolmetsch zu ihm, solches anzuhören, alsdann trat er gegen dem Sultan (B) und erzählt's auf türckisch; darnach holt er wieder ein Maul voll.

Das Gemach ist ungefährlich 12 Schritt weit, gar dunkel, mit wenig hohen Liechtern oder Fenstern, der Boden war überdeckt mit köstlichen persianischen Teppichen. Der Sul-

Audienz der Gesandten beim Sultan

tan saß auf einer erhöchten Bühne, eines Schuhs hoch von
dem Boden und zween lang, mit köstlichern seiden Teppichen
bedeckt dann die vorigen waren, mit edlen Steinen gestickt.
Auf den Teppichen an der Wand herumb lagen schöne Kis-
sen und Polster von gülden Stücken, darein gleichesfalls edle
Stein gewirket waren. Auf der Bühne saß der Sultan, also daß
er die Füß nicht übereinander schränkt, wie sonst der Türcken
Brauch ist, sondern stellet die Füß auf dem Boden auf, als säß
er auf einem Stuhl. Er hätt ein schön gülden Stück an und an
den Fingern schöne Ring von schönen großen Rubinen und
Diemant, die in unsern Landen so groß nicht gesehen werden,
dann ihr größte Zier steht in schönen Ringen.

Gülden Ketten, königliche Kron, Szepter, Apfel, Mantel
und dergleichen kaiserliche Ornat ist bei ihnen unbekannt
und ungebräuchlich.

Für dem Sultan stunden drei Wascha (C), die man möcht
nennen Kurfürsten, dann sie mit Ansehen die andern Ständ
alle übertreffen. Die legten die Händ übereinander, wie die
Weiber prangen, mit untergeschlagnen Augen, und sahen niemands an, wie auch der Sultan selbst – der saß auf der niedern Bühne, als wär er entschlafen oder wie ein geschnitzt
Bild, ohn alle Red, ohn Umbsehen und ohn alle lebendige Ge-

bärd. Außerhalb den gemeldten Personen war niemand im
Gemach.

Auf des Herrn Oratoris Anbringen war kein Wort geantwortet, dann wie gemeldt, dieser saß da wie ein Götz, die andern drei stunden wie steinerne Bilder. Der obrist Wascha
empfieng von dem Herrn Oratore die Kredenzbrief ohn alle
Reverenz, ohne Hand- oder Briefküssung; es gieng fein still
zu, wie bei Kindbetterinn' der Brauch ist.

Das IV. Kapitel

*Von des türckischen Kaisers Geschirr zum Essen und desselben Speis
und Trank, item was er uns für ein Bankett gehalten und warumb
man die Legaten bei den Händen zu ihm führt*

Nachdem nun solche Werbung verricht, gieng der Sultan in
ein Gemach, nicht weit von erstgedachtem Zimmer, an den
Ort, da man Rat hält, und ließ ihm Essen auftragen. Die Herren Oratores sampt den Waschen setzten sich in der Ratstu-
ben auf den Boden mit geschränkten Beinen, daß der Sultan
von seinem Ort sie sehen kunnt, aber sie kunnten ihn nicht
sehen; da trug man auch die Speisen auf. Der Sultan zwar isset aus Porcellana-Geschirr, seine Voreltern pflegten aus lötig
Gold zu essen. Porcellana ist ein Geschirr, weiß und durchscheinend, doch nicht wie ein Glas, sondern wie ein Alabaster,
etliche sein dunkel- oder schweizergrün. Diese Geschirr bringt
man aus Persia, daselbst sie auch zugericht werden. Und wie
ich bericht bin worden, so mag kein Mann erleben, daß die
Erd so weit zubereit werd, daß er mög ein Gefäß draus machen, sondern es laß ihm ein Meister oder Hafner daran genügen, daß er die Materi oder Leimen bei seinem Leben mög so
weit bringen, daß sein Nachkomm ein Gefäß oder Geschirr
mög draus machen. Daher sein diese Geschirr sehr teur und
dem Gold gleich geacht, also daß ein Schüsselein so groß als
ein Salzbüchslein umb 7 oder 10 Dukaten verkauft wird. Sie
sollen aber die Art haben, sobald ein Gift drein kompt, so
springen sie voneinander.

Des Sultans Speisen sein mehrteils von Reis, auf mancherlei Weis gekocht, weiß, rot, gelb, braun, dick oder dünn und allezumal süß, einsteils auch gebacken, im Reis ein Schaffleisch. Darnach gebratne Tauben, item eingemacht oder verdämpft Schaffleisch, gebratne Hühner, letzlich allerlei Obs und Früchte, als Pfeben, Melonen, Limonien, Granaten, Birn, Trauben, Kerschen, item allerlei liebliche Konfekt.

Sein Trank ist kein Wein, sondern allein Zuckerwasser, item ausgedruckter Saft von Granatöpfeln und dergleichen edlen Früchten. Sein Vater zwar, Sultan Selim, hat nichts anders dann guten starken Wein getrunken, gar überflüssig, also daß er täglich toll und voll gewesen, daher er dann ein küpferin Angesicht bekommen; summa, er ist ein rechter Weinschlauch und voller Zapf gewesen.

Auf jetzterzählte Weis sein die kais. Oratores sampt ihrem Adel und Gesind heraußen im innern Hof unter einem Gang auch gespeist worden mit fünf Trachten von Reis, item mit Schaffleisch, gebratenen Hühnern und Tauben, sampt dem Zuckerwasser. Unter Essens gieng einer am Tisch (wiewohl es kein Tisch war, dann wir saßen auf ebnem Boden) mit einem lederin Schlauch und silberin Schalen herumb, und wer trinken wollt, dem reicht er zu trinken. Der Schlauch hätt ein messin Zäpflein, daraus er einschenket, und war anzusehen wie ein Sackpfeif.

Diese ganze Aktion hat sich verzogen von neun Uhr zu Morgens bis auf den Mittag. Als wir nun vom Essen aufstunden, da platzten die Zauschen und andere ihrsgleichen fürnehme Personen in die überbliebnen Speisen mit solcher Ungestüm, als wann Geiren und Raubvögel auf den Raub fallen. Dann wie dies Bankett vor unsern Augen ein schlecht Ansehen hätt (dann ich sagt zu einem unter uns: »Im Teutschland geht es auf einer Baurenkirweih stattlicher zu!«), also hielten sie es für ein stattlich und kaiserlich Bankett. Derhalben raubten sie und trugen hinweg, was da war — ein feine bäurische und tölpische Hofweis, die solchen Barbaris nicht übel ansteht.

Vor der Mahlzeit aber war unser Adel aller für den Sultan hineingelassen, ihme obgehörtermaßen den Rockärmel zu küssen. Diese Gewohnheit aber kompt daher: Nachdem vorzeiten Marcus Despota in Servia von Sultan Murath erschlagen war, nahm des Despotis Diener einer, ein Krabat, ihm für, er wöllte seines Herrn Tod am Sultan selbst rächen, wie er dann bald hernach solches im Werk erfüllt und Sultan Murath den Ersten erstochen hat. Desgleichen soll sich auch auf ein Zeit ein Unger unterstanden haben, aber sein Fürnehmen hat ihm gefehlt. Umb deswillen darf kein Frembder für den Sultanum kommen, man führ ihn denn bei den Fäusten.

Nach diesem allen zogen wir wieder in unser Herberg. Da war ein herrlich Bankett zugericht, davon sich die Herren Oratores, der Adel und das Gesind besser erlustigten, dann in des Sultans Saraia.

Ich halt aber darfür, daß es nicht allein gut und nutz, sondern auch unserm christlichen Namen und Religion gemäß wär, wann wir uns umb ein solch mäßig Leben annähmen und in der Christenheit dem großen Überfluß im Essen und Trinken Urlaub gäben, daß ein jeder daheim und zu Haus lernete, ihm an einem Geringen genügen zu lassen, auf daß wir alsdann mit wenigerm Unkosten im Feld uns könnten behelfen, wann wir mit dem Feind zu tun hätten – aber solch Ding läßt sich bälder sagen und schreiben dann ins Werk bringen.

Das V. Kapitel

Von dem ganzen Wert der Präsent unterschiedlich, welche die Röm. Kais. Maj. dem türckischen Kaiser damals hat verehren lassen

Nun komm ich an die kaiserlichen Verehrungen. Ich will nicht sagen »Tribut« oder »Schatzung«, dann es wär bäurisch, sondern ich will ihm ein italienischen Namen geben, »Präsent«, so versteht's der Baur nicht. Dann wann wir Tributarii wären, so wär zu besorgen, wir müßten uns demütigen und nicht so großer Streich austun, und wir müßten alsdann solche Last unserm Herrn Gott abbitten – so sei es in Gottesnamen ein Präsent. Oder wir wöllen solche Last dem Königreich Ungern zuschreiben, so ist alsdann Teutschland davon unbekümmert, und können wir uns also fein aus der Straf Gottes herauswickeln. Der Türck gestattet uns gern, daß wir von solcher Beschwerd mögen fein höflich reden, den Spott von uns abzuleinen. Hingegen müssen wir auch leiden, daß er seines

Gefallens davon redet und es einen Charatsch, das heißt »ein Schatzung oder Tribut«, nennt, durch welchen schändlichen Namen wir billig sollten verursacht werden, in allen Ständen die alte teutsche Tapferkeit herfürzusuchen, solch Joch von dem Hals zu schütten und einmal den rechten Ernst zu gebrauchen, nämlich vielmehr das Vaterland zu schützen mit Schwert und Eisen dann mit Gold, Silber und Geschenk.

Folgen nun auch die Verehrungen in specie, die mein gn. Herr mit sich gen Constantinopel gebracht:

Erstlich sein dem Sultan für sein Person gereicht worden an barem Geld 40 000 Taler,

item dem Vesirasem oder obristen Wascha 18 000 Taler,

item dem Biali Wascha 2 000 Taler,

item dem Achmat Wascha 1000 Taler,

item dem Mustapha Wascha 1000 Taler,

item dem Janitscher Aga 300 Taler,

item den Capitschi Waschen und obristen Türhütern 1500 Taler,

item den Dolmetschen 1000 Taler,

item dem Beeg zu Gran 300 Taler,

item dem Wascha zu Oven 3000 Taler,

item seinem Hofgesind 600 Taler;

Summa an Geld 76 500 [= 68 700] Taler.

Mehr an Silbergeschirr und Uhrenwerk:

Erstlich dem Sultan zwo Uhren auf 1500 Taler geschätzt, item zwo vergüldte silberine Wannen, zween Wasserkessel, zwei große doppelte Kredenz von Schmelzwerk, zwei Kredenz von getriebener Arbeit, zwo große Flaschen von geschmelztem Laubwerk, item ein Gießbeck und Kandel, alles verguldt, tut in summa 5000 Taler,

item dem Vesirasem oder obristen Wascha zwo Uhr, zwei dopplete Kredenz, zwo Flaschen, zween Wasserkrüg und ein Handbeck mit der Kanden, alles vergüldt, von getriebner und geschmelzter Arbeit, das macht in Geld angeschlagen 1500 Taler,

item dem Beglerbeeg aus Graecia vier Konfektschalen, zween Kessel, zwei dopplete Kredenz, tut 400 Taler,

item dem Janitzer Aga zwei dopplete Kredenz und ein Uhr, tut in Geld 300 Taler, item dem Mustapha Wascha zwei Schiff, zwei dopplete Kredenz, ein Uhr, zween Wasserkrüg, tut 440 Taler,

item dem Sinam Wascha zween Kessel, zwo Flaschen, ein Uhr, ein Paar [ein paar?] dopplete Kredenz,

item zu Gran und Oven etliche Kredenz und Uhren verehrt, die tun 5000 Taler.

Obwohl diese Kredenz und Silbergeschirr alles zumal von sehr köstlicher Arbeit, die wohl höher möcht geacht werden dann das Metall, das Gold oder Silber, so gilt es doch nichts bei diesen Leuten. Sie verwundern sich zwar darüber, aber wie man mich bericht, so lassen sie es alles wieder schmelzen und machen Münz oder Geld daraus. Die schönen Uhrenwerk soll der Sultan in einem großen Gemach auf einem Haufen stehn haben, die ihm von vielen Jahren her sein zukommen. Die verderben von dem Rost, etliche werden verkauft; bisweilen läßt er abwechseln und ihm eines derselben ins Gemach stellen. Wenn er's nun ein gute Zeit gebraucht, läßt er's hinwegtun und ein anders herfürbringen und also fort.

In Betrachtung dieser Verehrungen kann ich mit Wahrheit sprechen, daß ich mein Lebtag kein teurere Zech getan als bei diesem Bankett, welches uns der türckisch Kaiser diesmal gehalten.

Das VI. Kapitel

Von des türckischen Kaisers Burg und seines Hofgesinds Gehorsam

Jetzund komm ich an die Burg und kaiserlichen Palast, welchen die Türcken nennen Saraia. Dies Wort kompt von dem hebräischen Wort »sar«, das heißt »ein Fürst«, und »Saraia« – »ein fürstlich Haus oder fürstlicher Palast«. Daher kompt auch das Wort »Carabansarai« – ein Gasthaus oder offne Herberg für reisende Leut –, dann »Carauana« heißt »ein Haufen der Reisenden«, und werden Menschen und Vieh, Roß, Esel und Kamel darin begriffen.

Dieser Palast liegt am lustigsten Ort der Stadt, daraus man siehet auf die beide Meer, Pontum Euxinum und Bosphorum Thracicum, und gegen dem Bosphoro über in Asiam mino-

Das Serail des Sultans

rem; und stößt das Saraia an beiden Seiten ans Meer. Es hat
in seinem Begriff mehr dann ein halbe teutsche Meil und ist
sehr unordentlich und ungeschickt gebaut. Die Gebäu stehn
überzwerch, krumm und schräg durcheinander, als wie sie
einem aus eim Sack ungefähr gefallen wären. Sie sein auch
nicht so hoch, groß, weit und so ansehlich gebaut, ausgenommen ein einigs Haus, welchs hoch und weit, mit drei Reihen
Fenster übereinander, von lauter Quadersteinen.

Eh man in den Palast kompt, muß man durch zween lange
Höf gehen. Meins Erachtens ist ein jeder Hof mehr dann ein
Morgen oder Jauchart Ackers groß. Der erste Hof ist unge-
pflastert, ausgenommen allein ein schmale Straß, darauf man
aus- und einfährt und -reit, die ist gepflastert. In diesem Hof
halten die Stallknecht mit ihrer Herren Pferd, bis sie aus dem
Rat herauskommen. Dann alles Hofgesind muß in diesem
Hof absteigen, und wird niemand vergünnt, in den innern
Hof hineinzureiten, dann allein dem Sultan, und so er viel-
leicht solches einem Wascha aus Gnaden vergünstigt.

Im innern Hof zu beiden Seiten hat es in der Länge herab
Vorschöpf mit bleiern Dächern. An der einen Seiten hielten
sich der beider Legaten Gesind, daselbst aßen sie. Etliche
Zauschen und andere stunden auch in diesem Gang. Auf der

andern Seiten haben die Janitschaer – die Hakenschützen – aufgewart mit ihren Hauptleuten, die sie nennen Buluck Wascha – das sein Chiliarche, Centuriones, Decuriones, das ist »Obriste über tausend, über hundert und über zehn« –, sie nennen s' auch Capi. Sie hätten aber kein Handgeschütz, noch Seitenwehr oder einig Waffen, ausgenommen ein jeder ein langes Brotmesser. Die stunden mit zusammengelegten Händen, wie die Weiber prangen, so still, daß einer nicht ein Wort hätt gehört, welches ein Anzeigung gab eines großen Gehorsams, deren doch bei 3000 möchten versammlet gewesen sein. Desgleichen im äußersten Hof, da die Stallknecht und Bärnhäuter auf ihre Herrn warten mit den Pferden, da hat man kein Geschwätz oder Red gehört.

Bei der innern Port sitzt ein Gwardi von Janitscharn, an der Wand herumb hangen die Säbel und Tartschen. Unter der ersten Port ist ein Capitschi Wascha mit etlich seinen Dienern verordnet zur Gwarden, derselb ist ein obrister Türhüter, hält in der Hand ein Rohr wie ein Stab. In Mitte des innern Hofs stund ein anderer Capitschi Wascha oder obrister Türhüter mit einem egyptischen Rohr in der Hand, der blieb unbewegt stehn, solang diese ganze Aktion währet.

Summa, man sahe allenthalben und bei eim jeden ein sehr großen Gehorsam und Forcht gegen ihren Padeschach oder König und gegen ihren Vorgesetzten, von welchen unsere Hofjunkern und Hofgesind wohl möchten in diesem Fall Hofzucht lernen, welche, wann sie aufwarten, einander vexieren, hin und wider ziehen, ein groß Gelächter anrichten und närrische Possen reißen, damit sie ihnen selbst die Weil kürzen – das heißt einem Fürsten oder Herrn bei Hof auf den Dienst warten! Es muß auch der nächtig Schlaftrunk herfür, da man erzählt, welcher sich am unflätigsten gehalten; da hört man auch, wie sie greulich Gott lästern und mit dem Sakrament gehn, welchs aber ein große Schand ist.

Das VII. Kapitel

Wer und wieviel Legaten bishero nach Constantinopel geschickt worden und was sie dieselben Jahr über da zu verrichten gehabt

Ich find nirgend, wieviel Legaten zu Constantinopel gewesen, als in den Historiis Jovi findt man, daß Kaiser Ferdinandus am ersten ein ansehliche Botschaft hab abgefertigt zu Sultan Solimann Anno Christi 1529. Nachdem Ludwig, der letzt ungerisch König, bei Muhatsch umbkommen und der Weiwoda aus Siebenbürgen mit Hülf des Laski aus Polen von Solimanno ist ins Königreich eingesetzt worden, da hat Ferdinandus, damalen böhmischer König, ein ungrischen Herrn, Johann Oberdanßki, zu Solimanno gen Constantinopel abgefertigt, das Königreich Ungern von ihme zu Lehen zu empfahen. Item er meldt sich an als ein Erb des Reichs, begehrt, daß der Tyrann ihm an seiner Erbgerechtigkeit kein Eintrag tun wollt, aber es war vergeblich. Demnach, als Anno 1532 Solimann mit Heeresmacht in Ungern zog, schickt Kaiser Ferdinand abermalen drei Legaten ihm entgegen, ob er ihn an seinem Vornehmen möcht hindern, aber es war auch umbsonst, dann sie kriegten kein andern Bescheid, dann daß sie sollten dem Heer nachfolgen. Von derselben Zeit an haben die drei Kaiser – Ferdinandus, Maximilianus Secundus und Rodolphus Tertius [= Secundus] – ihre Legaten daselbst gehabt.

Ferdinandus Maluetius, ein Walch, kaiserlicher Legat, ist vor dreißig Jahren zu Constantinopel bei zwei Jahrn gefangen gelegen im Schwarzen Turn, sein Haus geplündert, das Gesind verkauft; doch sein sie letzlich wieder ausgelöst, ihrer etlich sein im Elend gestorben. Ursach seiner Gefängnus war, daß er etwas unbedächtig gehandlet und beteurt, Kaiser Ferdinand hätt sich nicht in Siebenbürgen begeben – da sich doch das Widerspiel befand –, darumb mußt er im Gefängnus büßen. Er ist nach zwei Jahren wieder ledig worden und starb zu Comorra, als er zum andernmal nach Constantinopel abgefertigt war. Nach ihm kam Herr Augerius Bußbeck Anno 1563. Auf Herrn Bußbeck kam Albertus von Wis – ein Niederländer –, der starb daselbst und liegt bei St. Francisco zu Galata begraben in eim alten steinerin Grab, darin vor viel Jahren auch andere begraben gewesen. Der viert ist Herr Carl

Rim – ein Niederländer –, der fünft Herr David Ungnad, Freiherr zu Sonneck, der sechst Herr Joachim von Sintzendorff, der siebent Herr Johann Breuner, Freiherr, der starb daselbst, der acht Herr Paul von Eitzing, der neunt Doktor Bartolomeus Betz, welcher zuvor bei meinem gn. Herrn Secretarius war, der zehnt von Crakawitz – ein Böhem –, welcher Anno 1593, da der Zug in Ungern angieng, mit den Türcken herauskam bis gen Griechischweissenburg, daselbst starb er sampt andern vom Adel elendiglich im Gefängnus.

Ihr Verrichtung und Befelch ist, daß sie alle Zwietracht, so sich täglich auf den krabatischen und ungerischen Grenzen erheben, soviel müglich ist, entscheiden und durch allerlei Unterhandlung bei dem Oberwascha oder bei Hof ableinen und richten. Aber leider will ihr Fleiß, Müh und Arbeit wenig erschießen. Als wann Gefangne dorthin gebracht und der Herr Orator sich dessen bei dem Oberwascha als eines Gewalts beklagt, daß es wider den aufgerichten Frieden sei, da werden alsdann etliche Gefangne fürgestellt, gewöhnlich aber verwegne Tropfen, die schon bewilligt haben, den christlichen Glauben zu verlaugnen, oder werden mit Drohworten und Verheißungen dahin gebracht, dasjenig zu bekennen, was sie angelernt sein. Die bekennen dann vor dem Wascha und dem Herrn Oratore, daß die Kaiserischen seien dem Türcken ins Land gefallen, haben Schaden getan und auf die Türcken gestreift, sein also auf dem Streif erlegt und gefangen worden. Diese Bekanntnus muß alsdann gelten und der Herr Gesandte damit zufrieden sein, auch noch den Spott zum Schaden haben, daß der Wascha das Gespött daraus treibt.

Es hat ein Wascha auf ein Zeit dem Herrn Oratori auf sein fürgebrachte Beschwerd wegen des stetigen Einfalls der Türcken geantwort: Wann zwischen zweien Dörfern ein Aas lieg und von beiden Dörfern die Hund sich bei demselben versammlen, so werden sie uneins und beißen einander, welches dann nicht gescheh, wo sie nicht so nahe beisammen in der Nachbarschaft wären. Darumb, auf daß solch täglich Streifen und Scharmützlen verhütet werd, soll er seinem Herrn, dem Röm. Kaiser, diesen Rat geben, daß er sein Land auf hundert Meilwegs weit und breit hinwegbrenne und das Land veröde, so dörf es dieser Klag und dieses Unkostens nicht, der jährlich auf die Legaten gehe; sie werden alsdann einander zu beiden Teilen unangefochten lassen. Darauf der Herr Orator geantwortet: Der Röm. Kaiser hab in hundert Meilen, so man sollte brennen, mehr zu verlieren dann sein Herr in zweihundert oder mehr Meilen in einem unbewohnten, volklosen und öden Land. Aber mit diesem Kämpfen ist dem armen, elenden Christenvolk an den Grenzen noch nicht geholfen — interim patitur justus.

Ein anderer, mit Namen Sinan Wascha, ein blutdurstiger, tollkühner Tropf, hat der Herrn Gesandten mit ihrer Verehrung gespottet und gesagt, was sie mit diesem Kindswerk, den vergüldten Kredenzen, machen, sie sollten darfür Waffen und Rüstungen bringen, damit sie die Gauren (also nennen sie die Christen) könnten erzausen. Dem war wider geantwort: Die Christen können s' viel besser brauchen wider die Türcken, dann die Türcken wären der Christen Waffen ungewohnt.

Daraus man zu guter Maßen spüren kann, was der Herrn Oratorum Verrichtung nicht allein sei, sondern auch, mit was bösen Bestien sie zu tun haben und wieviel sie den Gesandten zu schaffen machen; daß sie also nicht Kurzweil halb dort sitzen. Gott wöll sich unser Sach mit Gnaden annehmen, sonst gewinnen wir nichts.

Das VIII. Kapitel

Von Ausrüstung und Besoldung der Herren Legaten nach Constantinopel, auch von derselben Post und unbekannten Schrift, so sie hin und wider brauchen

Dem Herrn Oratori werden jährlich von der Röm. Kais. Maj. für sein Besoldung gereicht achthalbtausend Taler, zu seiner Ausrüstung werden verwendt sechstausend Taler, item zur Zubuß dreizehnhundert Taler, Summa 16 228 [= 15 800] Taler. Dieses wird auf ein Legaten erfordert, sooft ein neuer abgefertigt wird.

Es wird zwar alle Jahr ein Botschaft nach Constantinopel abgefertigt mit den kaiserlichen Präsenten, davon oben Meldung geschehen, aber dieselbig bleibt nicht länger daselbst dann sechs Wochen, alsdann zeucht sie wieder davon mit ihrem Gesind. Der residierende Legat aber verharret bis zu bestimbter Zeit, nämlich drei Jahr oder vierthalbs wie mein gn. Herr, auch fünf Jahr und drüber wie Herr Ungnad oder zehn Jahr wie Herr Carl Rim.

Das Jahr über werden etlichmal von dem Herrn Oratore Kurierer an den kaiserlichen Hof abgesandt, mit Bewilligung des Sultans oder des Wascha, welche auch neben dem Oratore den Kaiser aller fürlaufender Sachen des Reichs halb berichten. Es schickt aber der Herr Orator einen seiner Diener, demselben werden die Brief zugestellt. Diesem wird ein Zausch zugeben, den gemeldten Diener durchs Land zu beleiten und mit Pferden auf dem Weg zu versehen. Dem Kurierer gibt man bei der kaiserlichen Hofhaltung sein Belohnung, nämlich hundert Dukaten. Der Zausch beleit ihn bis auf das nächst Grenzhaus, daselbst wird er alsdann von den Kaiserlichen angenommen und weiter beleit.

Die Posten sein aber nicht ausgeteilt von Posten zu Posten wie in der Christenheit; es hat kein ordenliche Posthäuser, sondern wo sie in ein Dorf kommen, da nehmen sie frische Pferd. Bei Christen und Türcken – wo sie es bekommen können – nehmen sie's mit Gewalt, und sein die Leut schuldig, bei Verlust des Lebens die Pferd herzugeben, unangesehen, daß es gleich edle und herrliche Pferd wären. Dieselben reiten sie so lang, bis sie erliegen und etwan unter ihnen umbfallen; alsdann lassen sie die Pferd liegen oder stehn, es sei im Feld oder im Dorf. Will ihr Herr die Pferd wiederhaben, so muß er der Post nachfolgen und sie wieder heimbringen.

Und da der Zausch des Gleits auf freiem Feld ein Reisigen, ein Bauren oder Kaufmann ergreift und er eins Pferds notdürftig ist, so muß derselbig die Last alsbald abladen und das Pferd folgen lassen. Vielmal begibt es sich, daß zum Säbel und zu Streichen beide Teil kommen; hab auch jederzeit gehört, daß solche Postreuter unbeleidigt davonkommen, als über welchen Gott der Allmächtig sonderlich hält, gemeinem Frieden und den armen Christen zugut. In zehn oder eilf Tagen – nachdem das Wetter ist – kann der Kurier Wien erreichen. Oft müssen sie sich der Ochsen- und Büffelpost behelfen und sich auf Wägen führen lassen.

Jedoch mangelt es nimmer an heimlichen Botschaften und an Verräterei – deren sich der Herr Orator muß behelfen –, durch welche man Brief an die Kais. Maj. pflegt zu schicken. Ein solcher hat auf ein Zeit die Schanz übersehen, der ist ein Meilwegs von Constantinopel aufgefangen worden. Und ob man wohl die Brief bei ihm funden, so hat man s' doch nicht lesen können, dann sie sein in einer unbekannten und erdichten Schrift und Ziffer geschrieben, daraus kein Mensch kommen kann – welcher Verräter auch alsbald ist gespießt worden.

Eben am selbigen Tag, wie mein gn. Herr zum Wascha ritt, begegnet ihm ohngefähr sein Diener, der auf der Post von Wien geritten daher kam, welcher etlich Wochen zu Oven vom Wascha aufgehalten worden – denselben hat er doch letzlich gen Constantinopel geschickt als ein Landsverräter. Der war dem Wascha zu Constantinopel geliefert und nicht dem Herrn Oratori, wie sonst bräuchig; so wollt ihn auch der Wascha dem Herrn Oratori nicht zustellen. Die Sach ließ sich ein gute Weil sehr ernstlich ansehen, und stund mein gn. Herr in Sorgen, man möcht ihn gefänglich einziehen, das Haus durchsuchen, ihm und dem Gesind ein Schmach zufügen; und war das Lachen gar teur bei uns. Endlich handlet Ihre Gn. durch Gottes Hülf so viel, daß man ihm sein Diener wieder zustellte sampt den Briefen, die er mit sich gebracht von Wien. Die kaiserlichen Schreiben waren unversehrt, aber die andern gemeinen Brief waren mehrteils von den Türcken gelesen und vertuscht. In diesem Handel haben die Goldkuglen wohl getan, sonst wär es vielleicht trüb abgangen.

Das X. Kapitel

Wie der türckisch Kaiser einen ansehlichen griechischen Fürsten erwürgen läßt

Wenig Wochen nach unser Ankunft zu Constantinopel ließ Sultan Murath einen ansehlichen Mann unter den Griechen – Michaelem Cantacuzenum, des alten kaiserlichen Geschlechts – zu Anchialo oder wie man's jetzund nennt, Achelo, erdroßlen oder mit einer Saiten erwürgen, nämlich den 3. Martii. Er hat im Bestand gehabt die Maut und Zöll am

Meer und ist zugleich bestellt gewesen, den Hof mit rauher War und köstlichem Futter zu versehen. Diesem gab man Schuld, er hätt in Walachey und Moldau Meuterei und Empörung angestift, derhalben als ein Meutmacher zur Straf genommen worden. Sein fahrende Hab und Hauskleinoder wurden alle auf dem öffentlichen Mark vergantet und verkauft durch den Vlutsch oder Gilitsch Ali, den Meercapitan. Unter seinem Hausgerät kamen viel alte griechische Bücher, von der Hand geschrieben, herfür, die waren über die Maß teur verkauft. Aus welchen ich ein gute Zeit hernach ein Neu Testament (doch allein die vier Evangelia) kauft — auf Pergamen geschrieben, in quarta forma, mit einer rotsammeten Decke, das war bei 800 Jahr alt —, darfür bezahlt mein gn. Herr 20 Taler. Und macht sich der Sultan von solcher seiner Verlassenschaft bezahlt, dann er dem Sultan ein große Summa Gelds schuldig blieben sein soll.

Das XI. Kapitel

Von dem Krieg, den der türckisch Kaiser diesmal in Persiam fürnahm, und desselben Ursach

Desselbigen Jahrs, nämlich Anno 1578, den 5. Aprilis, nahm Sultan Murath ein Zug für in Persiam. Und war zum Generalobersten ernennt Mustapha Wascha, ein betagter Mann über die achtzig Jahr, eben derjenig, welcher die Insel Cyprum den Venedigern abgedrungen Anno 1571 und den Duca der Insel, Antonium Bracademum, hat lassen lebendig schinden. Dieser Mustapha setzet über den Meerschlund Bosphorum Tracicum gen Scutari in Asia minore mit viel wohlgeputzten Galeen und gewaltigem Geschütz — daselbst er viel Tag zu Feld gelegen, bis sich das Volk zu ihm versammlet von den umbliegenden Orten und bis die Pferd mit der grünen Gersten ausgefüttert wurden. Dann sie haben im Brauch, daß sie alle Jahr zur Zeit, wann die Gerst einschoßt, ihre Pferd darin weiden oder im Stall damit füttern. Das halten sie für ein heilsame Roßarznei und eine Purgation, davon die Pferd hernach zum Reisen und zum Tun desto fertiger seien.

Die Ursach dieses Kriegs rührt daher, daß die Türcken und Persier ein alten Grolln zusammen haben und einander neiden umb der Herrschaft und Gewalts willen; da einer will über den andern sein, einer dem andern sein Gewalt mißgünnt und je ein Teil sorgt, der ander werd ihm zu mächtig werden und ihn mit Gewalt eintreiben. Ein jeder wär's gern allein; wie der alte Brauch ist, daß die Gewaltigen nicht gern andere neben sich leiden – non bene cum sociis regna Venusq. manent. Diese Mißgunst können beide Teil gar meisterlich unter dem Schein der Religion verdecken, als sei es ihnen umb die Religion zu tun, in welcher sie ein lange Zeit her mißhellig gewesen sein.

Die Perser nämlich haben ein solche Lehr herfürgebracht, daß keiner durch die Lehr Mahomets – den Curan oder Alcuran, Gottes Gesetz (von al »Gott« und curan »Gesetz«) – könne selig werden, es sei dann, daß er der Lehr des Propheten Ali mit Fleiß nachkomme und denselben vor Augen hab. Dieser Ali ist einer aus den höchsten Lehrern der Schrift, als da sein Ebubecar, Ali, Osman und Aomar. Zuvor hielten die Mahomethaner den Omar für den berühmbtesten. Im übrigen Gottesdienst sein sie den Türcken gleich. Wann ein Persier zum Türcken wird, muß er sich noch einmal beschneiden lassen, als wann die Beschneidung der Persier vergeblich und unnütz wär – wie sie dann kraftlos und nichtig ist sampt ihrem ganzen vermeinten Gottesdienst.

Desgleichen ist auch zwischen beiden Völkern darin ein Unterschied, daß die Persier pflegen gemalte Bilder zu haben, doch nicht im Gottesdienst, sondern zur Zier; sonderlich daß sie dieselben in die Kleider sticken, als Roß und Reuter, Löwen, Bären etc. – welches Gemäl doch kein Form oder Gestalt hat –, daran die Türcken ein Greuel haben.

Dies ist in einer Summ der Streit zwischen den Persen und Türcken, darin sie dermaßen gegeneinander verbittert sein, mehr als über die Christen. Darumb einer aus den Janitscharen aus unser Gwardi auf ein Zeit, als etliche Persier bei unserm Haus fürübergiengen, zu mir sagt: »Dieser siebenzig sein nicht so gut als du.«

Dieser Aberglaub ist mit viel Blut gestift worden, dann von derselben Zeit an bis dato unzählig viel tausend Menschen über diesem Streit zugrund gangen, beides am Leib und der

Seel. Das kann der Mörder, der Teufel, und ist noch kein Aufhören. Es wird noch unzählig viel Menschen kosten − welches doch der Kirchen Gottes in Europa nicht zu unstatten kompt, dann mit dieser Zwietracht pflegt Gott meines Erachtens zu temperieren die Regiment. Damit die blöde, arme Christenheit nicht gar aufgefressen werd und ein wenig verschnauben könn, so müssen diese des Mahomets Diener einander selbst aufreiben, damit andre ein Weil vor ihnen Ruh haben, sonst könnt niemand vor ihnen aufkommen. Dann wer weiß, was der Türck in diesen siebenzehn Jahren für Unruh der Christenheit gemacht hätt, wenn er nicht diese Zeit über mit den Persern zu tun gehabt hätt. Wiewohl er nichtsdestoweniger diese Zeit über in Ungern und Crabaten übel hausgehalten, so wär es doch in jenen Weg viel ärger worden, wann diese beide Parteien wären einig gewesen.

Das XII. Kapitel

Wie der türckisch Kaiser sein Feldobersten an der Persen Frontier hat wöllen würgen lassen

Ich komm wieder an den Mustapha Wascha, verordneten Feldobristen wider die Persen. Als er ein Zeitlang an der Persen Frontier gelegen und nichts ausgrichtet, dann daß er etlich Mal Püff davonbracht, da kam von ihm das Geschrei aus, als wär er von den Persen mit Goldkuglen getroffen worden, daß er nicht sonderlichen Ernst wider sie fürgewendt, sondern etwas schläferig mit der Sach umbgieng; daher Sultan Murath seinen Imrahor Wascha oder obristen Stallmeister zu ihm abfertigt, daß er ihm die Saiten spannen und ihn erwürgen soll. Dann man wollt von ihm ausbreiten, er hätt die Anzahl des Kriegsvolks nicht halb und nehm doch gleichwohl den Sold ein, als wann er gleich die völlige Anzahl hätt − als da 1000 Knecht benennt wären, so hielt er an dieser Zahl nur 500 und empfieng doch den Sold auf die 1000 Knecht.

Als nun sein Nachrichter im Läger ankam, begehrt er für den Feldherrn, mit welchem er in geheim wegen des Sultans zu reden und des Kriegs halb sich zu beratschlagen hätt. Der alte Greis aber roch den Braten, daß es ihm an den Hals wollt gehn, und ordnet sein Leibgwardi – die Janitschar – umb das Gezelt mit diesem Befelch, im Fall der Imrahor Wascha wollte Hand an ihn legen, sollten sie ihn alsbald erschlagen. Der Imrahor wollt dem Landfrieden nicht trauen, begehrt derhalben an den Obristen, er sollt sein Gwardi abschaffen – dessen sich Mustapha zu tun erboten, jedoch soll er seine Diener auch abschaffen und einiger Person dasjenig, das er im Befelch hätt, gegen ihm verrichten. Dies wegert sich der Imrahor, setzt sich wieder auf sein Pferd und eilt mit seinen Henkerssaiten wieder nach Constantinopel, erzählt dem Sultan, was er hab ausgericht.

Eh aber der Imrahor zu Constantinopel ankommen, sein etliche von des Mustapha Wascha Volk schon vor ihm daselbst, welche ein groß Gut mit sich dahin gebracht und dem Sultan überantwort haben mit diesem scheinlichen Fürgeben: Es sei nicht weniger, Mustapha hab den halben Teil der bestimbten Anzahl Volks nicht, dann er sei durch allerlei Ungelegenheiten bis daher daran verhindert worden, daß er's nicht – wie ihm befohlen sei – hab mögen zuwegen bringen. Zudem hab er's nach der Zeit unnotwendig geacht, solchen großen Unkosten vergeblich aufzuwenden, bis zu folgender fürfallender Gelegenheit, daß er sich mit dem Feind in ein öffentliche Feldschlacht hätt mügen einlassen, alsdann hätte er mehr Volk beschreiben und annehmen lassen. Nun aber hab er den übrigen Kriegsunkosten nicht für sich selbst, sondern für den Sultan behalten, welche Summa er auch hiebei zu empfahen hab mit Wünschung dem Sultan langes Leben nach ihrem Brauch.

Dadurch war der Sultan begütigt, und hat Mustapha sein Leben also von dem Raubvögelein Sultan Murath erkauft, der nach der Greifen Art sein Nest mit Gold bauet – dies hat ein Schafdarm oder ein Sait aus dem Schafdarm gewirkt. Sage nun einer mehr, daß ein Schafdarm kein Kraft mehr hab, wann man so viel Geld und Gut damit kann erwerben! Es sollt mancher ein solchen Darm nehmen für des Fortunati Wünschhütlein und für der Chymicorum Lapidem Philosophorum. Es heißt wohl nach dem Sprichwort »Auro loquente nil potest quevis oratio – Wann Geld redt, so schweigt alle Welt still«.

Jedoch ist mehrgedachter Mustapha abgefordert und darüber zu masul – das ist seines Ampts und obristen Befelchs entsetzt – worden. Als er aber gen Constantinopel kommen, hat er nochmalen durch fürtreffliche, herrliche Gaben Ablaß und Gnad kauft bei dem Sultan. Summa, mit Gold kann alle Missetat versöhnet werden. Als er nun köstliche Pferd, Kleinod und stattliche Gewand, die über ein Tonnen Gold angeloffen, verschmiert, hat er Gnad erlangt.

Das XIII. Kapitel

Ankunft eines Legaten aus Persia und Ursach, warumb sich Mustapha Wascha selbst getötet

Als aber Sinan Wascha, der Bluthund, anstatt des abgesetzten Mustapha zum Feldobristen an die persische Grenze verordnet worden, ohnlang hernach kam ein Gesandter aus Persia auf der Post mit zwanzig Dienern zu Constantinopel an. Da war die Mißhandlung des Mustapha Wascha wieder neu; und gieng die Red von ihm aus, daß er vorhin, als er Feldobrister gewesen, zween Legaten aus Persia hab hinterstellig gemacht und wieder zurückgewiesen, weil ihm der Krieg, wie oben gehört, mehr eintrug dann der Fried. Andre sagten, er hätt die Legaten wider aller Völker Gesetz und Recht lassen umbringen unter dem Schein, als seien sie Kundschafter und Landsverräter. Derhalben, als die persische Botschaft aus Asia von Scutari herüber auf Galeeren beleitet war ganz prächtig und herrlich, am selbigen Tag wird Mustapha Wascha tödlich krank – nicht ohn Argwohn, wie die beständige Sag von ihm ausgieng, er hätt ihm selbst Gift beigebracht, als der da sorget, seine bösen Stück, die ihm selbst bewußt, würden jetzund an Tag kommen durch den persischen Gesandten, und möcht alsdann an der Saiten vielleicht behangen, deren er vormals schwerlich entrunnen war. Darumb wollt er lieber von seinen eignen Händen sterben; starb also wenig Tag hernach in seinen höchsten Ehren. Und war Sultan Murath, das Raubvögelein, über dem stattlichen Erb erfreut, das ihm dieser sein Cul und leibeigner Knecht so viel Jahr zusammengesammlet hätt.

Der persische Gesandte

Er nahm alles, was vorhanden war, dann er hätt sonst keinen Leibserben.

So ist nun dies Mustapha groß Gut, welches etlich Million Gold wert war, wie Spreuer verflogen − sammlen also die armen Narren und wissen nicht, wer es kriegen wird, Ps 34 [= Ps. 39]. Sie sein bei großem Gut arme Bettler, und bauen diese jungen Greifen dem großen alten Greifen das Nest mit lauter Gold; sie sein des Sultans Schwämm, wann sie voll sein, so druckt er s' solchergestalt aus. Da siehet man, daß die Harpigiae nicht mehr in den Insulis Strophadibus sein, sondern ihr Nest am ottomannischen Hof haben. Und wär zu wünschen, daß sie nur zu Constantinopel sich hielten, wann sie nicht alle Länder, Städt, Schlösser, Dörfer, Fürstenhöf und Kanzleien erfüllt hätten − diese Schnappvögel sein allenthalben gemein.

Der persische Gesandte, dessen jetzund erwähnt worden, war ein alter Mann, meins Erachtens nicht weit von hundert Jahrn, aber noch sehr frisch und munter, der zuvor auch zweimal ein Legat an die ottomannisch Port gewesen − ein listiger alter Fuchs, mit Namen Sultan Maxud.

Als jetzgedachter Legat von Scutari herüber gen Constantinopel fuhr, ward er beleitet von dem Vlutsch Ali, dem Meercapitan, und andern ansehlichen Herren. Am Gestad hielt der Janitschar Aga auf einem schönen, wohlgeputzten, fürstlichen
Pferd mit viel hundert seiner Janitscharn, welche in ihrer Ordnung zu beiden Seiten an der Gassen ihrem Obristen auf den
Dienst warteten, je einer am andern, desgleichen auch die
Zauschen auf ihren schönen Pferden. Da war dem Gesandten
auch ein wohlgerüst Pferd gebracht, darauf er sollte in die
Herberg reiten. Er wegert sich aber dessen und ließ einen
Maulesel aus dem Schiff sprengen. Die Roßdecke war mit edlen Steinen und Perlein also über und über gestickt, daß man
den Boden an der Decke nicht sehen kunnt; dieselbig war auf
12000 Dukaten geschätzet. Darauf setzt sich der alt Kämpfer
so rund und fertig ohn ein Vorteil, wie ein frischer, junger Gesell. Der Janitschar Aga wollt ihn neben sich reiten lassen,
aber der Alt stellt sich, als sehe er ihn nicht, postiert eilends
für ihn über, so trutzig, als hielt er den Aga nicht für würdig,
daß er neben ihm reiten sollt. Bis er etlich Schritt fürüberkam,
war er von jemand aus dem Haufen vermahnt stillzuhalten, da
hielt er still und ließ den Aga auch neben ihm hinkommen.
Sein Gesind folget ihm nach mit etlich Eseln, beladen von
Verehrungen und Tapeten; und war also gar prächtig in sein
verordnet Losament beleitet, welches nicht gar weit von unser
Behausung war. Sein Gesind stellt sich allenthalb auf der Gassen, als wie diejenigen tun, die sich keins Dings achten. Sie
fragten nach nichts, sie verwunderten sich über nichts, weder
über den Leuten, noch über ihrem Tun, und stellten sich alle,
als wären sie von Jugend auf in der Stadt erzogen worden.

Sie sein nicht lang von Person, aber wohl untersetzt und leibig, braun von Farb wie alle Morgenländische, ernsthaft, ge-
schwind und frisch.

Das XV. Kapitel

Wie der türckisch Kaiser sein Macht und Herrlichkeit ein persianischen Gesandten hat sehen lassen

Am vierten Tag nach des gemeldten Legaten Ankunft spieglet sich Sultan Murath diesen Gästen zu Gefallen und ließ sein Majestät und große Herrlichkeit etlichermaßen sehen, ihnen ein Forcht und Schrecken solchergestalt einzustecken. Mit dieser Pomp gieng es also zu: Der Sultan begab sich 8 Tag zuvor in ein Lusthaus außerhalb der Stadt, ein große Meilwegs, und sammlet zusammen allerlei Gesind, wie man's in Eil kunnt aufraffen. Die waren zum Teil mit Waffen staffiert, als sollten sie allbereit an den Feind treten, deren waren in Summa eilftausend, allerlei zusammengeklaubt Gesindlein, ausgenommen das Hofgesind. Da war allerlei Gaukelwerk mit untergemischt, das sich zu diesem Handel nicht wollt reimen; ein jeder kunnt abnehmen, daß es ein Spiegelfechten und zusammengeflickter Pracht war, das mehr einem Schauspiel dann einer kaiserlichen Pomp ähnlich war. Unter dem Haufen war ein junger Gesell, der gieng auf hohen Stelzen, die waren eines Reichspieß hoch, daran er gebunden war. In Hän-

Türkische Gaukler

den hielt er ein Stäblein, einer Ellen lang, damit gauklet er hin und wider, auf daß er meines Erachtens im Gewicht blieb. Demnach funden sich zween Eisenbeißer. Der eine trug ein Reichspieß, den steckt er oberhalb den Knien in ein lederin Hülfterlein, an einem Riemen hangen, der gieng ihm über den Leib her; an der einen Seiten war er bloß bis an Gürtel, und war ihm der Spieß durch die Haut gestochen zween Finger breit. Der ander hätt durch die Haut der beiden Schläf zween Dolchen gestochen. Damit prangten sie daher, ihre Kühnheit und Freudigkeit anzeigend, dardurch sie Besserung ihrer Besoldung umb etlich Asper erlangt.

Diesen Pomp und Einzug hat der Perser Gesandte auch gesehen, und als ihn der Zausch, der ihm zur Gwardi zugeordnet war, fraget, wie ihm dies Wesen gefiel, antwortet er, es gefiel ihm nicht übel. Darauf fragt ihn der Legat, woher dann der Sultan mit so viel Volks komm und was er damit im Sinn hätt etc. Der zeigt ihm an, er käm vom Weidwerk. Da antwort der Gesandte: »Zum Jagen ist dieses Volks zuviel, auch schickt sich solcher Pracht zum Jagen übel. Und wo bleibt das Wildbret, das sie gefangen haben, dann man führt nichts hernach? Will er dann sein Macht hiemit sehen lassen, so ist es viel zu gering.« Als er auch sahe die Janitschaer in ihrer Ordnung daherziehen mit ihren Haken, fragt ihn der Zausch, ob sie in Persia sich solches Handgeschützs auch gebrauchten. Antwort er: »Nein, ohn was wir euch Ottomanischen abjagen und im Krieg zuwegen bringen.«

Daraus man abnehmen kann, daß diese Leut sich nicht lassen trutzen oder ihnen im Maul umbgrasen. Und zwar solche Leut muß man haben, die nichts nach dem Türcken fragen. Dergleichen herzhafte, unerschrockne Leut sein vorzeiten auch die alten Teutschen gewesen, die aus den hoffärtigen Römern nur das Gespött getrieben, von denen die Römer den Frieden oft mit Geld gekauft haben. Dieselben täten jetziger Zeit wohl gen Constantinopel und auf die Grenzhäuser; es ist aber das Wünschen umbsonst und ist gnug, daß wir können sprechen: Olim fuimus Troes – wir sein vorzeiten auch weidliche Leut gewesen.

Das XVI. Kapitel

Wie der persische Gesandte Audienz bekompt, auch von seinen Vereh-
rungen und derselben Wert, die er dem Sultan überantwort

Als der Persier Legat Audienz bei dem Sultan erlangt und man ihn für den Sultan in das Gemach hat führen wöllen, haben ihn die Kämmerling ermahnt, er soll seinen Säbel abgürten, dann es sei ein Ungestalt, für den Padeschach treten mit gewehrter Hand, welcher sich doch letzlich bereden ließ, daß er den Säbel von sich gab. Demnach ist er bei den Fäusten ins Gemach geführt worden, wie oben angezeigt. Ob er aber auch ein Fußfall getan, hab ich nicht erfahren mügen; desgleichen was sein Werbung gewesen, ist mir auch unwissend. Viel wollten darfür halten, er wär unter dem Schein des Friedens kommen, daß er – wie solches wohl zu glauben ist – des Sultans Gemüt ausforsche und mit vergeblicher Hoffnung des Friedens ihm das Maul aufsperre, damit sie folgends den Krieg mit mehr Vorteil wider die Türcken führen mögen.

Was demnach anlangt die Verehrungen – wie dann ohn Gaben niemands an diesem Ort angenehm ist –, sein es gewesen etlich Stümmel Türkis, ungeläutert und ungesäubert sampt der Erden, wie sie aus dem Bergwerk kommen. Item zween Alcuran, die von ihnen beiderseits für die fürtrefflichest Verehrung gehalten werden – nit allein wegen des Heiltums und der vermeinten Weissagung oder Rockenmärlein und der erdichten Wunderwerk, die in diesen beiden Büchern begriffen sein, sondern auch umb des Buchstabens und der zierlichen Schrift willen, dergleichen von türckischer Hand nicht mag geleistet werden. Sie waren aber von den Türcken auf 20 000 Dukaten geschätzt. So hoch und teur wird die Lügen bei den elenden Leuten geacht, so doch andere Fabelbücher, als der Aesopus, Schimpf und Ernst, Eulenspiegel etc. jedes derselben kaum auf ein paar Batzen geschätzt wird, darin doch viel mehr Kunst und Weisheit stecket dann im Alcoran. Ferner führt man auf etlich Eseln viel persische Tapet, von Seiden gewirket. Ich glaub nicht, daß alle Verehrungen 10 000 Gülden wert seien gewesen.

Die Persier sein mit ihrer Kleidung etwas von den Türcken unterschieden, sonderlich am Hut. Dann oben am Bund geht ein Spitz heraus einer halben Ellen lang, derselb ist von Papier zusammengepappet, daß er steif steht, allenthalben herumb mit hohlen Strichen durchab außerhalb übermalet, etwan rot, gelb, grün etc. Die großen Herren versetzen edle Stein darein über und über. Darnach ist auch darin ein Unterschied, daß die Persier, sonderlich die großen Herren, Bilder in den Kleidern gewirket tragen, als Reuter, Fechter, Tier — Löwen, Bären etc. —, wie am End des 13. Kap. dies 2. Buchs figürlich zu sehen ist, und solches alles ganz unförmlich. Der Legat, als er gen Hof ritt, hätt er ein Rock an von gezwirneter weißer Seiden, welches in unsern Landen ein unbekannt Ding ist, von gezwirnetem Faden ein Gewand wirken. Der Mehrteil unter ihnen trägt Stümpf von Baumwollen ausgefüllt und gesteppt, meins Erachtens daß es ein Streich mög aushalten. Den Leib verwahren sie mit der runden Tartschen. Auf der Gassen pflegt ein jeder ein Stab oder egyptisch Rohr in der Hand zu tragen wie die Janitscharen, daran sie sich steuren.

Ihre Kriegsrüstung und Waffen sein ein Säbel, Tartschen und ein Werfspieß, wie auch die Araber im Brauch haben. In solchem Spieß ist sehr großer Gewalt; dann der Lauf des Rosses und der Trieb des Reuters machen, daß der Spieß ein solchen Gewalt kriegt, daß er durch ein ungeharnischten Mann fährt wie durch ein Büschel Stroh. Der Spieß ist nicht so lang wie ein Reichspieß und nicht so dick.

Die Reichen und Rittermäßigen zieren im Krieg die Pferd mit Seidendecken, inmaßen wie der teutsche Adel bei dem Gestech oder Turnier. Unter dem Kinn hanget dem Pferd ein schöner langer Wunschag herab, einer Ellen lang, von schönen reinen Haaren wie ein Seiden. Der Knopf, daran der Wunschag hangt, ist ein Schelln oder Zimbel, die gibt ein überaus holdselig, lieblich Getön.

Mit der Speis und Trank sein sie den Türcken allerdings gleich. Ihre Weiber sollen überaus schön und zumal streitbar sein. Ich hab oft gehört — welches auch Jovius bezeugt —, daß in der Perser Niederlag, die sie von Sultan Solimann [= Selim] erlitten auf der Calderaner Heiden Anno 1514 sehr viel Weibspersonen unter den Erschlagnen sein funden worden, die sich neben dem überigen Haufen so ritterlich wider den Feind sollen gehalten haben, daß durch ihr Kühnheit der Hauf viel freudiger und beherzter worden; also daß, wo Ismael Sophi – der Perser König – nicht wär geschossen worden, so hätt Solimann [= Selim] den Sieg nicht erhalten, wiewohl er ihn teur gnug ankommen und den Sieg mit vielem Blut der Seinigen bezahlt hat – derhalben sein es rechte Amazones.

Die Perser, wie auch die Türcken, sein mit einem greulichen Laster befleckt, dadurch ihr Lob, das ihnen ihrer Tapferkeit halb gebührt, verdunkelt wird, nämlich durch die unnatürliche Unzucht, da Mann gegen Mann, Weib gegen Weib erhitzigt wird und wider die Natur einander mißbrauchen; welches Laster vor vielen Zeiten bei diesen morgenländischen Völkern hat eingerissen, wie am Exempel der Sodomiten zu sehen. Gott behüt die Glaubigen vor diesen und dergleichen Greuln gnädiglich!

Das XVIII. Kapitel

Von zweien georgianischen Fürsten, die zu Constantinopel ankommen, und ihrer Verrichtung daselbst

Im Jahr Christi 1579, den 3. Junii, sein zu Constantinopel ankommen zween georgianische Fürsten, ungefährlich mit 150 Personen ihren Dienern. Ursach ihrer Ankunft ist diese: Nachdem Mustapha Wascha, wie oben angezeigt, einen Zug in Persiam fürgenommen, ist er unterwegen auf diese Georgianer gestoßen oder – welches mehr zu glauben – ist er ihnen mit Fleiß nachgezogen, weil sie vor derselben Zeit den Türcken viel Leids zugefügt. Dann sie hielten's jederzeit mit den Persiern, mit welchen sie viel Jahr in Bündnus stunden. Da sie nun gesehen, daß sie, dem Gewalt der Türcken zu begegnen, viel zu schwach wären, haben sie sich ergeben und begehrt, er soll ihnen ein jährliche Schatzung auf das Land schlagen und sie bei ihrem Land bleiben lassen, so wöllen sie dem Sultan huldigen; welches aber Mustapha nicht wöllen auf sich nehmen, sondern sie gen Constantinopel an die Ottomannisch Porten gewiesen, allda ihr Sach ihrem Begehren nach auszutragen. Welches dem Mustapha fürnehmlich darumb zu tun gewesen, daß Sultan Murath sein Fleiß und Ernst in seinem befohlen Generalobristenampt möcht spüren und also Gnad und Huld bei ihm erhalten wider seine Mißgünstigen, deren er viel am Hof hätt, die ihn begehrten zu verunglimpfen und in Ungnad zu bringen.

Als nun beide Fürsten Gebrüder ein gute Zeit bei Hof wurden aufgehalten und ihr Begehren nicht wollt stattfinden, wurd ihnen dieser Bescheid, daß der Sultan gänzlich entschlossen, einen Sansag oder Landsverweser in ihr Land zu setzen. Da hat der jüngste Fürst aus Begierd zu herrschen und aus des Satans Eingeben dies verflucht, verzweiflet Mittel für die Hand genommen, daß er sich erboten, den christlichen Glauben zu verlaugnen und die Beschneidung anzunehmen, woferr man ihn bei dem Regiment wollt lassen bleiben. Da er nun solches erlangt, hat er alsbald sich lassen beschneiden, desgleichen auch ein junges Knäblein von 10 Jahrn – sein leiblichen Sohn – nicht allein beschneiden lassen, sondern denselben dem Sultan geschenkt als ein Geisel, daß er ein gehorsamer und treuer Lehensmann des ottomannischen Hauses sein wöll. Diesem sein seiner Diener bei zwanzig nachgefolgt, die alle verlaugnet haben. Sein Bruder, Quarquaras Hodabag, wiewohl er von den Türcken angemutet war, in seines verzweifleten Bruders Fußstapfen zu treten, ist er doch standhaft geblieben sampt dem überigen Gesind.

Etlich Wochen hernach ist im Tiphan – im kaiserlichen Rat – beschlossen worden, daß dem verlaugneten Mann das Regiment vollmächtig zugestellt mit Gegenleistung der gewöhnlichen Lehenspflicht. Der ander Herr, sein Bruder, soll sich bei ihm behelfen, wie er könn und mög; man hat ihm auch ein Zauschen zugeordnet, der sein Aufseher sein soll, damit nicht ein Rebellion oder Aufruhr erweckt werd. Zudem ist dem türckischen Amiral oder Meercapitan Befelch geben worden, an denselben Grenzen ein Kastell aufzuführen und dasselbig mit einer Besatzung nach Notdurft zu versehen, welches er auch unverzüglich ins Werk gebracht und ein Kastell von Holzwerk mit hülzerin Toren und Türnen aufgericht. Aber die Inwohner haben's unrecht verstanden – nämlich die Georgianer – und haben das Kastell auf den Grund zerschleift und die Besatzung also aufgerieben, daß nicht einer davonkommen ist. Dann sie kunnten sich nicht drein richten, daß ihr Fürst sollt ein Türck sein und daß ein Türck sollt über sie herrschen. In diesem Kastell war auf einem hülzerinen Turn ein hülzeriner Arm, in der Hand ein Säbel haltend und dem Land drohend; aber sie haben ihm das Drohen vertrieben. Das Kastell hieß Tiflis, am Wasser Tiflis gelegen.

In dieser Zeit, als die Georgianer zu Constantinopel gelegen, sein sie mit unsern Leuten in Kundschaft geraten, also daß sie nicht allein oft in unser Haus kommen, sondern auch die Herrn beiderseits einander mit stattlichen Gaben verehrt haben. Dann Herr Quarquaras verehrt meinem gn. Herrn ein schön gülden Stück über 60 Dukaten wert, dargegen verehrt mein gn. Herr ein schön Uhrenwerk, auch über 60 Dukaten wert, welches er zwar mit hohem Dank angenommen, aber letzlich ein Baurenzoten drein gemacht. Weil niemand aus seinen Leuten mit diesem köstlichen Werk wußt umbzugehen, so schickt er sie meinem gn. Herrn wieder mit diesem Begehrn, er soll ihm Geld an derselben Statt schicken.

Diese Georgianer wohnen zwischen der Meotischen und Hircanischen See, also daß an der Hircanischen See die Albanier, an der Meotischen See die Colchi und zwischen diesen beiden die Georgianer mitten innen liegen. In Historiis werden sie Iberi genannt, von dem Fluß Ibero in Hispania, da sie ihren Ursprung und erste Ankunft her haben. Von dannen sollen sie, weil sie nicht genugsam Platz in Hispania gehabt, an dieser Gegend sich niedergelassen haben. Andere halten dafür, daß die Spanier von ihnen seien herkommen; sie werden auch alle drei Völker Cumani genannt, welche sich heraus in Hispania begeben. Die Colchi werden jetziger Zeit Mengreli und die Albanier Circassi in ihrer Sprach genennt. Alle drei Völker sein Christen und erkennen den Patriarchen zu Constantinopel für ihrer Kirchen Oberhaupt, haben doch ihre eigne Bischof und Metropolitas. Mehrerteils stimmen sie mit den Griechen überein, in etlichen haben sie ihr besondere Weis, von den Griechen unterschieden. Ihre Gottesdienst verrichten sie in ihrer Muttersprach, dann sie haben ein eigne Sprach.

Es sein aber mehrgedachte Georgianer von Person ansehliche, lange, gerade, vierschrötige, starke Leut, von Farb schwarzbraun, aller Ding den Polaken und Ungern gleich. Sie sein auch unerschrockne, tapfere Kriegsleut. Sie zogen in der Stadt hin und wider, als wären sie viel Jahr Burger darin gewesen, fragten nach niemands, achteten und verwunderten sich keins Dings, wie wir pflegen zu tun, wann wir zu frembdem Volk kommen und ihre Gebräuch und Sitten mit Verwunderung sehen und darauf Achtung geben. Herr Quarquaras zwar fragt unsern Hofmeister viel von unserm Land, Gebräuch und Religion. Er war von Person lang und fast so dick, als lang er war — seinesgleichen hab ich nie gesehen —, seines Alters bei 30 Jahrn. In der Kleidung sein sie den Persiern gleich, ausgenommen den Hut und Stiefel, dann sie tragen alle Stiefel; und sein alle in Seiden gekleidet.

Das XIX. Kapitel

Von eines spanischen Kurierers Ankunft und Verrichten zu Constantinopel

Anno Christi 1579 kam zu Constantinopel an ein spanischer Kurier, welcher umb Frieden anhielt und bei zwei Jahrn daselbst aufgehalten war; letzlich zog er unverrichter Sach wieder hinweg. Männiglich aber verwundert sich ab seiner Zukunft, dann es vorhin nie erhört worden, daß Hispania Legaten an ottomanischen Hof schicket. Er war den Türcken sehr verdächtig, als gieng er mit Betrug umb. Da er nun für den Oberwascha erfordert war, seine Werbung fürzubringen, war er etwas schimpflich empfangen, dann der Wascha warf ihm für, da sein Herr etwas bei dem Sultan zu werben hätt, so gebühret es sich, daß er ansehliche Leut schicket, gleichwie der Römische Kaiser im Brauch hätt. Er aber wär schlechtes Herkommens und der vor wenig Jahren ein gefangner und leibeigner Knecht zu Constantinopel gewesen. Also war er bei den Türcken nicht willkommen, sonderlich weil er keine Gaben mit sich bracht, deren die Türcken gewohnt sein.

Das XX. Kapitel
Von eines florentinischen Legaten Ankunft

Ein kurze Zeit hernach kam auch ein Botschaft von dem Herzog von Florentz, die hielt an umb freien sichern Paß, daß die florentinischen Schiff mit Kaufmannschaft möchten in die Türckey gehen; aber er hat auch nichts erhalten. Hätt er aber stattliche Geschenk mitbracht, so wär er viel angenehmer gewesen.

Das XXI. Kapitel
Was der türckisch Kaiser für Vögel fängt, auch wie und warumb er den Memet Wascha zu Ofen erwürgen lassen

Im Jahr Christi 1578 fertigt Sultan Murath sein Imrahor Wascha, den obristen Stallmeister, auf der Post ab nach Oven im Oktober, den Wascha daselbst zu erdroßlen; dann also fähet der Sultan seine Vögel mit der Saiten, die man anderswo mit Ricken von Roßhaaren fängt. Solch Weidwerk trägt ihm sehr viel ein, dann des Wascha Vermögen alles zumal, welches etlich Million Gold anlief, zog er zu sich; und waren unlang nach des Wascha Tod 90 Kamel, alle mit Gold, Geld, Kleinod und köstlichem Gerät beladen, gen Constantinopel gebracht.

Diese Gewohnheit, einen mit der Saiten zu würgen, wird für einen adeligen Tod gehalten, dessen die vom gemeinen Pöfel nicht fähig sein.

Als der Imrahor Wascha gen Oven kommen zum Wascha, ist er eben über der Mahlzeit gesessen. Da er für ihn ins Gemach kommen, hat er ein kleines Zettelein herfürzogen und mit diesen Worten dem Wascha zugestellt: »Hemer padeschach – da hab ich ein kaiserlichen Befehl, versteh, dir das Leben zu nehmen.« Indem er nun das Zettelein von ihm empfangen, da zog der Stallmeister die Saiten herfür – die ist ein große Pommersaiten von einer Violen – legt ihm s' umb den Hals, da soll er sich gleichwohl zur Wehr gestellt und die Saiten zurissen haben. Aber der Stallmeister hat noch ein andere

Saiten auf ein Fürsorg bei sich gehabt, die er ihm an Hals geworfen, letzlich mit Hülf seiner Diener sein mächtig worden und also diesen Vogel gefangen. Er soll zwar – aber vergeblich – seine Diener umb Hülf angeruft haben, ob keiner da sei, der sein Brot eß, aber da war niemand.

Warumb aber dieser Wascha umbs Leben kommen, davon sein mancherlei Red gewesen. Etliche gaben ihm die Schuld, er hätt die gefangnen Christen so unbarmherzig gehalten, daher sie aus Verzweiflung den Pulverturn im Schloß angezündt, daraus großen Schaden dem Schloß und Stadt zugefügt, wie oben bei Ofen vermeldt. Andre sagten, er hätt ein heimlichen Verstand mit den Christen an den Grenzen. Viel gaben für, er hätt ein Brief an den Vesirasem – den obristen Wascha – geschrieben; dann der Vesirasem hätt dem Wascha zu Oven ein Sultana von kaiserlichem Stammen angetragen zu vermählen, darauf sich der Wascha zu Oven bedankt mit Vermeldung, er soll seine Huren zu Constantinopel selbst behalten, es hab zu Oven deren auch ein ziemliche Notdurft. Da nun des Vesirasems Gemahl – die des Sultans Schwester – in Erfahrung bracht, wie ihr Bäslin, die vermeinte Braut, geschmähet und an Ehren verletzt worden, hat sie solches für ihren Bruder, den Sultan, gebracht. Diese Red hab alsbald der Wascha zu Oven müssen mit der Haut bezahlen.

Das XXII. Kapitel

Wie ein obrister Wascha in seinem Almosgeben erstochen wird und von seinem Lob

Im Jahr Christi 1580 ist Memet Wascha, obrister Wascha – den man nennt den Vesirasem – erstochen worden in seiner Behausung, als er eben in der Verhör saß und die Klag anhöret. Der Täter ist gewesen ein Bettelmünch, die man nennt Deruis. Dann da die Verhör ein End hätt, stund dieser Münch im Saal allein, bis alles Volk hinaus war, wie er mehrmalen gepflegt hätt, daß er ein Almus empfieng von dem Wascha. Da ihn der Wascha ersehen, greift er alsbald in den Sack am Leibrock, ihm ein Almusen mitzuteilen. Indem tritt der Bettelmünch hinzu, sticht ihm ein langes Messer ins Herz, daß er hinter sich sinkt und nach wenig Stunden sein Leben endet. Der Münch war von den Dienern übel geschlagen mit Knütteln bis auf den Tod. Die gemeine Sag war, sein eigne Gemahl, des Sultans Schwester, hätt ihn dies Bad übergetan, dann er mit Knabenlieb (mit Bescheidenheit zu melden) befleckt war, davor sie ihn oft, aber vergeblich, ermahnet abzulassen. Der Täter war mit Pferden geschleift und, in vier Stück zerfleischet, unter vier Tor aufgehängt.

Dieser Wascha war ein weiser, verständiger Mann und zum Frieden gegen den Christen geneigt, von dem man sagt, er hab nie drein willigen wollen, daß man wider Ungern oder Teutschland Krieg führ. Er war sehr großes Ansehens am türckischen Hof und bei allen ausländischen Potentaten – ein schöne, lange, gerade Person, ernsthaft, gegen den Armen mitleidig und guttätig, und der Gerechtigkeit lieb hätt; seines Alters bei 80 Jahrn, von Geburt ein Albaneser aus Epiro, von Christeneltern geborn. In seiner Jugend war er in der Kirchen der Christen ein Leser oder Anagnostis, hernach ist er den Türcken zur Schatzung geben worden; hat viel Million Golds verlassen. Er ist bei drei türckischen Kaisern Vesir oder Oberwascha gewesen; ohn ihn ist nichts, sondern durch ihn sein alle wichtige Händel fürgenommen und verricht worden.

Dies ist sich aber höchlich zu verwundern, daß dieses sehr ansehlichen Manns, der so viel golten hat als der Kaiser selbst, so bald ist vergessen worden bei dem gemeinen Volk. Dann in drei oder vier Tagen nach seinem Tod hat man seiner weniger gedacht, als wär er nie auf Erden gewesen. Also ist sein Gedächtnus in dieser Welt ausgelescht und ausgerottet worden, wie im Psalm steht, und hat von seinem unsäglichen großen Gut mehr nicht dann ein Leinlach davongebracht – wie jener Metzger pflegte zu sagen: »Ja, wohl gerennt und geretten na ein Laken mit vier Bretten«; und ist dieser Mann ein merklich Exempel, daß es mit des Menschen Gewalt, Macht und Reichtum nichts sei.

Er war begraben in einer Kapellen, die er ihm zum eignen Begräbnus hatt lassen bauen, außerhalb der Stadtmaur, in der Vorstadt am Meerhafen (den man nennt Sinum Ceratinum), türckisch »Eiubansaria« – das ist »Sankt Jobs Platz«. »Eiub« ist »Job«, »Basar« – ein Mark oder Platz, dann an diesem Ort von den Türcken ein Kirch gebaut worden in der Ehr des heiligen Jobs, dessen in der Schrift gedacht wird. Da weisen die Türcken Jobs Bogen, daher hat nun diese Vorstadt den Namen.

Etliche haben wöllen darfürhalten, Sultan Murath hab ihm dies Bad selbst übergetan, welches auch leichtlich zu glauben. Dann diese Tyrannen pflegen allen ihren des Reichs Ständen, die umb sie und umb das Reich sich wohl verdient haben, also zu lohnen, entweder heimlich oder öffentlich, inmaßen er dann auch andere zween ansehliche Herrn des Reichs hat lassen erdroßlen.

Das XXIII. Kapitel

Wie der türckisch Kaiser von einem nichtswertigen Astronomo in großen Unkosten geführt worden

Ungefährlich drei Jahr zuvor, als wir gen Constantinopel kommen, hat ein Araber den Sultan Murath, welcher den guten Künsten sonderlich geneigt, beredt, so man ihm vergünnen und darzu behülflich sein wollt, so wöllt er sich eines solchen Werks unterstehn, daraus er dem Sultan möcht zukünftige Ding aus Anschauung des Gestirns weissagen. Jedoch werd solch Werk mächtigen Verlag erfordern, derhalben sei vonnöten, daß ihm der Sultan mit Unkosten verholfen sei; welches er da leichtlich erlangte. Ihm war auch ein Bestallung gemacht von einem Tag auf den andern nach ihrem Brauch; und wie man sagt, so gieng jährlich in die 3000 Dukaten mit diesem Künstler auf. Man hielt ihm auch zwölf gefangene Christen, die ihm sollten allerlei Arbeit helfen fertigen. Man bauet ihm ein eigne Behausung in der Einöde außerhalb der Stadt Galata, darin der Phantast sein Weissagung sollt ausbrüten, damit er also unverhindert von männiglich auf Betrug und Tand könnt trachten; etliche Werkstatten von Brettern waren auch aufgeschlagen. Er war für sich selbst ein kunstloser, heilloser Tropf, der vor etlich Jahren zu Rom gefangen gelegen bei einem Mathematico, dessen Diener er gewesen, daselbst er sein Kunst gesogen und zu einem solchen Himmelskünstler und Gestirngaukler worden ist. Er bracht zuwegen Ptolemei, Euclidis, Procli und andrer berühmbter Astronomorum Schriften in arabischer Sprach und hielt heimlich ein Juden, der ihm diese Schriften sollt erklären.

Letzlich brütet er zwo Spheras oder Kuglen aus, deren eine die Weltkugel, die ander die Himmelskugel war, wie man solche in den Schulen in unsern Landen braucht, und ein jede einer Ellen hoch war. Weiter machte er von Glockenspeis Ring, bei fünfthalb Ellen hoch, einer Hand dick. Einer hieng hoch in der Luft an einem dicken Seil, das war der Meridianus, an einem andern Ort der Aequinoctialis und an einem andern der Horizon etc., dann er ihm vielleicht fürgenommen, die Spheram groß und stark genug zu machen, darin er für die Langeweil möcht spazieren wie in einem Wasserrad, oder wie die Eichhorn im Rädlein umblaufen. Mit diesen Dingen hat er beinahe sieben Jahr zugebracht.

Dieweil aber nach des Sultans Verhoffen und nach des Gauklers Fürgeben kein Weissagung von zukünftigen Dingen, von Glück und Unglück folgen wollt, war nicht allein der Sultan, sondern auch der Muphti – der Türcken Papst – sehr unlustig darüber. Der gab dem Sultan den Rat, er sollt dies Gaukelwerks müßig gehn, dann von der Zeit an, als er nach dem Gestirn gen Himmel gegaffet, hätte er aus der Acht gelassen, wie es auf Erden zugieng; darumb er auch die Schanz in Persia oft übersehen, dahingegen der Kiselwasch – der Perser König – den Himmel hat an seinem Ort stehn lassen und die Augen auf die Erden gericht, daher er manchen Sieg an ihnen als den Ginaffen erlangt hätt. Darauf der Sultan alsbald befohlen, dies Werk zu zerstören; da wurd das Gebäu alles durch die Janitscharen geschleift und das Werk zertrümmert.

Also hat diese neue und bei den Türcken zuvor unbekannte Astronomia ein End genommen. Der Werkmeister aber hat gleichwohl am Gestirn so viel gesehen, daß er sich soll unsichtbar machen, sonst wär's dem Meister gangen wie dem Werk; ist hernach nicht mehr gesehen und vielleicht unter die Sidera gezählt worden.

Das XXIV. Kapitel

Von etlichen Brunsten zu Constantinopel und wie es bei denselben gehalten wird

Es haben sich etliche Brunsten in der Stadt begeben. In einer hätt das Feur ein Gefängnus ergriffen, an der Stadtmaur bei dem Kanal oder Meerhafen. Die Gefangnen im obern Teil des Turns richteten sich mit Gewalt an die Tür, öffneten dieselbe und kamen davon; die andern mußten drin verderben, deren bei siebenzig waren.

Ein großer Platz, wie ein groß Dorf, war hinweggebrunnen, aber man merket's der Stadt nicht an.

Wann ein Feur auskompt, so lauft niemand zu, der begehrte zu leschen, ausgenommen die Janitscharen, die darzu verordnet sein, zwar nicht zu leschen, sondern mit Fürbrechen und Einreißen der nächsten Häuser die Flamm zufürkommen; und geschicht durch ihr unordentlich Poltern und Reißen viel mehr Schaden als durch das Feur, dann es unmüglich, daß sie in solcher Eil die Gebäu können einreißen. Da tragen sie aus, plündern und rauben, wie sie können und mögen. Aber wann der Janitscher Aga ein gutherziger Mann ist, kann er solchem Unfug und Rauben wohl vorkommen; wie dann etlichmal beschehen, daß sie sich solches Mutwillens haben müssen enthalten und den Raub dem Janitscher Aga, der auf dem Pferd dabei hält, zustellen, der hernach einem jeden geplünderten Hausherrn sein Hab hat wieder ohn alle Klag eingeraumt.

Derjenig, in dessen Haus das Feur ist angangen, muß sich verkriechen, dann sonst wird er in die Flamme mit Gewalt gestürzt, unangesehen daß er nicht schuldig an dem Feur ist.

Das XXV. Kapitel

Wie aus unsern Dienern einer ein Türck worden, sampt demselben Eid, so er drüber leisten müssen

Als wir eben ein Jahr zu Constantinopel gewesen, ist einer aus unserm Gesind, ein krabatischer Jung, zum Türcken worden.

Dieser Jung ist anfänglich meines gn. Herrn Vorreuter gewesen, als wir nach Constantinopel reisten. Er war aber gleich wieder in Teutschland herausgeschickt mit denjenigen Landkutschern, die die kaiserlichen Güter hineingeführt hatten. Ein gute Zeit hernach hat ihn meins gn. Herrn Diener einer, der auf der Post nach Wien abgefertigt war, für ein Jungen mit sich hineingebracht zu ihr beider Unglück und Nachteil. Dann als man auf ein Zeit dem neuen ankommenden Legaten entgegenritt und ein jeder aus unsern Leuten sich umb Pferd bei den Türcken zu entlehnen umbtat, hat dies Jungen Herrn auch bei einem Türcken ein Pferd mit seiner Zugehör entlehnet. Und nachdem er das Pferd gebraucht, befahl er den Jungen, daß er dem Türcken das Pferd wieder zustellet. Da ist das Fürbieg, das mit vergüldten silberin Spangen geziert gewesen, verlorn worden, welches bei 25 Taler gestanden. Dies hat vielleicht der Jung entfrembdet; und damit der Diebstahl verborgen bleibt, hat er sich bei einem Türcken erboten, daß er willens sei, ein Türck zu werden unter diesem Schein, dann sein Herr sei ihm viel schuldig, und könn ihn doch zu keiner Zahlung bringen.

Darauf wird er, nach Gewohnheit, für den Oberwascha geführt, sein Bekanntnus vor ihm zu tun. Dem Wascha zeigt man's an, daß dieser willens wär, ein Musulman zu werden. Dies Wort heißt eigentlich einen, der im Krieg erhalten worden und davon ist kommen, dann alle, die des Mahomets Lehr angenommen, deren hat er verschont und sie bei Leib und Leben, Hab und Gut erhalten – daher heißen sich die Türcken selbst »Musulman« oder »Mußlimin« – »die Erhaltnen und Conservatos«.

Der Wascha lobt sein Fürnehmen; alsbald wirft der Böswicht sein Hut auf den Boden, und war ihm ein türckischer Hut aufgesetzt, dardurch ein Pfeil gesteckt war. Einer aus den Beiständern sprach ihm diese arabische Wort für, die mußt er mit aufgerecktem Daumenfinger (dann also schweren sie ihren Eid) nachsprechen: »La helahe illela, Muhammedén resullala. Tangri bir (oder) begin bir, begamber hac. – Ich glaub, daß nur ein einiger Gott und Mahomet desselben Prophet sei.« Das sein zwar wenig Wort, aber viel seind dadurch ewig zugrund gegangen. Nach diesem nehmen sich etlich Türcken sein an, führen ihn durch die Gassen hin und wider herumb, sammlen ihm ein Steur und Almusen. Darnach führt ihn einer in sein Haus, und wird von dem Balbierer beschnitten. Letzlich war er in des Sultans Collegium aufgenommen zu Galata, darin etlich hundert solche junge Leut zum Studieren auferzogen werden.

Das XXVI. Kapitel

Was Gestalt die Gefangenen, in Friedenszeit für den Wascha und unsern Legaten geführt, auch wie etliche ausgebeten können werden

Es ist ein sehr traurig Spectacul zu sehen, wann man von den Grenzen gefangene Christen in den Städten durchführt, denn sie mit Eisen umb die Häls und Ketten daran elendiglich nacheinander zusammenkuppelt sein, auch ihrer Mitbrüder Köpf, so neben ihn' umbbracht worden, auf langen Stangen gesteckt sampt ihren Fahnen, so ihn' die Türcken genommen, zum Spott selbst mittragen müssen; welches jährlich etlichmal sich leider zuträgt und ihrer viel tausend alle Jahr gefangen werden und in hartselige ewige Dienstbarkeit geraten. Dann Anno 1575 sein oberhalb Canisa weggeführt worden 2000 Seelen, Anno 1576 sein neun Dörfer aufgehebt und 400 gefangen worden, desselben Jahrs in Krabaten 147 Personen in die Dienstbarkeit kommen, item desselben Jahrs tausend Personen, mehr 170 Seelen weggeführt. In diesen zwei Jahren sein fünfundsiebenzig Dörfer verderbt, geplündert, das Volk alles hinweggeführt und einsteils erschlagen worden, ohn was in vielen vorgehenden und hernachfolgenden Jahren bis dato geschehen ist.

Wann man sie dann gen Constantinopel bringt, werden sie uns zum Spott zunächst bei unserm Haus fürübergeführt. Da läßt man sie zween Tag ausrasten in der Herberg; darnach werden sie für den Oberwascha geführt, daß sie Bericht tun, wie sie seien den Türcken zuteil worden. Sie werden aber von ihren Gleitsleuten unterricht, was sie reden sollen. Nämlich sie müssen der Türcken Liedlein singen, als daß sie haben die Türcken gereizt und herausgelocket, sie seien Streichen selbs nachgangen, von denen seien ihrer so viel an der Zahl erschla-

Ein Gefangenenzug

gen und gefangen worden. So dann unter ihnen etliche sein,
die auf der Reis durch gute oder böse Wort sich haben zum
Abfall bewegen lassen, dieselben müssen alsdann ihr Bekanntnus obgehörtermaßen tun und werden beschnitten. Jedoch
werden ihrer viel nichtsdestoweniger sowohl als die andern
auf die Galeeren an Ketten geschmiedet; und empfahen also
den wohlverdienten Lohn ihres Unglaubens und Unbeständigkeit, werden schändlich betrogen, sein zeitlich und ewig
verfluchte Leut.

Sie werden auch allzeit für den Herrn Oratorem geführt
und von den Türcken mit vielen Drohworten dahin genötigt,
wider sich selbs und wider die Wahrheit zu bekennen, daß sie
nämlich aus lauter Mutwillen in diese Dienstbarkeit geraten,
welches sie wohl hätten fürkommen können, wo sie selbst ge-
wollt hätten. Damit muß der Herr Gesandte zufrieden sein
und darf nicht klagen, daß der Feind wider den aufgerichten
Frieden hab gehandlet. Also spielen die ehr- und treulosen,
gottvergeßnen Leut das Untreu unterm Mäntelein mit uns
und treiben ihr Gespött aus uns – Gott erbarm sich unsers
Elends!

Es war auf ein Zeit ein Feldtrommeter für mein gn. Herrn
sampt etlichen andern Gefangnen gebracht, daß er sollt von

ihnen vernehmen, welchergestalt sie gefangen worden wären. Dieser bat Ihre Gn. umb Gottes willen, daß er ihn wollt fürderlich ausbitten und wieder ledig machen. Das war ihm zugesagt; aber eh er dem Haus den Rucken wendet, fiel er ab und verlaugnet, und war auch – wie andere – angefeßlet. Da er nun spürt, daß ihm sein Hoffnung gefehlt, ist er in wenig Tagen hernach in schrecklicher Verzweiflung jämmerlich gestorben.

Mit Ausbitten der Gefangenen hat es diese Gelegenheit: Es kompt jährlich ein kaiserlicher Gesandter gen Constantinopel mit Verehrungen. Wann dann derselbig wieder herauszeucht, hält er bei dem Sultan umb Erledigung etlicher gefangener Christen an, da werden gewöhnlich vier derselbigen ihm bewilligt. Etliche werden heimlich von unsern Leuten in unser Haus geführt und verborgener Weis, etwan in verdeckten Heerwagen, herausgebracht – oder die Gleitsobristen nehmen Geld und sehen hierzu durch die Finger.

Das XXVII. Kapitel

Von der Gefangenen Unterschied, Gelegenheit, Besoldung, Gottesdienst, Laster, ihrer Beschwernus und Ledigung

Unter den gefangnen Christen befindt sich dieser Unterschied, daß derselben etliche sein des Kaisers Gefangne, die ihm von dem Obristen auf den Grenzen hin und wider zugeschickt werden. Damit pflegt er die Galeeren und Fustien – die Streitschiff – zu besetzen und für Ruderknecht auf dem Meer zu gebrauchen. Und werden allenthalb in die Seestädt und Inseln ausgeteilt, da er an einem jeden Ort ein Anzahl gewisser Galeeren pflegt zu halten wider der Christen und seiner genachbarten Feind Streiferei und Plackerei, auf daß die Kaufmannschaft, Gewerb und Händel von allerlei Orten unverhindert passieren können, als zu Constantinopel, Scutari, Callipoli, Rhodis, Chio, Lemno, in Morea, Tripoli, in Barbarei, Alexandria, Cypro und im ganzen Arcipelago oder Insulis Cycladibus oder Sporadibus, in der ganzen mittelländischen See und am Seestrand.

Gefangene und Aufseher (D)

Diese haben ihr tägliche Besoldung, des Tags gewöhnlich zween Asper – die tun ein Batzen –, item des Jahrs ein groben grauen Filzmantel (C) mit einer Kappen daran, die man über den Kopf streift; den brauchen sie, wenn sie nicht auf den Schiffen sein. Item etliche Hembder und zwei Paar Gaddien – das sein leinine Schiffhosen, wie es die Schiffleut tragen. Item er hat täglich ein genannt Brot und benannt gewiß Reis, davon sie sich als gefangne Leut ziemlich können betragen. Sie gehn etlichmal in der Wochen ins Bad. Das Haar am Haupt und der Bart wird ihn' glatt abgeschoren, damit sie vor dem Schweiß und dem Unziefer Ruh haben und nit an der Arbeit verhindert werden. Wann sie auf den Schiffen sein und die Ruder ziehen, sein sie oberhalb dem Gürtel gar nacket (B), unterhalb sein sie bedeckt mit leinen Hosen, durchab gleich weit.

Der meiste Teil sein Italiener und Spanier, wenig Teutsche, kein Frantzos. Dann sie halten die Frantzosen für Brüder von der Zeit, als Troja noch stund, dann Turcus soll des Hectoris und Francus des Priami Sohn gewesen sein. Zudem haben sie einander etlichmal brüderliche Treu bewiesen, wie man weiß, daß Bruder Türck seinem Bruder Francken so treulich Beistand getan, als er wider Carolum Quintum Krieg in Italia führt, was für Schaden nämlich der Türck dem Königreich Neapolis zugefügt. Desgleichen findet man auch viel gefangener Ungern und Krabaten.

An den hohen Festtagen wird ihnen vergünnt, einen Tag zu feiern. Es wird ihnen auch zugelassen, an den Sonntagen die Meß und Predig in der Kirch zu St. Francisco und zu St. Peter, den beiden welschen Kirchen, zu besuchen. Allein den armen Teutschen und Ungern, die sich zur evangelischen Lehr bekennen, mag es nicht so gut werden, in die Kirch zu kommen oder ihrer Andacht nach sich der Predig und Sakramenten zu gebrauchen, sondern müssen des Worts und der Sakramenten beraubt sein. Jedoch sein wir ihnen vielmals verholfen gewesen, neben einer Geldsteur von meinem gn. Herrn, mit teutschen Gesang- und Betbüchlein oder dergleichen Trostschriften, sooft sie von fernen Orten gen Constantinopel kommen sein, welches sie auch zu großem Dank aufgenommen. Daher ich aus christlichem Mitleiden bewegt worden, den Catechismum Lutheri und Brentii in italianische Sprach zu bringen, damit sie also ein Übung ihrer christlichen Religion hätten, welchen Catechismum Italicum mein gn. Fürst und Herr Ludwig, Herzog zu Würtemberg etc., vor etlich Jahren hat lassen drucken und ein gute Anzahl derselbigen Exemplar gen Constantinopel für die gefangnen Christen geschicket; dann alle Nationen die italianische Sprach verstehn.

Sie sein den mehrern Teil – wenig ausgenommen – allen Lastern ergeben; sonderlich aber die Spanier und Italianer wirken Schand wider die Natur, wie ihr Brauch ist. Spielen, Hurerei treiben ist bei ihnen ein gemeines Handwerk. Aller List und Betrug sein sie voll, wie sie die Leut betriegen mit böser War. Rauben und Stehlen ist ihnen nicht seltsam, wie man aus diesem geschwinden, listigen Schwank kann abnehmen: Als mein gn. Herr das erste Mal gen Hof ritt und sein Gesind ihm vorging, ließ sich ein bös Adamskind, ein Italianer, sehen an einem Eck am Haus. Der winket einem aus dem Gesind, als hätt er ein heimliche Sach mit ihm auszurichten. Da traten ihrer zween hinzu, können sich aber nicht mit ihm bereden. Indem zeigt er unter seinem Schalkdeckelein ein wenig herfür ein schön Paar Messer, das war über und über mit edlen Steinen versetzt, über 30 Dukaten wert, und zucket bald die Messer, damit er sie also blendet und beißig macht, zeigt mit Deuten an, einer soll ihm fünf Taler darfür geben. Da zeucht Sebald Schleicher, ein frommer Mensch, alsbald fünf Taler heraus, gibt's dem Wahlen, vermeint die Messer zu empfahen. Da gauklet ihm der Wahl zu gar tückisch unter seinem Rock heimlich und verborgener Weis ein alt unflätig und rostig Messerlein in einer liederlichen Scheiden. Damit zeucht der Kaufmann dahin in Freuden, als hätt er ein guten Kauf getan, und als er hinein in die Burg oder Saraia kompt, will er sein köstliche War auch andern weisen, die er so wohlfeil gekauft. Und als er gesehen, daß er so schändlich betrogen worden, erschrickt er über die Maßen sehr, erzählt, wie es ihme gangen, und mußt sich für die 5 Taler gnug vexieren lassen.

Ihr Hoffnung ihrer Erledigung steht auf diesem einigen Mittel – wann sie auf den Streif hinaus müssen und die Christenschiff sie antreffen, daß sie hoffen, von ihnen überwunden und zumal ledig zu werden; wie in der Schlacht der Venediger mit den Türcken Anno 1570 [= 1571] auf dem Meer geschehen, da die Türcken erschlagen und viel tausend Christen sein ledig worden. Sonsten ist es schwer, daß sie entrinnen; wiewohl auf ein Zeit, als Sultan Murath sein Einzug gehalten, sein ihrer bei 300 durch wunderliche Praktik am hellen liechten Tag aus dem Port hinweggefahrn, mit List durch die beide Kastell am Hellesponto – welches unmüglich ist – hindurchkommen und also entrunnen.

Was für Sklaven dem Kaiser zuteil werden, die sein gewöhnlich arme Schlucker, die des Vermögens nicht sein, daß sie sich mit Geld könnten auslösen. Die aber reich sein und vermöglich, die behält man auf den Granizen. Dieselb tragen den Obristen und Befelchsleuten wohl ein, da ein ansehlicher Herr auf zehn, zweinzig und mehr tausend Gulden ranzoniert wird. Der ander Hauf wird hin und wider im Land unter die Landleut und Lehenleut – als Zauschen und Janitschar – ausgeteilt und verkauft, daß sie der Feldarbeit warten und mit dem Ackerbau umbgehn. Dieselben haben ein leidenliche Dienstbarkeit. Sie übereilen sich selbst mit der Arbeit nicht, so nötigt man sie nicht sonderlich; dann die Türcken sein mit ihrer Arbeit überaus langsam. Wann ein Sklav sieben oder zehn oder mehr Jahr gedient hat, gibt ihm sein Herr ein Freiheitsbrief, daß er von ihm ledig sei – wie auch bei den Juden bräuchig gewesen –, aber da ihn ein anderer Türck antrifft,

wird er alsdann von neuem gefangen. Darumb muß er zuse-
hen, daß er heimlich und mit Hülf der Nacht davonkommt,
derhalben ihm sein Freiheitsbrief weiter nicht nützet, und allein soviel Gnad davon hat, daß er von seinem Herrn frei ist,
welcher ihm nicht kann so weit Freiheit zusagen, daß er nicht
wieder gefangen werde. Damit aber die armen Tropfen nicht
umbsonst müssen Knecht sein, so vergessen sie ihres Vorteils
nicht, hausen in ihren Beutel, tragen ihren Herren Treid ab
und anders; das machen sie zu Geld, davon sie zu Zeiten sich
mit einem Tränklein erquicken, ihr Elend also zu mildern,
und andere Notdurft ihnen zuwegen bringen. Umb deswillen
werden sie von ihren Herrn desto gütiger gehalten, daß sie
ihnen nicht Ursach geben, ihre Herrn zu veruntreuen oder
denselben abzutragen.

Hat aber einer ein ungütigen Herrn, so muß er ihm ewig
dienen. Lauft ein Knecht hinweg und wird wieder ergriffen, so
muß er sich viel leiden, muß übel geschlagen werden und ein
eiserin Ring, daran ein langer Hak, am Hals tragen, wie in
nächstvorgehender Figur mit A verzeichnet ist. Ein jeder, der
fürübergeht, rüttlet ihn bei demselben Haken. Der Meercapitan hat etlichen seinen leibeigenen Knechten, die er aus der
Flucht wiedergebracht, lassen die Nasen abschneiden. Am Leben tut man zwar keinem nichts, dann sie sprechen, es sei natürlich, daß ein Gefangener nach seiner Ledigung und Freiheit trachte, wie er kann und mag.

Die Weibsbilder und junge Knäblein, was schön von Angesicht ist, werden gen Hof dem Sultan einsteils verehrt, die
man im Frauenzimmer mit Nähen und Wirken unterricht.
Die werden in folgenden Zeiten den großen Herrn verheirat
oder werden des Sultans Kebsweiber; oder die das Glück hat,
mag gar des Kaisers Gemahlin werden. Andere müssen wider
ihren Willen in immerwährender Jungfrauschaft ihr Leben
mühselig verzehren. Diese haben täglich ihr gewisse Besoldung an Geld und das Jahr über etlich seidene Kleider; ihrer
sollen an der Zahl bei vier- oder fünfhundert sein.

Wann sie verkauft werden im Besasten – da ist das Kaufhaus, darin allerlei köstliche Warn verkauft werden, die un-
säglisches Schatzs wert sein (das Haus ist groß, hat vier Gäng
wie ein Kreuzgang in einem Kloster) –, da geht alsdann der
Verkaufer vorher, ihm folgen die Gefangnen nach, da ruft er

sie aus. Ist einer willens zu kaufen, so feilset er jetzt diesen, jetzt ein andern. Ist's nun, daß einer mehr darauf legt, dann der erst tät, so gibt er demselben die War hin; was über bleibt, das bringt er den folgenden Tag herwider, bis er's alle verkauft. Der Kaufer aber besiehet die War mit ganzem Fleiß an allen Gliedmaßen, wie man bei uns tut, wann man Pferd verkauft, denn er beschauet ihm erstlich die Zähn. Hat er ein stark Biß, so gilt er desto mehr, dann sie halten darfür, daß die frischen Zähn ein Anzeigung seien eines gesunden Menschen. Hat er dann böse Zähn oder hat er derselben etlich verloren, so gilt er desto weniger, dann es ist ein Anzeigung eines flüssigen, ungesunden Menschen. Item er beschauet auch mit Fleiß die Brust sampt den Schenkeln, die müssen die Weiber bis über die Knie entblößen. Nachdem er solches alles wohl besichtigt, alsdann kauft er erst; das tut ein jeder, der kaufen will. Darüber die armen Gefangenen sich sehr kläglich stellen mit Heulen und Weinen; dieses geht einem Christen, der solches siehet, nicht unbillig zu Herzen. Unter diesen Weibspersonen bleiben ihr viel beständig bei ihrer christlichen Religion, daher sie desto übler müssen gehalten werden. Viel werden abtrünnig, damit sie ihrer Frauen Huld und Gunst erhalten. Andere, die des Wollusts empfinden, ergeben sich dem Mutwillen und fleischlicher Lust wider die Natur und nach der Natur.

Den Gefangenen auf den Galeeren werden ihre Hüter zugeben, wann sie in der Stadt hin und wider ihrem Tun nachgehn. Dieselben Hüter oder Guardiani, wie in nächstvorgehender Figur mit D verzeichnet ist, sein verlaugnete Christen; die werden zu solchem Ämptlin gebraucht, die Gefangnen auf den Schiffen zur Arbeit und zum Ruder anzutreiben. Wann sie die Gefangnen da oder dorthin in der Stadt beleiten, müssen die Sklaven ihnen davon lohnen, etwan auf einen Gang ohngefähr zween Asper oder 10 Kreuzer. Auf den Galeeren, so sie am Ruder ziehen, werden sie mit starken eiserin Ketten an einem Fuß angeschmiedet, also daß, wann ein Schiff zu Grund geht oder zu Boden geschossen wird, müssen die armen hülflosen Leut alle verderben.

Dies ist sich wohl zu verwundern – auf den Galeeren und großen Lastschiffen, die man nennt Galeon, werden alle Geschäft und Werk ohn mündliche Anweisung oder Geheiß, al-

Türkische Galeere

lein mit einem hellen, weitgrillenden Pfeiflein verricht, nach welchem sich beids die Schiffknecht mit den Stricken und Seilern oder Segeln, desgleichen die Ruderknecht mit dem Ruder hinter sich, für sich, zun Seiten etc. wissen zu richten. In Mitte der Galeeren geht ein breite Bank der Länge nach durchab, darauf geht der Gouerniero – das ist der Gubernator des Schiffs – mit einem Karbatsch oder Ruten eines Farren, einer Ochsensehnen. Der schmeißt die Ruderknecht mit denselbigen auf den bloßen Rucken ganz unbarmherzig, als hätt er nur ein Block unter Händen, vermahnt sie, daß sie gleich und stet ziehen. Er heißt sie auch die Ketten an den Füßen schütteln mit diesen Worten: »Tira la canaglia catena. – Schüttelt die Ketten, ihr Hund!« Dann sie haben dessen ein Hoffart. Dieses Rauschen der Ketten gibt in die Ferne ein sehr schröcklich Getön, daß einen bedunkt, er hör vor des Virgilii Höll die Verdampten an den Ketten rumoren; diese Arbeit nennt Plautus in »Asinaria« »fustitudines et ferricrepidines« – da heißt es übel geschmissen und übel gessen.

Sie haben in den Schiffen Katzen und Wieselein, die Mäus zu vertreiben.

Das XXVIII. Kapitel

Von der Stadt Constantinopel Gelegenheit, Größ, Tor und Gebäu etc.

Die Stadt Constantinopel ist gelegen in der Landschaft Thracia. Gegen Aufgang der Sonnen (mit 4 verzeichnet) stößt sie an den Bosphorum Thraciae (9), gegen Mittag (6) an Propontidem Maris Aegaei (Z). Gegen Mitternacht hat sie einen schönen Port – ein Anlände oder Meerhafen –, ein halbe teutsche Meil lang, darin die Schiff stellen (Q), welcher alle andere Port in der Welt mit seiner Bequemlichkeit und Sicherheit soll übertreffen. Der wird bei den Scriptoribus genennt Sinus ceratinus, vom Horn, dessen Gestalt er hat; dann dieser Haf (10) sampt dem Bosphoro und Propontide umbfahen und begreifen die Stadt wie ein Gabel oder zwei Horn. Sie stößt an beide Meer – Mare mediterraneam und Pontum Euxinum (7). Pontus Euxinus hat in seiner Läng – wie Herodotus anzeigt – 11000 Stadia bis gen Theodosia (die jetzund Capha genennt wird, des Tatarkönigs Residenz; sie liegt in Taurica Chersoneso am Bosphoro Cimmerio) – das wär 343 teutsche Meiln. In neun Tagen kann man dahin schiffen; von dannen bringt man alles Schmalz, in Kühhäuten eingemacht, gen Constantinopel.

Bosphorus Thracicus hat in seiner Läng 120 Stadia, die tun vier teutsche Meiln; in der Breite 5 Stadia, nämlich von Constantinopel bis gen Chrysopolim minoris Asiae, die man jetzund Scutari (V) nennt. Propontis (Z) hat in der Läng 1900 Stadia, die machen 59 teutsche Meiln; Hellespontus hat in der Läng 400 Stadia, die machen 12 Meilwegs – alles nach Herodoti Rechnung, so man 32 Stadia für ein teutsche Meil nimmt.

A: War vorzeiten die Rennbahn, darauf stehn 3 Säulen
B: Der teutschen Legaten Behausung
C: Des Kaisers Palast
D: Kirch St. Sophia
E: Ein sehr hohe Säul, wie ein Turn, von Porphyrstein, an einem Stück
F: Kirch des Sultan Bajazet

Plan der Stadt Istanbul

G: Kirch des Sultan Memet Jeni
H: Des armenischen Patriarchen Kloster
I: Die Säul mit den Historien
K: Constantini Palast
L: Des griechischen Patriarchen Kloster
M: Des Sultans Solimans Kirche
N: Das alte Saraia oder kaiserlich Palast
O: Die Sieben Türn, das Kastell
P: Die Vorstadt Aifansaria
Q: Schiffstell, Arsenale
R: Ein Kastell im Meer
S: Das Kaufhaus
T: Galata, ein Stadt
V: Scutari, ein Markfleck
X: Chalcedon, ein Dorf
Y: Insulae Cyanae vel Sym-
   plegades
Z: Das Meer Propontis
1: Viel tausend türckische
   Gräber, wie Markstein

Die Stadt Constantinopel hat vielerlei Namen bei den Historicis, daß sie genennt wird Byzantium, item Anthusa, Aethusa,
Antonia, Nova Roma. Die Türcken nennen s' Stambol, von
dem griechischen Wörtlein »is tin polin« – das ist »in die
Stadt« –, wie die Dorfleut außerhalb in der Nähe von den genachbarten Städten reden »in der Stadt«. Krabatisch heißt sie
Czarigrad oder Czarondom – das ist »der kaiserlich Sitz« –,
wie sie dann von Constantino Magno zu einer kaiserlichen
Residenz ist gewidmet worden und von derselben Zeit an bis
auf diesen Tag der orientischen Kaiser, nachmals auch bis
hieher der ottomanischen Kaiser Residenz gewesen.

Zur Zeit des Kaisers Alexii Comneni war die Stadt von den
Francken und Venedigern eingenommen, dann die Frantzosen selbiger Zeit das Hl. Land wieder verloren hätten; und
war das griechisch Kaisertum in zween Teil geteilt, in das
Constantinopolisch und Trapezuntisch Reich. Es nisteten
auch die italienische Respublicae oder Freistädt ein in Graecia – als Genua, Pisa und Venedig –, und war ein große Zerrüttung im Reich; die Bulgari, Serui und Rätzen nahmen
ihrer Schanz auch wahr. Nachdem nun die Griechen der
frantzösischen Regierung müd worden diese sechzig Jahr
über, sein sie von Kaiser Michaele Paleologo ausgerottet worden mit Hülf der Genueser, welchen der Kaiser hernach die
Stadt Peram oder Galatam, gegen Constantinopel über, verehrt; und haben die Griechen von derselben Zeit an das Regiment behalten, bis die Stadt vom Türcken eingenommen worden. Da ist sie der türckischen Kaiser Residenz worden bis auf

diesen Tag; dann zuvor hielten sie Hof zu Prusia, welches ein Stadt ist in Bythinia, darnach zu Adrianopel, bis sie endlich Constantinopel erobert.

Diese Stadt Constantinopel ist vorzeiten berühmbt gewesen der fürtrefflichen Universität halb, welche nicht weniger geacht war als Athen, dann es warn sehr gelehrte Leut daselbst erzogen, wie dann der hochgelehrte Mann Johannes Chrysostomus von dannen bürtig gewesen. Es hat auch ein fürtreffliche Buchkammer oder Bibliothecam daselbst gehabt, darinnen 120 000 unterschiedliche Bücher gewesen. Sonderlich lag darin ein Eingeweid oder Darm von einem Drachen, 120 Schuch lang, darauf die Schriften Homeri, nämlich Odyssea und Ilias, mit gülden Buchstaben geschrieben gewesen. Diese Liberei ist letzlich in einer großen Brunst gar daraufgegangen. Der gelehrte Münch Planudes hat vor 150 Jahren daselbst gelebt, der die Vers Catonis griechisch vertiert und andre Ding mehr geschrieben hat.

Diese Stadt begreift in ihrem Umbkreis drei Stund zu Wasser und Land. Von Sieben Türnen (O) gegen Okzident bis an den Meerhafen (10) hat einer ein Stund zu gehn, von dannen gegen dem Saraia (C) bis wieder zu den Sieben Türnen auf dem Wasser schier zwo Stund. Von unser Behausung (B) bis zu den Sieben Türnen hat man schier dreiviertel Stund zu reiten.

Die Stadt hat 19 Tor, und heißen also: 1. Jedicola capi – das Tor zun Sieben Türnen, 2. Silebri capi – Silebriator, da man gen Silebria geht, 3. Top capi – das Büchsen- oder Schützentor, 4. Edrenecapi – Adrianopeltor, 5. Egricapi – Krummtor, 6. Eiubcapi – Jobs Tor, 7. Eiubasar capi – Job-Vorstädter Tor. Diese sein gegen Niedergang auf dem Land, nämlich von Sieben Türnen bis an den Meerhafen, da er anfähet. Von dannen bis an das Saraia oder Burg hinab am Meerhafen 8. Palatcapi – Pfalztor, von dem Palatio Constantini also genannt, 9. Diplophanari – das ander Laternentor, 10. Phenercapi – auch Laternentor, 11. Balicapi – das Fischtor, 12. Aiacapi – vom Wort »hagia – heilig«, der Heiligen Tor, nämlich der heiligen Theodosiae, 13. Uncapi – Mehltor, 14. Jenicapi – das Neutor, 15. Oduncapi – das Holztor, 16. Jeniscapi – Korntor, 17. Balukbasarcapi – Fischmarktor, daselbst steht ein Galgen, 18. Dschifudcapi – Judentor, 19. Waschacapi – der Waschen Tor.

Gegen Mittag, an Propontide, hat es nur ein Tor, genannt Concapsi; da hat man vor Jahren angeländt, aber jetziger Zeit nicht mehr, ist derhalb verschlossen.

Die Stadt ist an allen drei Orten mit einer Maur umbgeben. Gegen Niedergang, da sie am Land liegt, hat es ein dryfache Mauer; zwischen einer jeden Maur ein Zwinger. Die Maur, so nächst an der Stadt, ist höher dann die andern zwo, die beide aber sein kaum halb so hoch, gar dick und mit vielen starken Türnen aufs best versehen. Doch fallen sie mehrerteils ein, dann die Türcken bessern nichts.

Die Gebäu in der Stadt sein schlecht und liederlich, der Mehrteil ist ohn Kalk, allein mit Gassenkot und Leimen gebaut. Die Häuser sein niederträchtig, haben wenig Liecht; gewöhnlich geht in ein Gemach ein schmals Fensterlein, wie ein Luftloch an einem Keller oder einem Stall. Sie wissen von keinen Stuben und Öfen, sondern haben allein Kamin. Die reichen Leut haben auch feine hohe und weite Gebäu, von Kalk und Steinen gebaut, doch mögen sie den Gebäuen in Teutschland nicht gleichen. Dann die Werkleut unter den Türcken und Griechen wissen kein solchen Vorteil im Bauen wie die Teutschen und Italianer, sondern gehn also mit Umbklittern, daß einen billig sollt verdrießen, ihnen zuzusehen. Zudem haben sie großen Mangel beides an Bauholz und an Maursteinen, wie auch an Kalk und Zeug. Es fehlt ihnen auch an der Fuhr, dann sie bringen alle Stein überruck auf Mauleseln, da 100 Esel kaum so viel tragen, als man sonst auf zween Wägen möcht führen. Daher sein die Häuser überaus teur, daß eines schlechten Burgers Haus 1000 Dukaten gilt und darüber, welches in unserm Land zwei- oder dreihundert Gülden möcht wert sein. Kein Tannenholz oder -bretter hab ich drinnen gesehen, sondern alles zumal büchin Holz. Das Dachwerk ist erstlich gar mit Brettern überdeckt, darnach erst mit hohlen Ziegeln belegt. Oben von dem Dach gehn etlich Liechter ins Haus, ein jedes so weit als ein Kopf, darauf decken sie ein hohl, rund Glas wie ein Hut, den Regen damit zu verhüten. Sie behelfen sich in kleinen Raum, dann sie haben nicht Vieh, ausgenommen die Pferd, und haben wenig Hausgerät; wann einer zwei Kämmerlein und Stallung für seine Pferd hat, so läßt er ihm genügen. Ihre Läden und Fenster an den Häusern verschlagen sie mit Brettern in Gestalt eines unter sich ge-

Wohnhäuser in Istanbul

kehrten Dachs, unten gar scharf und obenauf offen und weit, also daß daselbst der Tag ins Gemach hinein fällt. Dies geschieht darumb, daß kein Nachbar dem andern ins Gemach hinein kann sehen, womit er umbgeh.

Die Behausungen der Wascha und der fürnehmbsten Herren sein gar schlecht, gleichwohl groß und weit, mit einer hohen Mauren eingefangen, also daß auch das Dach der Behausung überhöcht und mit der Mauren verborgen ist. Die Gemach sein alle auf dem Boden, und mehrteils in jedem solchen Herrnhaus ein weiter Saal, die Leut darin zu verhören. Und gleicht allerdings einem Bruderhaus oder Klösterlein, fein still und einsam, zu Betrachtung wichtiger Händel nicht unbequem, dann an solchen Orten nicht großer Wandel und nicht viel Getümmel von Reiten, Fahren, Klopfen und dergleichen.

Das XXIX. Kapitel

Von den Kirchen sampt ihren Stiften und der großen Herren Begräbnus zu Constantinopel

Wie nun dies Volk sich keins Prachts achtet in ihren gemeinen Wohnungen und Häusern zu bauen, also sein sie in Erbauung der Tempel, Schulen und dergleichen Stift so viel desto prächtiger und sparen in solchem Fall kein Unkosten.

Die fürnehmbsten türckischen Kirchen, die man Dschuma nennt, sein St. Sophia – das Stift der Weisheit –, welche von Kaiser Justiniano in der Ehr Christi, der die ewig Weisheit Gottes ist, gebaut worden; wiewohl es dem alten Stift jetziger Zeit an Schöne und Herrlichkeit nicht gleichet, wie es vor der Zerstörung gewesen. Jedoch sein noch schöne Marmorsäulen vorhanden von allerlei Farben, über die Maßen hoch gewölbt und sehr weit, welches weder mit Schriften noch Gemäl kann gnugsam angezeigt werden.

Das ander Stift ist Sultan Solimans, das durch ihn erbaut worden und von ihm den Namen hat. Das dritt ist Sultan Bajazetis, das viert des Sultan Memets des Ältern, das fünft Sultan Memets des Jüngern – jenes nennen sie Sultan Memet Eßki, dieses Sultan Memet Jeni. Diese allzumal sein von Quaderstücken gebaut, und sein die Stein mit solchem Fleiß zusammengefügt, als wär es ein einig Stück und wär also gegossen oder selbst gewachsen, daß man schwerlich ein Fug daran kann sehen; welche allzumal, wie ich bericht bin, von Italianern sein gebaut worden. Die Stein sein von den gefallnen Gebäuen der Stadt Cyzici in Asia minori, in der Landschaft Mysia, dahin gebracht, einsteils auch von dem alten Troja und dergleichen Orten. Sie pflegen aber die Stück der Länge und Breite nach zu sägen mit solchen Sägen, wie die Zimmerleut brauchen, doch ohn Zähn. Über jetztgemeldte Stift sein in der Stadt hin und wider viel andere Kirchen von den Waschen und ihresgleichen ansehlichen Herren gebaut und nach derselben Namen genennt, die gleichwohl nicht so groß, aber doch auch sehr köstlich und zierlich gebaut sein. Außerhalb der hohen Stift oder zunächst an denselben haben die Stifter ihre Begräbnussen in einem besondern Kapellein. Sultan Selim zwar, weil er sein Stift gen Adrianopel verordnet und gebaut hat, so hat er ein Kapelln ihm und seinen Kindern lassen bauen auf den Kirchhof zu St. Sophia. Ich hab oft gehört, daß über tausend Mesgit oder türckische Kirchen in der Stadt seien. Und ist bei diesen Kapelln wohl zu betrachten der großen Herrn vergebliche, unersättige Begierd zu herrschen; daß der ihm vorhin an vielen Ländern, Herrschaften und Königreichen nicht genügen ließ, der nimbt jetzt nach dem Tod in diesem engen Gewelb und Kapelln williglich für gut. Also kann der Tod diese tollen und unsinnigen Schnarcher zum Barrn bringen und dämmen.

Diese Kapellen sein außerhalb mehrteils mit weißem klaren Mamor gemaurt, inwendig getüncht, mit vergüldtem Laubwerk und sonsten mit Laubwerk von Farben und türckischen Schriften geziert. Desgleichen stehn auch Wachskerzen zum Schein und Zier drinnen, die man nicht anzündt, aber viel brennende Ampeln; die Kerzen sein von weißem Wachs, eines Schenkels dick und eines Manns hoch. Zween oder drei Priester sitzen, die nichts tun dann lesen und beten. Wann ihrer einer stirbt, wird alsbald ein anderer an desselben Stell verordnet, dann dies Lesen und Beten muß ewig währen.

In der Kapelln steht fürnehmlich ein Sarch, im selben des Verstorbnen Gebein und Körper. Der Sarch ist gegen dem

Mausoleum und Sarkophag

Haupt höher dann gegen den Füßen. Derselb ist mit einem gülden Stück überdeckt, auf demselben des Verstorbnen Röck einer, zwar von schlechtem Zeug – als nämlich von Kamelott –, item Wischtüchlein, mit Gold schön ausgenähet. Zun Haupten geht am Sarch ein hülzene Spitzen herfür, einer halben Elln hoch, darauf stecket ein Dschalma oder türckischer Bund und auf demselben zu beiden Seiten ein Federbosch von schwarzen Schwalbenfedern; der Hut aber wird alle Freitag von neuem gebunden. Was aber diese Krämerei – Rock, Hut, Tüchlein etc. – ausweisen und was für verborgene Andacht darin steck, ist mir unwissend.

Neben Sultan Selims Sarch stehn andere fünf Sarch seiner Kinder, die der ältest Sohn nach seinem Tod hat lassen würgen; die hat er befohlen neben sich zu legen, dann er wohl gewußt, daß sie ihm unverzögenlich würden nachfolgen. Dann sie haben ein Gesetz, das hält sich also: Wie die Welt nicht zwo oder mehr Sonnen bedarf, sondern sei gnug an einer, also bedarf ihr Reich und Regiment nicht mehr dann eines Regenten. Item die Mahometaner erkennen auf Erden nur einen Herrn, gleichwie im Himmel nur einen Gott. Über diesem Gesetz halten sie steif, es sei Gott lieb oder leid.

Das XXX. Kapitel

Von den Hohen Schulen, ihren Studiis und Lehrern zu Constantinopel

Bei diesen Stiftkirchen – sonderlich bei Sultan Memet Jeni – sein auch Schulen, und zwar nicht Kinderschulen, sondern Hohe Schulen, darinnen viel Talismanni und Studenten erzogen werden; davon sie ihre geistliche und weltliche Ämpter ersetzen, als nämlich Cadi – das sein Stadtrichter oder Stadtvögt –, Cadileßkir – das sein zween obriste Kriegsrichter –, item die Odscha – das sein Schulmeister oder die das Ampt und Gebet in der Kirchen verrichten.

Es sein aber diese Midresa oder Hohe Schulen, was das Gebäu anlangt, unterschiedliche Gewelb, darin auf dem Boden her niedere Gemach sein, in jedem derselben ein gewisse Anzahl Studenten, bei fünfzehn. Ein solch Collegium hat fünf Muderis oder Doctores, ein jeder hat fünf Klassen oder Auditoria. Ein Student [Muderis?] hat für sein Tagbesoldung fünfzehn bis in dreißig Asper oder halbe Batzen, etlich auch wohl fünfzig Asper. Ein gemeiner Student oder Talisman hat des Tags zween, drei oder mehr Asper.

In ihrem Studiern halten sie diese Ordnung und Prozeß: Wann ein Schuler oder Dschochda das Schreiben und Lesen hat ergriffen in der Kinderschul und tüchtig ist, die mehrern Künste zu verstehn, so wird er in dieser Stift eines befürdert. Da werden ihm zweinzig Bücher auferlegt zu lernen, nämlich in Grammatica, die sie nennen »Sarf«, viere – doch nicht die lateinisch oder griechisch Grammatik, dann von diesen Sprachen wissen sie nichts, sondern die Grammaticam in persischer, arabischer und türckischer Sprach; dieweil in der arabischen Sprach ihr Gottesdienst, der Curan und desselben Auslegungen, beschrieben sein, und doch mit der türckischen kein Gemeinschaft hat. Die persische brauchen sie in der Kanzelei, doch nicht durch und durch, sondern allein zur Zier, ihr tölpische Sprach mit derselben herauszustaffieren, gleich wie etliche bei den Teutschen beides auf der Kanzel und Kanzelei vermeinen ihr Sprach mit den lateinischen oder griechischen Worten zu schmucken. Wann er dann die Grammatik hat ergriffen, werden ihm alsdann auch vier Bücher im Syntaxi, den sie nennen »Narf«, fürgeben, item vier Bücher in Dialectica, die sie nennen »Mantic«, desgleichen sechs Bücher in »Kelam«, damit wird nicht allein Rhetorica, sondern in gemein die Philosophia verstanden. Nachdem der Dschochda oder Schuler dies alles begriffen, alsdann heißt er ein Talismann, das ist soviel als Magister Articum [= Artium].

Folgends wird er in das höher Collegium oder Midresa befürdert. Daselbst wird er angehalten zu ihrer vermeinten Heiligen Schrift und den weltlichen Rechten. Dann diese beiden Lehren sein miteinander also vermengt und miteinander also verwandt, daß es für ein Fakultät gerechnet wird. Die Medicina ist von ihrer Schul ausgeschlossen und den Apothekern und Balbierern befohlen, wie auch den Juden und ihresgleichen Landsbetriegern.

Der alten griechischen Philosophorum Schriften haben sie auch in arabischer Sprach, als Aristotelem – »Erasto«, Platonis – »Iflátón«, Socratis – »Sucrat«, Hippocratis – »Pucrat«. Unter ihren Schullehrern sein berühmt Imam – das heißt ein Lehrer oder Weisen: Ebuchamicue, item Imam Hambeli, Imam Maleki. Diese drei werden in ihren Schulen ihrer Weisheit halb hoch gehalten. Der vierte, Imam Schaueli, wird allein in den Schulen der Araber herfürgezogen.

Das XXXI. Kapitel

Von den Kinderschulen zu Constantinopel und derselben Gebrauch

Die mindern Schulen anlangend, darin die Knaben unterwiesen werden in Schreiben und Lesen, deren sein in der Stadt Constantinopel sehr viel, wie auch in andern Städten. Da mag ein jeder, der sich's unterstehn will, Schulmeister sein. Es sein nicht besondere Häuser und verordnete Schulhäuser, sondern allenthalben, wo der Lehrmeister sein Behausung hat, da ist die Schul. Die reichen Leut halten ihren Kindern eigne Lehrmeister in ihren Häusern. Die Kindern werden nicht in solcher harter Zucht und großer Forcht gehalten wie die Teutschen, die mit Pochen, Poltern, Schlagen und Stoßen den Kindern allen Lust zum Lernen nehmen. Sie strafen zwar die Kinder auch, aber mit Bescheidenheit, und können mit ihnen Geduld haben, welches dann die fürnehmbste Tugend an einem Lehrmeister ist. Wann sie die Kinder schlagen, so schmeißen sie dieselben auf die bloßen Fußsohlen mit einem Stäblein und brauchen die Ruten nicht, wie bei den Christen bräuchig.

Sie haben ein feindselige Gewohnheit, daß die Knaben durcheinander ihr Lesen laut verrichten, davon sie sollen toll werden und einander irr machen. Darnach sitzen sie nicht still, sondern wanken von einer Seiten stets auf die ander wie ein Schlafender oder ein Trunkener. Den Alcoran lernen sie beinahe allezumal auswendig. Wiewohl sie denselben, weil er arabisch ist, nicht verstehn, so ist es doch genug, daß sie die Wort fassen, bis sie hernach die Sprach lernen verstehen und der Verstand hernach kompt. Dies, meinet ich, wär gut und nützlich, daß man neben den Linguis und Artibus in unsern

Schulen vor allen Dingen versuchte, den Psalter, die Schriften der Evangelisten und Apostel den Kindern einzubilden, bis der Verstand hernach käm; also vom Grund der andern Faculatatum zu reden, da man strack die Kinder sollt zum Quellen führen.

Das XXXII. Kapitel

Von den Spitalen zu Constantinopel

Nach den Schulen ist das fürnehmbst Gebäu die Spital — Imareth genannt —, die bei allen Kirchen, da keine Schulen sein, gebaut werden. Doch sein sie nicht von armen oder gebrechlichen Leuten bewohnt, sondern es ist allein ein Koch darin, der die Speis für die Dürftigen zuricht, als Reis und Bosa — das ist ein gedörrt Grießmehl, mit Wasser angerührt und also getrunken —, item Schaffleisch unter dem Reis sampt einem Brot.

Diese Pfründ wird niemand versagt, er sei reich oder arm, er sei ein Christ, Jud oder Türck, sonderlich den Reisenden. Die mögen drei Tag lang an einem solchen Ort still liegen und sich solcher Guttat gebrauchen, aber da er über den dritten Tag wollt daselbst naschen, so wird ihm der Hof abgeblasen. Diese Stiftung, bedunkt micht, übertreff der alten Römer Monumenta, alsdann sein gewesen ihre Columnae, Cippi, Colossi und Pyramides Egypti etc., die weder Gott noch der Welt nutz warn, dann daß große Kunst daran erschiene und weiters nichts.

Wir haben dieser Guttaten auf der Reis nach Constantinopel vielmals genossen. Diese Spitäl sein fein lustig und sauber gebaut; es sein etliche Gemächlein oder Gewelblein, darin man die Mahlzeit zubringt. Folgends zeucht der Gast wieder in sein Herberg, wir aber haben auch unser Losament in diesen Hospitaln gehabt. Wer Lust hätt, der aß dieser Speisen oder ließ es bleiben, bis unser Koch die Mahlzeit zurichtet. Es pflegen auch die ansehlichen Leut und großen Herren bei ihnen solcher Stiftung sich teilhaftig zu machen und dieselben keineswegs zu verschmähen.

Das XXXIII. Kapitel

Von den schönen Badstuben zu Constantinopel und dem Gebrauch darinnen

Unter die fürnehmbsten Gebäu werdn auch die öffentlichen Badhäuser gerechnet – Smuns genannt –, die werden auf das köstlichest und prächtigest gebaut. Dieselben haben auch ihre Einkommen und jährliche Gefäll gleichwie ein Kirch oder dergleichen Stift eins, davon der Bau in seinem Wesen erhalten wird. Diese Badhäuser sein hochgewelbt in die Rundierung wie ein Chor in einer Kirchen. Zuhöchst am Gewelb, da zugleich das Dach, welchs mit Blei gedeckt ist, hat es viel einfallende Liechter. Dieselben sein mit runden, hohlen Gläsern, als mit einem gläserin Hut, bedeckt, daß der Regen nit durchdring. An Wänden herumb ist sonst kein Fenster. Der Boden ist von schönen marmorsteinen Tafeln und mit eingelegter Arbeit geziert von feinem Laubwerk, gleichwie man bei uns das Holz- und Schreinwerk einlegt, doch nicht so künstlich und so artlich, weil sich das Steinwerk nicht also läßt arbeiten wie das Holz – darumb sein es mehrteils nur Zweifelsstrick und nicht Laubwerk.

Türkisches Bad (Innenansicht)

Die Badstub ist in der Mitte nit verbaut, sondern steht gar ledig und bloß, ohn Gestühl und dergleichen Hindernus. Aber an der Wand, ringsweis herumb, hat es unterschiedliche Gewelblein, 14 oder 20 Schuh weit, gleichwie die Kapellen oder Gewelb in unsern Kirchen; die Tür wird mit einem blauen Tuch behängt. Diese Gewelb sein auch der Hitz nach unterschieden, als daß eines gar heiß, das ander mittelmäßig, das dritt lau ist. In diesen Gewelben siehet man an der Wand messinge Zapfen, die man auf und zu kann reiben, da man aus einem heiß und aus dem andern kalt Wasser läßt laufen. Sie brauchen keine Stühl oder Bänk, sondern sitzen und hokken alle auf den Boden herumb.

In der Mitte der weiten Badstuben steht ein niederer Herd, eines Schuchs hoch, von Marmorstein, zum Schwitzen verordnet, dann daselbst ist die Hitz am größten. Sobald einer hineinkompt, setzt er sich auf diesen Herd. Da kompt ein Badknecht, der umbfahet ihn, renkt ihm den Leib hin und her, als wollt er ihm den Leib ineinanderrichten, desgleichen dehnet er ihm auch die Glieder, Arm, Händ und die Schenkel, als wollt er mit ihm ringen. Darnach legt er ihn nach der Läng auf den Herd, steht ihm auf den Leib, doch sänftiglich; daher unter unserm Gesind diese Schimpfred entstanden ist: »Ich will gehn und mich für die Langeweil lassen mit Füßen treten«, das ist: »Ich will ins Bad gehn«. Solch Renken und Dehnen des Leibs bekompt einem fast wohl, davon er sich etwas ringer und leichter befindt. Nachdem solch Ringen und Gymnazin bei einer halben Viertelstund gewähret, alsdann setzt er sich in der unterschiedlichen Gewelb eins, in welches er will — gar allein oder mit etlichen andern — welches ihm der Hitz halb am füglichsten sein mag. Alsdann fängt sich das Schrepfen an; das ist ein solch Metzgen, darfür einer sich nicht unbillig möcht entsetzen, als wann der Diebhenker hinter ihm her wär. Der Bader nimbt ein abgebrochen Schermesser, das fasset er also, daß es ein Zoll für die Finger geht. Diesen stumpfen Spitz (so anders ein Stumpf spitzig heißt) reibt er ihm in die Haut hinein. Darnach zündt er ein Werg an, tut's in die Ventosen oder Schrepfköpflein, das setzt er ihm mit dem brennenden Werg auf die Wunden; läßt ihn ein gute Weil also sitzen und die Zähn blecken.

Ein Türck gibt etwan einen Asper oder zween, wir aber haben ein jeder fünf oder sechs Asper geben müssen. Das Haar pflegen sie, beides Weib und Mann, an heimlichen Orten und sonsten am Leib glatt hinweg zu ätzen mit einer schwarzen Erden, mit Kalch vermischt und mit Wasser zu einem Brei gemacht. Das nennen sie mit dem griechischen Namen Chrisma – das ist ein Salb –; doch wächst das Haar bald wieder. Diese Schmier ist so herb, daß sie auch die Haut auffrißt und großen Schmerzen macht, wenn mans zu lang drauf läßt bleiben.

Die Weiber pflegen nach dem Bad – sonderlich so sie ein Brautbad halten – die Händ und Füß, doch nicht über und über, sondern nur zum Teil, als nämlich übereck, mit roter türckischer Roßfarb zu färben. Die Männer haben besondere Bäder und die Weiber auch besondere. Sie bedecken sich im Baden fein züchtig und ehrbarlich und nicht so schimpflich wie die Teutschen, da es das Ansehen hat, als wollt einer die Scham mit Fleiß zeigen, oder – wie ich zu Venedig gesehen hab – daß die Männer allerdings bloß und unbedeckt ins Bad gehn. Sie knüpfen aber ein blauleinen Tuch umb die Hüft, das geht zweimal herumb und geht bis auf den Boden hinab; also daß wir Christen in diesem Fall sollten Zucht und Ehrbarkeit von diesen Barbaris lernen. Wie aber dem allem – so ist es ein großes und billig zu verwundern, welches die Griechen nicht glauben sowohl als die Türcken, daß die Teutschen sich also können im Zaum halten – obwohl Mann und Weib in einer Badstuben, darzu nebeneinander, auf einer Bank sitzen, beinahe gar nacket und bloß –, daß doch kein Leichtfertigkeit und Üppigkeit vermerkt wird oder daß dardurch Ehebruch und Hurerei verursacht sollt werden, welches ihnen die griechischen Eiferer, die Türcken, Spanier, Italianer und andere geilen Völker nicht werden nachtun. Doch will ich darumb hiemit die übrig Unzucht, so leider auch unter den Teutschen überhandgenommen, keinswegs entschuldigen; aber ihr altes Lob der Keuschheit, das ihnen Tacitus gibt, erhalten sie noch zum guten Teil.

Wann man aus dem Bad geht, so empfahet ein Badknecht das Badtuch von denen, die aus dem Bad gehn; dasselbig wäschet er. Alsdann – welches ein Wunder zu sehen – wirft er's hoch hinauf an das angespannte Seil, das so hoch aufgespannt ist als ein hohes Gewelb und Chor einer Kirchen. Dasselb kann er mit solcher Geschwindigkeit hinaufschlingen, daß es gleich ausgebreit da hängt. Dies ist ihr Meisterstuck, damit sie vor den Leuten prangen und gesehen sein wollen.

Die gemeldten Badstuben sein rechte Hypocausta, wie bei den Römern und Griechen im Brauch gewesen. Und heißen darumb also, weil sie unterhalb des Bodens eingeheizt werden, dann unter dem Boden hat es viel Gäng und Dollen, in welche sich die Wärm austeilt und ausbreitet aus dem einigen Gang, nämlich darin das Feuer liegt. Und wird auch dergestalt das Bad unterschieden, wie die Römer und Griechen ihre Badstuben haben unterschieden –, als dann ist gewesen erstlich Hypocaustum, das Schwitzstüblein, darnach Lavarrum, da man sich nach dem Schwitzen gewaschen, zum dritten Frigidarium, darinnen man sich abkühlt, zum vierten Apodyterium, das Gemach, darinnen man sich aus- und anzeucht.

Die Bäder sein Tag und Nacht durchs ganze Jahr eingeheizt; und pflegen die Türcken des Nachts sowohl als des Tags ins Bad zu gehn. Deren Badstuben sollen zu Constantinopel über anderthalbhundert sein.

Das Haupt lassen die Türcken mit dem Schermesser gar abscheren bis an ein klein Schöpflein mitten auf dem Haupt, eins Fingers dick. Als ich fragt, warumb das gescheh, war mir geantwort, wann er dem Feind zuteil werd und umb das Haupt komm, daß alsdann der Feind den Kopf bei diesem Schöpflein könn erwischen, damit er ihm nicht in den Brotkorb müss' greifen – nicht anders als würde das Maul alsdann dadurch verunreinigt, wann man drein griff. Das kann ein wichtig Bedenken sein. Ich halt aber darfür, sie haben diesen Brauch von den Egyptiern entlehnet, von welchen Herodotus in Thalia schreibt, daß sie von Jugend auf das Haupt bescheren, darumb haben sie auch – sagt er – starke und harte Köpf und werden nicht glatzet.

Das XXXIV. Kapitel

Von den Türcken Carabansarai oder Herbergen

Bei einem jeden namhaften Meßgit oder Kirchen findt man offne Herbergen, doch eine stattlicher als die ander; da zeucht ein jeder Frembdling mit Pferde, Gesind und was er für Zeug bei ihm hat, ein. Es sein aber leere Herbergen, darin kein Wirt sitzt, der den Gästen Speis und Trank umb ihr Geld reichte, wie anderswo in der Christenheit beschicht. Der Gast findt mehr nicht, dann daß er vor Regen und Wind verwahret ist. Sein Bettmatzen und Kotzen führt er mit. Die Speis findt er in der Jarküchen nach seinem Begehren; Heu und Gersten für die Pferd findt er umb ein gleichen Pfenning zu kaufen. Will er dann ihm selbst kochen, so findt er in der Herberg Kamin, da kann er die rohen Speisen kochen und sich zumal dabei wärmen. Holz findt er – aber gleichwohl teur – zur Notdurft zu kaufen; Häfen und Schüssel führt fast ein jeder Reisender mit sich, zum Teil auch Proviant, weil man die Jarküchen nicht in allen Dörfern findt.

Es sein auch die Herbergen mehrteils von den Stiftherren solcher Carabansaraien nach den Tagreisen ordentlich ausge-

Karawanserei

teilt, daß ein Reisiger alle Abend ein solche Herberg kann erreichen auf allen Straßen. Etliche sein gebaut, daß sie oben in der Höhe vier Gäng herumb haben mit unterschiedlichen Gemachen, etliche aber ohn ein Vorhaus oder Wohnungen, wie ein weite Scheur. An allen Seiten und an den Wänden herumb hat es erhöchte Gemäur, eines halben Manns hoch, zween Schritt breit und auf denselben die Kamin herumb; darauf isset und liegt der Gast. Im weiten Tennen herumb stehn die Pferd, die behelfen sich ohne Streu, ohn Barrn, ohn Krippen; die fressen das Heu vom Boden auf. Die Gersten, als das kurz Futter, das sie anstatt des Haberns füttern, fressen sie aus einem härin Sack oder Tanister, den man ihnen an das Hauptgestidel anknüpft. Die Kutscher machen ein tüchen Barrn, an vier Stützen gebunden, wie in Feldzügen bräuchig ist.

Das XXXV. Kapitel

Von des griechischen Patriarchen Kloster zu Constantinopel und desselben Heiltumen und andern Sachen

Das Kloster, darin der Patriarch wohnet, ist ziemlich weit, aber nicht stattlich, sondern gar schlechtlich erbaut. Darin wohnen ungefährlich bei zwanzig Personen, alle Ordensleut oder Calogeri und griechische Münch, die in des Patriarchen Diensten sein; neben welchen er auch ein Janitscharn zur Gwardi pflegt zu halten, der ihn auf der Gassen, wann er ausreit oder über Land reist, beleitet und verhüte, daß niemands seinen Leuten beschwerlich sei. Bei Tag lassen sich im Kloster in ihren ordentlichen Gemachen finden die übrigen Officiales, als Protohermineus, Protonotarius, zween Logothetae und andere, welche nicht weit vom Kloster ihre eigne Behausungen haben sampt ihrer Haushaltung. Desgleichen kommen allezeit Geschäft halb, so sie bei Hof oder dem Patriarchen haben, ausländische Episcopi, Metropolitae, Calogeri etc.

A: Ist des Patriarchen Wohnung

B, C, D: Etlicher uralten Münch Begräbnussen, ohn Überschriften

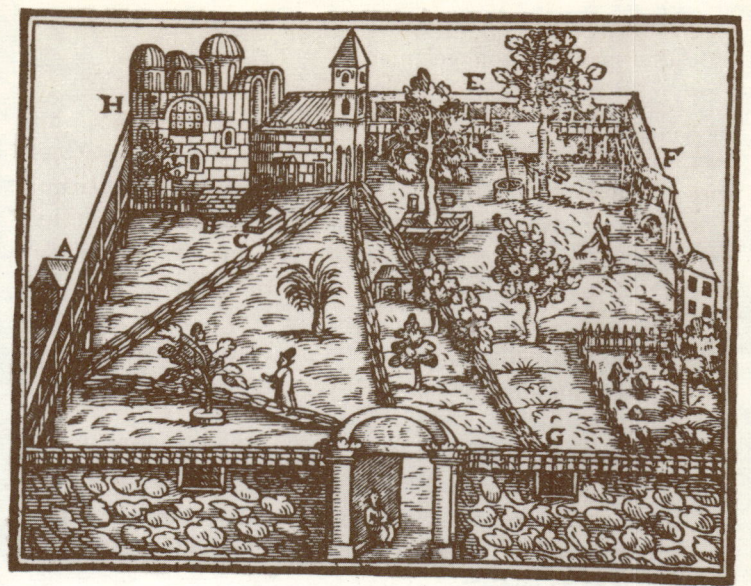

Das Griechische Patriarchat

E, F: Auf diesen Gängen sein der Officiern, der Schreiber und
  etlicher Münch Gemach; darein werden auch die Metro-
  politen, Bischof etc., die von fern dahin kommen, losiert

G: Der Roßstall, darinnen 4 oder 5 Roß und Esel

H: Die Kirch im Kloster ist alt und ein fein Gebäu, darin
  man Heiltum weiset, nämlich ein Stück von einer steinerin Säulen, einer Ellen hoch und zwo Spannen dick, so
  von Farben aschenfarb siehet Alters halb, aber an ihm
  selbst ist es ein weißer Marmor. Das soll ein Stück sein
  von der Säulen, daran unser Heiland Christus gegeißelt
  worden. Item der Körper St. Euphemie, den Schädel
  St. Salome und andere mehr Aposteislerei. Kein geschnitzt Bild findt man in dieser oder andern ihren Kirchen, aber gemalte Bilder auf Tafeln sehr viel, als des
  Salvatoris, B. Mariae Virginis; aber diese Gemäl allezumal sein gar liederlich, darin gar kein Kunst zu finden.
  Man zeigt auch das Begräbnus Alexii Comneni, des Kaisers, das hat aber kein Ansehen. Es ist nichts denn ein
  steineriner Kast von einem groben grauen Sandstein, an
  einer Seiten der Wand stehend, mit einer alten undeutli-

chen griechischen Grabschrift, und neben der Schrift ein
Adler gar tölpisch gehauen.

Neben jetztgedachter Kirchen haben die Griechen noch andere mehr Kirchen in der Stadt, beinahe in die sechzig. Doch
sein sie von Gebäuen nicht so groß, sondern hin und her und
wider in den Gassen und zwischen den Häusern versteckt und
gleichsam verborgen – ziemliche Kapellen, darin sie unverhindert ihre Gottesdienst verrichten. Die Hauptkirch aber
und das oberst Stift ist die Kirch im Patriarchat, und dies
Kloster wird genennt »Hē monē tēs pammakaristēs« – das ist
»das Kloster zu der Allerheiligsten«, versteh, der Muttergottes
oder Jungfrau Maria.

Unter andern gedächtnuswürdigen Bildnussen hab ich
gleich unter dem Tor dies Klosters oben am Gewelb funden
die Bildnus und Gestalt der Römischen Griechischen Kaiser
und Kaiserin, wie sie in ihrem kaiserlichen Habitu und Ornat
sein hereingetreten.

Das XXXVI. Kapitel

Von des armenischen Patriarchen Wohnung zu Constantinopel

Es hat auch der armenische Patriarch seinen Sitz zu Constantinopel. Der hat ein alte griechische Kirchen und Kloster innen, die ist hübsch und groß. Zunächst dabei hat er auch sein
Wohnung; er hat nicht mehr dann zween oder drei Münch bei
ihm. Als ich auf ein Zeit im Winter bei ihm war, sahe ich ein
wunderlich Einheizen in seinem Gemach. Das Gemach ist auf
dem ebnen Boden. In der Niedere, da ist mitten im Boden des
Gemachs ein tiefer, weiter irdiner Haf eingegraben, darein
stellt man die Scheiter aufrecht und läßt sie also brennen.
Oberhalb an der Bühne ist ein weit Kamin oder Rauchfang,
da soll der Rauch hinausgehn. Aber weil das Kamin unterhalb
kein Schlauch oder vermaurten, sondern ein offnen Hals hat,
so breit sich demnach der Rauch ins ganz Gemach aus; ist
derhalb ein ungeschickt Gebäu. Solches hab ich auch in
einem andern Gemach funden, da die Knaben unterricht wer-

Orientalische Heizvorrichtung

den, daß sie die Bein über den Hafen, darin ein Glut ist, strekken und oberhalb den Hafen mit den Kleidern zudecken, daß die Wärme im Hafen bleibt.

Das XXXVII. Kapitel

Von dem alten Rennplatz Hippodromo sampt etlichen Wundersäulen und alten Gedächtnussen

Den Hippodromum nennen die Türcken Atmeidan – den »Roßplatz«, Renn- oder Tummelplatz –, da vorzeiten die Griechen ihre Ritterspiel gehalten und ihre Pferd abgericht haben. Jetziger Zeit wird er nicht mehr gebraucht, dann es sonst andere Tummelplätze in der Stadt hat, darauf die türckisch Ritterschaft ihre Ritterspiel hält.

Auf gemeldtem Rennplatz aber stehn etliche alte Monumenta, als erstlich ein alte hohe Säul, von Maursteinen aufgeführt, die ist von Alter ziemlich zerfallen.

Demnach ein Obeliscus oder Pyramis (B), das ist ein hohe zugespitzte Säul, die sich zuhöchst in ein Dachform gibt, aus rotem schönem Marmor, über die 40 Ellenbogen hoch, von einem einigen Stück, auf vier Würfel von Erz stehend. Darein sein gehauen eines halben Zolls tief Literae Hieroglyphicae – solche Zeichen oder Bilder, deren sich vorzeiten die Egyptier anstatt der Buchstaben gebraucht in Beschreibung der heidnischen vermeinten göttlichen Geheimnussen, daher sie auch den Namen haben, daß man's nennt die »heilig Schrift«.

Dergleichen Säul eine hab ich auch gesehen zu Alexandria in Egypto, die allerdings dieser ähnlich ist, die Dicke deren möcht haben zwo Klaftern.

Ferner steht auf gedachtem Platz ein irdine Säul, anderhalb Mann hoch und drei Spannen dick (C), gewunden dryfach, oben mit drei Schlangenköpfen, nicht weit von gemeldtem Pyramide. Von dieser Schlangensäul ist die Sag, daß umb derselben willen kein Schlang in die Stadt kommen könnt. Als aber Mahomet die Stadt Constantinopel eingenommen und dieselbe besichtigt, hab er diese gegoßne Schlang antroffen und mit seinem Busigan einer derselben Schlangen den untern Teil des Kopfs weggeschlagen. Alsbald haben sich die Schlangen häufig in der Stadt erzeigt, jedoch niemand beschädigt. Ist derhalben wohl zu glauben, diese gegoßne Schlang sei durch Zauberei und Teufelskunst also zugericht worden.

Der Platz hat in der Länge anderhalb und in der Breite ein halb Stadium.

Außerhalb dieser Säulen werden noch andere auch in der Stadt funden, eine zunächst bei des Herrn Oratoris Behausung (A). Die ist von braunem Porphyrstein, in die Rundierung gemacht von einem einigen Stück, sehr hoch, wie ein Turn; welchen Stein man jetziger Zeit nicht mehr – wie man sagt – kann arbeiten.

Nach dieser ist die Säul mit den Historien (D), welche auch von einem einigen Stück, inwendig hohl, darin man durch Stafflen bis zuhöchst hinauf kann gehn. An dieser Columna oder Säulen befinden sich drei wunderliche Ding: Erstlich, daß sie von einem einigen Stück ist; das ander, daß die ausgehauenen Bilder an derselbigen nach der Optica oder Perspectiva gehauen sein, also daß man das höchste und mittelste Bild in gleicher Größe auf dem Boden unten kann sehen wie das unterste; das dritt, daß sie durch und durch hohl ist. Auf dieser Columna historiata oder Historiensäul, die von grauem

Antike Denkmalssäulen in Istanbul

Marmor ist, steht eines Kaisers Triumph ausgehauen, ge-
wundner Weis, wie ein gestreifter Stecken, über die Maßen
künstlich. Sie steht auf dem Frauenmark, genannt Afratbasar – dann »Afrat« heißt »ein Weib« und »basar« – »ein
Platz oder Markt«.

Diese allezumal, wie zu erachten, sein von Constantino
Magno dahingebracht worden aus Italia, Rom und andern
Orten, als er die Stadt zum kaiserlichen Sitz gewidmet, dann
man findet bei keiner kein Schrift, ausgenommen an der Por-
phyrsäul (A) bei unser Behausung. Die ist doch vom Wetter
fast ausgelescht, daß man s' übel lesen kann, mit diesen Worten: »To theion ergon enthade phtharen chronō neoi Ma-
nūel eusebēs autokr atōr.« Das ist: »Dies göttlich Werk zugegen, so Alters halb schier verfallen, hat der gottselig Kaiser
Immanuel wieder erneuert.« Sie ist mit viel eisern Reifen gebunden, dann sie von den Erdbeben sehr erschüttert, daher
sie viel Brüch und Riß gewonnen. Darumb sein diese Reif
darangelegt, den Fall damit zufürkommen. Man sagt, daß sie
zu der Zeit, als die Stadt eingenommen worden, sei mit silberin verguldten Reifen eingefaßt gewesen, aber es haben s' die
Türcken geplündert und hernach mit diesen eisern Reifen
also gefasset.

Andere sagen, diese eisine Reif seien vergüldt gewesen, und als die Türcken vermeinten, sie wären von klarem Gold, haben sie ein Feur darunter gemacht; da haben sie befunden, daß es nur Eisen sei, und also davon abgelassen.

Das XXXVIII. Kapitel

Von des türckischen Kaisers Lustgärten und seinem Schnee- und Eishandel

Der Sultan hat etliche Lustgärten auf ein halbe Meil von der Stadt, darein er vielmal lusthalb fährt auf dem Wasser. Sie sein aber so zierlich und prächtig nicht gebaut, wie bei den Potentaten in der Christenheit zu sehen, soviel die Lusthäuser und übrige Zierd belangt. Ihr mehrester Lust steht in Pflanzung der edlen Früchte, davon sie sich anstatt des Weins erlustigen, als dann sein Pomeranzen, Granaten, Feigen, Limonien, Melonen, Maulbeer, Öpfel, Birn, Kerschen etc. Solche dienen nicht allein, die Hofhaltung davon zu versehen, sondern sie werden auch verkauft, welches doch für kein Schand wird gehalten – so wenig, als wann er mit Schnee und Eis Hantierung treibt, da er jährlich ein unsäglich Geld löst aus den Eisgruben. Desgleichen tun auch die Waschen, die auch mit dieser Kaufmannschaft umbgehn. Dann ich glaubwirdig berichtet worden, daß Memet Wascha jährlich aus seinen Eisgruben oder aus dem Eis bis in die achtzigtausend Dukaten löse – das kann wohl ein frostiger, kalter Gewinn sein –; daraus abzunehmen, daß der Sultan muß mehr lösen. Diese War kaufen die Obshändler im Sommer und verkaufen s' wiederumb dem gemeinen Volk, ein Stück so groß als ein Viertel eines Laib Brots umb anderhalben Asper, das macht schier 3 Kreuzer; damit kühlen sie ihr Trank. Wann einer ein Maß Scherbet oder Hutzelwasser kauft, so kauft er zumal auch ein Knollen Eis. Den wirft er drein oder geht auf der Gassen daher, hat ein Knollen im Mund und sauget daran. Es hat mein gn. Herr täglich für ein halben Taler, oder wann er Gastung gehalten, fast zween Taler umb Eis geben müssen. Das legt man auf die zinnerin Flaschen, in ein Schaff gestellt, damit man ein frischen Trunk mög haben. Dann es hat keine tiefe Keller wie in unsern Landen.

Dieser Eisgruben hat es viel umb die Stadt her. Gegen Galata, im freien Feld, da hat es weite, tiefe Gruben, darüber ein hülzerin Hütten gemacht ist – wie im Schwarzwald die Heustädel in den Tälern hin und wider –, da sein sondere Personen darzu bestellt, Schneeschäufler, die den Schnee zu Winterszeiten in die Gruben aufschütten; darin wird es alsdann zu Eis. Dasselbig säget man zu großen Stücken, daß ein Roß an zweien zu tragen hat. Die wicklen die Christen, die Bulgari, in Filz und führen s' also umb bestimbten Lohn in die Stadt den Obshändlern. Also weiß der zehnt nicht, wie sich der hundertst nährt, und viel hundert wissen nicht, wie Sultan Murath sich mit dieser kalten War nährt.

Ich komm wieder an die Lustgärten. Ich bin in einem gewesen, der heißt »Carabali« – das heißt »Schwarzhönig« –, darin ich vornehmlich gesehen ein schönen Gang, eines starken Roßlaufs lang; in der Breite möchten drei Reisige nebeneinander reiten. Und ist dieser Gang kreuzweis von schönen hohen Zypressenbaumen wie die hohen Tannenbaum, deren jeder zween Schritt von dem andern steht. Zwischen zweien

Türkischer Lustgarten

Bäumen steht allweg ein Rosmarinstaud, schier anderhalb Manns hoch, das steht sehr prächtig.

Das Lusthaus ist nicht größer dann ein gemeine Behausung, gar schlecht und liederlich gebaut, darin ein einigs Gemach, an beiden Orten herumb offen und ohn Fenster. Im selbigen ist ein großer steininer Kast, bei zwanzig Schuh weit, fast eines Manns tief, zum Baden und Schwimmen bequem. Nicht weit von diesem Haus steht ein nieder vergittert Hüttlein, mit Ziegel gedeckt. Darunter hat Sultan Selim pflegt, einiger Person Zech und Kollation zu halten – wie er dann zum Trinken heftig geneigt –, der auch diesen Garten vor allen andern oftermals hat gebraucht und sein Lust darin gesucht. Dann er liegt nicht weit von dem Saraia oder Burg unterhalb Galata am Ponto Euxino oder Schwarzen Meer, das sie nennen »Caradegnis« – dann »cara« heißt »schwarz« und »degnis« – »Meer« – von seiner Ungestümigkeit und unglücklichen Schiffahrt. Durch »schwarz« verstehn sie alles, was unglücklich ist, denn man sagt, daß jährlich ordinarie bei sechzig Schiff darin zugrund gehen.

In diesem Lustgarten sein etliche Atschamoglan – Zehntkinder von den Christen –, welche die Arbeit im Garten müssen verrichten. Die haben einen Vorsteher, Bostansiwascha genannt, der sie anweiset; und wer in der Garten einen will, der muß ihnen ein Trinkgeld geben, etwan ein halben Taler oder mehr.

Das XXXIX. Kapitel

Von den schönen Wassergebäuen in und außerhalb der Stadt Constantinopel

Unter den fürnehmen Gebäuen der Stadt ist nicht das geringste die Cisterna – das Wasserhaus – und der Aquaeductus. Das Haus ist tief unter der Erden, durchaus gewölbt, hoch und weit wie ein große, weite Kirch. Dies Wassergewölb hat 224 schöner steineriner Säulen, darin man im Fall der Not und zur Zeit der Belägerung die Stadt nach Notdurft mit Wasser kann versehen.

Darnach findt man außerhalb der Stadt, ein Meilwegs im freien Feld, viel herrliche Wassergebäu, nämlich hohe Schwibbögen, auf welchen das Wasser aus der Tonaw in die Stadt wird geleitet in bleien Röhren, so oben auf den gemaurten Schwibbögen nacheinander liegen. Die sein also gericht, daß das Wasser dardurch gleich schnureben durch Berg und Tal in die Stadt kompt; es soll zwo Tagreisen bis an die Tonaw sein. Da der erst Schwibbog ist, da sollen etlich Soldaten liegen, die Quellen zu verwahren, damit das Wasser nicht vergift werd. Sie stehn aber allein in den Tälern und sein so hoch aufgeführt, daß der Schwibbog in gleiche Höhe kompt mit dem nächstgelegnen Berg, der die Röhren vom Schwibbogen empfahet, und also der Berg durch andere Röhren das Wasser weiter bringt bis wieder zum andern Tal und Schwibbogen desselbigen Tals. Das Gebäu kost unsäglich groß Gut und ist wohl ein kaiserlicher Bau, welches die griechischen Kaiser haben erbaut. Doch haben die türckischen Kaiser auch etliche derselben lassen bauen. Das Gemäur solcher Schwibbögen ist 14 Schuh dick.

Das XL. Kapitel

Von seltsamen Tieren zu Constantinopel

Nicht weit von dem Atmeidan oder Hippodromo ist das Löwenhaus, welchs Gebäu ein Stück ist zum Tempel St. Sophia gehörig. Da werden jederzeit bei 14 Löwen erhalten, die sein am Strick angelegt; auch Leoparden, item Zibetkatzen in einem hülzern Gitter, die sein etwas größer dann eine gemeine Katz, von Farb grau, ein bös, untreu und beißig Tier. Item zween wilde Esel, dem Ansehen nach wie die gemeinen Mülleresel, so scheu, daß man s' mit keiner Kunst kann zähmen, da doch die Löwen gezähmt werden − wie man dann solche zahme Löwen in der Stadt oft herumbführt an einem schwachen Band, die doch niemand schädigen. Sonst findt man nichts Seltsams, dann etwan Elefanten. Vor etlich Jahrn ist ein Nashorn da gewesen, den hat Sultan Selim Kaiser Maximiliano Secundo wöllen verehrn, aber das Tier starb. Über wenig

Jahr hernach bracht man auch dahin ein Camelopardalin –
das nennen die Türcken Giraffa –, ist so hoch wie ein Hirsch
und hat ein Hals, schier zwo Klaftern lang. Andere frembde
Tier als Fabian, Meerkatzen, Affen, Papagei etc. sein gar gemein.

Das XLI. Kapitel
Vom Kaufhaus Besasten zu Constantinopel

Es hat auch ein sehr fürtrefflich Kaufhaus zu Constantinopel,
darin man allerlei köstliche War findt, die aus fernen Landen
dahin gebracht werden, als güldene Stück – die doch mehrteils zu Constantinopel gewirkt werden, aber nicht auf die
Weis, wie man's in der Christenheit macht, sondern mit ge-
farbtem schönen Blumwerk. Desgleichen allerlei seidene Zeug
als Atlas, Damasket, Kamelott, Sammat etc., item Waffen, Säbel, Bogen, Kocher etc., item edle Gestein, darzu auch rauhe
War und köstliche Futter, Zobel, Marder etc. Was das Leder-
werk belangt, als dann sein die Roßzeug, Sattel und Zaum,
item Stiefel und Schuh – da sein zwei andere Ort, da solches
verkauft wird, da dann solcher War für viel tausend Gülden
daselbst funden werden, von schönem guten Corduban von
allerlei Farben. Dann mit dem Leder zu arbeiten und zu berei-
ten, sein die Türcken gar fleißig und übertreffen in diesem
einigen Ding all andere Nationen.

Summa, in diesem Besasten oder Kaufhaus findt man so
viel Güter, die wohl etlich Fürstentum möchten wert sein.
Und ist auch zugleich ein Behalter, darin große Herren ihre
Schätz und bar Geld hinterlegen und verwahren. Dies Haus
ist groß und weit, in vier Gäng unten am Boden gebaut, wie
ein Kreuzgang. Zu beiden Seiten sein in allen vier Gängen die
Kaufläden, oberhalb ist es sehr hoch gewelbt.

Das XLII. Kapitel

Von dem alten türckischen Schloß Eßki Saraia, darin die Kaiserin
mit ihrem Frauenzimmer wohnt

Nicht weit von der Stiftkirchen Sultan Bajaset steht das alt
türckisch Schloß, genannt »Eßki Saraia«. Das ist mit einer hohen Mauren umbgeben, also daß man außerhalb nicht siehet,
was für ein Gebäu inwendig drin ist. Darin wohnet des Sultans Gemahl und Frauenzimmer sampt den Kebsweibern. Dahin wird weder Weibs- oder Mannspersonen zu kommen vergünnt, ausgenommen der Kaiser, der etwan etlich Tag sich
darin hält. Die Kaiserin fährt vielmal spazieren zu der Wascha Gemahlin einer mit vielen ihren Kämmerling und Ver-
schnittnen, deren etlich hundert im Saraia bestellt sein. Sie
fährt in einem rotverdeckten Kammerwagen, denselben ziehen zween Sechsschillinger- oder Schindpferd.

Das XLIII. Kapitel

Von den Sieben Türnen, auch dem Palatio Constantini und andern
alten Gebäuen zu Constantinopel

Am Ende der Stadt gegen Niedergang liegt das Kastell zun
Sieben Türnen, so man türckisch nennt »Jedicola«. Dasselb
ist mit Mauren und Türnen aufs best verwahrt, aber ohne Besatzung. Es liegt ein alter, erlebter und wohlverdienter Hauptmann darin mit etlich wenig Janitscharn. Es liegt auch in Ver-
strickung darin der König von Timis [= Tunis], der geht ledig, doch nicht weiter als bis zum Tor. Wie er daher sei
kommen, hab ich nicht erfahren mögen. In diesem Kastell soll
der Türck sein besten Schatz von Gold und Silber verwahrt
haben.

Dies Gebäu, item St. Sophia und das Palatium Constantini
und das Münzhaus sein noch allein übrig von den alten Gebäuen – an welchen Scherben man abnehmen kann, wie der
Haf muß gewesen sein –, desgleichen viel alte Kirchen und
Kapellen. Das Palatium Constantini ist ein hoher viereckter

Bau von Werkstücken, hat inwendig keine Gemach dann allein hülzine Hürden an den vier Wänden herumb klebend, darauf die gefangnen Christen ihr Lager haben. Also ist auch das Münzhaus – darin man Asper und Sultaniner oder Dukaten schlägt – ein hübsch groß, hoch und weit Haus, von Werkstücken bis unter das Dach gemaurt, hat inwendig auch keine Gemach dann allein die Werkstatten der Münzer. Der Münzmeister und sein Gesind sein allezumal Griechen.

Das XLIV. Kapitel

Von der Stadt Galata Gebäu, Religion, Gelegenheit und der armen
gefangenen Christen Wohnung daselbst

Jetzund will ich über den Meerhafen oder Sinum Ceratinum fahren, nachdem ich mich in der Stadt Constantinopel ziemlich lang umbgesehen. Nun wird unter der Stadt Constantinopel begriffen die Stadt Galata und Scutari, gleichsam als zwo Vorstädt, beide über dem Meer hinüber gelegen; jene zwar fast ein halb Viertel, die ander ein Viertel einer Meil.

Die Stadt Galata wird mit einem andern Namen griechisch genennt Pera, oder vielmehr Perca, das heißt »Überfahrt«. Galata heißt sie von den alten Teutschen, den Gallen, die König Brenner mit sich an diese Ort gebracht.

Die Stadt Galata liegt halb am Berg, halb an der Ebene, ist mit einer Ringmaur umbfangen, hat im Umbkreis bei drei italianische Meil, ihr Vorstadt aber streckt sich am Ponto Euxino ein gute teutsche Meil hinab. In beiden Orten, in der Stadt und Vorstadt, wohnen mehrteils Griechen und die sich von der Fischerei nähren. In der Stadt sein mehrteils uralte Häuser, von den Genuesern erbaut nach italianischer Monier, sehr hoch und von lauter Steinwerk, aber rostig und alt, zum Teil auch baufällig. In der Stadt wohnen lauter Griechen und wenig Türcken, dieselben sein auch zum guten Teil Kaufleut. Die Kaufleut, so von Venedig dahin kommen, haben ihr Losament daselbst als in ihrer Gewerbstadt.

Die Griechen daselbst maßen sich ihres alten Adels an und wollen alte Geschlechter sein. Doch dörfen sie nicht laut davon schreien, dann Sultan Murat leidet's nicht, daß einer über ihm sei – er möcht ihnen sonst die Federn ropfen und sie alsdann mit ihrem Adel lassen prangen bis zu ihrem guten Genügen.

Der Religion halb sein die Peroten oder Galateser der römischen Lehr anhängig. Sie haben in der Stadt etliche Klöster und Kirchen. Das fürnehmbst Stift ist St. Francisci Kirch und Kloster mit etlichen München desselbigen Ordens, darnach St. Peters Kirchen, die dritt Unser Frauen, die viert St. Görgen, die fünft St. Benedict, die sechst St. Anna, die siebent St. Johann, die acht St. Clara. Aller Brüder in den dreien Klöstern St. Francisci, Petri und Benedicti möchten schier ein Dutzet sein.

Die Griechen haben auch ihre besondere Kirchen, doch nicht gar groß, darunter Unser Frau zum Goldbrunnen – Chrysopigi genannt – die fürnehmbst ist und außerhalb dieser noch andere fünf oder sechs in der Stadt Galata, darin man griechische Gottesdienst hält, aber in den vorgemeldten hält man lateinische Meß.

Außer der Stadt Galata, in der obern Vorstadt, haben die zween Legaten, als der Baiulo di Vinegia und des Königs aus Franckreich Gesandter, ihre Wohnungen nicht weit voneinander; die allein zu Beförderung der Gewerb und Kaufmannschaft allda sein, darneben doch auch auf des Feinds Tun Achtung geben. Diese gehn gekleidet nach ihrer Landsart, etliche ziehen auch ein griechischen oder türckischen Überrock an. Sie haben auch ihr eigne Gwardi, nämlich ein jeder zween Janitscharn; und gehn doch mehrteils ohn ein Gwardi wie auch das kaiserisch Gesind.

Ich hab nie kein Juden daselbst wohnhaft gesehen; aber zu Constantinopel wohnen ihrer viel, wie man meint, bei 20 000. Sie haben ihre eigne Gassen innen, nämlich innerhalb der Stadtmaur gegen dem Kanal oder Meerhafen und Anlände bis an das Saraia oder kaiserlichen Palast hinab. Oberhalb, im andern halben Teil inner und außer der Ringmaur, wohnen mehrteils Griechen, bis an das Palatium Constantini, deren auch etlich tausend sein – also daß die Türcken mitten innen sitzen. Auf der Seiten gegen Mittag wohnen fast lauter Griechen, daselbst sein die Türcken unter sie eingeteilt.

Oberhalb Galata ist das Arsenale oder Archinauale – die

Schiffstell –, darin des Sultans Galeen im Trocknen und bedeckt stehen; in welchen auch alle Rüstung und Zugehör der Schiff verwahrt werden. Dasselbig sein sehr lange, niedere Häuser, im Wasser stehend, darein die leeren, müßigen Galeen als in einen Behalter gestellt werden. Derselben Häuser sein ungefährlich hundert.

Nicht weit von der Schiffstell haben des Sultans Sklaven und leibeigne gefangne Knecht, die armen Christen, ihr Wohnung, genannt zu St. Paul. Ist ein groß, weit Gebäu, inwendig ohn Gemach, in welchem an der Wand herumb zu allen vier Orten schlechte Hürden von Latten und Brettern aufgemacht sein und an der Wand kleben gleichwie Schwalbennester bis zuhöchst unter das Dach. Eine solche Hürd ist nicht größer, dann daß ein Person darin kann liegen nach der Läng, umbher mit einem Geländer vermacht, eins halben Manns hoch und oben offen, darein er zumal sein Plünderlein kann legen. Sie müssen von einer Hürd zur andern steigen bis zuhöchst, wenn ein jeder in sein Nest will.

Unterhalb der Stadt Galata, gegen dem Saraia über, ist ein weiter Platz, den man nennt »Topana« – dann »Top« heißt »ein Büchs«, das ist der »Büchsenplatz«. Da liegen ganz unordenlich durcheinander sehr viel große Geschütz, die den Christen in Kriegen sein genommen worden, mehr denn in die hundert Stück, als Feldgeschütz, Maurenbrecher, Falkonen etc., welche zum Teil an den Mundlöchern und sonst übel zerschossen sein. Darunter sein etliche, daran meins Erachtens wohl 40 Pferd an einem zu ziehen hätten; das geringste möcht 20 Pferd erfordern. Darin findt man etlicher Potentaten Wappen, als Hispanien, Franckreich, Oesterreich, Ungern etc. sampt ihren Namen und andern Schriften drauf. Die liegen den Türcken zum Pracht, den Frembdlingen aber zum Schrecken allda.

Weiter am Schwarzen Meer hinab ist ein Gewölb in einem Berg, ein ziemlich lange Höhle, darin sollen die Siebenschläfer geschlafen haben. Aber die Historia ist darwider, dann sie zeigt an, daß diese sieben Christenmänner im Berg Celio, nahe bei der Stadt Epheso, 296 Jahr geschlafen haben.

Ferner siehet man auch weiter hinabwärts am Schwarzen Meer die Gefängnus, die man nennt den Schwarzen Turn, darin die fürnehmbsten Gefangnen, an denen am meisten ge-

Die Pompejussäule

legen ist, verwahrt werden – in welcher Kaiser Ferdinandi Legat, Ferdiandus Maluecius, Anno 1548 zwei Jahr lang hat müssen für gut nehmen.

Anderhalb teutsche Meilen von Constantinopel auch am Ponto oder Schwarzen Meer, zwanzig Schritt vom Ufer, steht ein hoher Turn, darin alle Nacht ewiglich ein Ampel brennt, damit die Schiffleut sich dabei mögen erkennen und desto behutsamer fahren, dann Pontus daselbst gar eng ist und hat viel Felsen im Wasser, darumb es gefährlich zu fahren ist.

Gegen dem Phanar oder Laternen über geht ein hoher Fels aus dem Meer herfür. Darauf steht ein hohe marmorsteinerine Säul von einem einigen Stück, die nennt man Columnam Pompeii; aber kein Anzeigung ist vorhanden, was sie bedeut oder wie sie daher sei kommen.

Das XLV. Kapitel

*Von dem Markflecken Scutari, auch desselben Lands und Volks Art,
sampt dem Beschluß des Berichts der Stadt Constantinopel*

Scutari ist ein großer, wohlerbauter Markflecken, liegt in Asia
minori, gleich gegen dem kaiserlichen Palast über. Vorzeiten
ist solcher Fleck ein mächtige Gewerb- und Handelstadt gewesen und hat geheißen Chrysopolis – »Goldstadt«. Jetziger
Zeit ist es ein großer und hübscher Mark und hat den Namen
Scutari von den Scutis – den Tartschen –, dann die griechischen Kaiser haben allda auf ein Fürsorg gehabt eine Besatzung, welche allezumal Tartschen geführt. Dieselbig Besatzung hat man im Notfall und in Eil von dannen genommen,
wie man davon sagt. Dieser Fleck ist berühmbt der edlen
Pferd halb, die man aus Persia, Armenia, Carmannia und Arabia zu verkaufen dahin bringt, dann dieselben Pferd werden
von den Türcken hoch geacht, weil es daurhafte, notfeste und
gänge Pferd sein. Der gemeinest Kauf ist hundert Dukaten,
was aber ein Ausbund ist, die werden zu drei-, vier- und 500
Dukaten geschätzt. Ein Dukat aber tut zween Gülden unser
Münz.

In diesem Mark sitzt ein berühmbter türckischer Poet, mit
Namen Semschi Wascha. Der soll von altem kaiserlichen Geschlecht der Türcken oder Ottomannier sein – welches doch
nicht bald erhört wird, daß einer von so hohem Stammen des
Lufts und des Lebens sollt teilhaftig sein. Diesen hat Sultan
Selim, des jetzigen Sultans Vater, wohl mögen leiden. Sonderlich, wann er hat Wein vor ihm gehabt, so ist dieser sein Ge-
sprächsmann gewesen, der ihne mit holdseligen Gedichten
und Scherzreden hat lustig gemacht und ein jeden Trunk mit
einem Reimen hat wissen zu temperieren. Bei dem jetzigen regierenden Sultan ist er auch wohl gewöllt.

Zwischen Scutari und Calcedonie hat der Sultan einen
hübschen Lustgarten, desgleichen oberhalb Scutari am Ponto
hinauf auch einen. Ein halbe Stund von Scutari liegt der
Fleck Calcedon, darin ein gar alte Kirch den Griechen zugehörig, in welcher das groß Concilium im Jahr Christi 455
[= 451] unter dem Kaiser Martiano wider etliche Schwärmer
ist gehalten worden. Daselbst wohnet ein Metropolita, der et-

was Höhers ist dann ein Bischof. Dieser hat unter ihm in die sechzig Kirchen; ein Kirch aber ist ein Versammlung von 50, von 100 oder 200 Personen. Dieser Fleck wird türckisch genennt »Cadicoi« – das ist »des Richters Dorf«. Die beide Flecken liegen an einem sehr lustigen und sehr fruchtbarn Boden. Calcedon hat vorzeiten geheißen Procerastis, item Compusa und Blindenstadt, weil die Anfänger und Stifter dieser Stadt im Anfang nicht gesehen oder verstanden, daß Byzantium viel ein bessere und bequemere Gelegenheit wär.

Ich hab auf ein Zeit gesehen über zweihundert Büffel von der Vorstadt Galata hinüber gen Scutari schwemmen, die man daselbst zur Feldarbeit braucht. Daher hat diese Enge des Meers den Namen Bosphorus – das ist »Überfahrt der Ochsen«.

Wann man von Constantinopel gen Scutari kompt, spürt man ein großen, merklichen Unterschied des Lands und des Volks, daß nämlich die Asianer schwarz sein wie alle andere orientalische Völker. Soviel die Sprach belangt, ist dieselb gröber und bäurischer als deren in Europa. Nicht weniger zeigt auch die Kleidung, Hüt und Binden ein großen Unterschied an, dann sie sein nicht fein richtig und so ordenlich gebunden und gewunden, sondern gar toll und türmisch durcheinander gewicklet, daß man merken kann, es steck ein wilder und toller Mensch oder ein dumm Hirn darin, daher sie nicht Euxini, sondern Axeni – das ist, nicht leutselige, sondern unfreundliche Holzböck und blutdurstige Leut möchten heißen.

Zu Scutari ist auch ein Behausung, darin die gefangenen Christen ihr Wohnung haben, welche des Sultans Mutter zugehörig sein. Dieselbig Sultana hat auch in diesem Flecken ein schöne Behausung für sich und ein schönen Tempel bauen lassen.

Dies sei also gnug von der Stadt Constantinopel und ihren nächstgelegnen und angehörigen Flecken oder Töchtern dieser Mutterstadt. Die Griechen nennen sie, wie auch die Türcken, mit einem verkehrten griechischen Wort »Stambol« – das ist »is tin polin – in die Stadt«, inmaßen die Dorfleut, so umb ein Stadt wohnen, der Stadt ihren Namen nicht geben, wann sie ihr zu Red werden, sondern allzeit nur das Wort »Stadt« brauchen; gleichwie sie auch die Insel Lemnum nennen jetziger Zeit »Stalanime« – das ist »is tin Lemnon –

zu Lemno«, item die Insel Coum »Stancoi« – das ist »is tin Coon – zu Coo«.

Aus dieser Erzählung kann ein jeder Gutherziger leichtlich abnehmen, wie das jetzig Constantinopel der alten Stadt so gar ungleich sei; wiewohl sie, was den zeitlichen Segen anlangt, nach der Zeit einander wohl gleichen mögen, dann Wein, Brot und andere Victualia daselbst vollauf zu finden. Aber was geistliche Gaben und Vorrat oder Segen anlangt, als wahre Erkanntnus Gottes, so ist dieselbig zwar gar teur, in Ansehung daß die türckischen Greuel und falscher Gottesdienst dermaßen überhand genommen, davon die wahre Erkenntnus Gottes allerdings verdunkelt und ausgelöscht ist, sowohl von den Christen, den Griechen, als von den Mahometanern. Darumb mag diese Stadt der Christenheit wohl zu einem Bußprediger fürgestellt werden neben der Stadt Jerusalem, als an der wir den gerechten Zorn Gottes über die Sünd sollen wahrnehmen, daß Gott kein Anseher der Person sei, und wer Böses tue, mög nicht vor ihm bleiben, der die Missetat pfleg heimzusuchen. Auch daß er diesen sein alten Prozeß im Strafen nicht ändere, sondern noch dabei bleib, nämlich wann Hunger und Pestilenz und dergleichen väterliche Landstrafen nicht wöllen helfen, daß er alsdann durch Krieg, Zerstörung der Land und Leut dem Faß den Boden gar ausstoß; dann das Schwert, spricht der Herr, ist geschärft und gefegt, daß es schlachten soll.

Eben also ist es dieser Stadt auch gangen, da Gott der Allmächtig mit seinem gefegten und polierten Würgschwert über sie kommen, als Sultan Memet im Jahr Christi 1452 [= 1453] sie in sein Gewalt gebracht. Und haben sich von Constantino Magno, der diese Stadt zum kaiserlichen Sitz gewidmet, bis auf diese Belägerung und Eroberung verloffen tausendundeinhundert Jahr. Der Feind lag vierundfünfzig Tag darvor, und ist die Stadt den 29. Mai eingenommen und unsäglicher Mutwill geübt worden. Es waren in die sechzigtausend Personen gefangen. Ihr sehr viel setzten ihr Hoffnung auf die Flucht und Schiff, welche aber alle ertränkt wurden. Die Weiber und Jungfrauen, wie auch die Knäblein, warn zu unerhörter Unzucht genötigt, die Kinder vor der Eltern Augen zerfleischt und gemetzget, die Tempel und Gottshäuser mit Schand und Unzucht verunreiniget und zu Hurenhäuser gemacht. Summa, wer kann den Jammer allen erzählen nach Notdurft – und dieses alles umb ihrer vielfältigen Missetat und Sünd willen, als Abgötterei, Übermut, Hoffart, Geiz und dergleichen.

Das XLVI. Kapitel

Von des türckischen Reichs Nutz, Tyrannei und Ursach desselben langen Bestands, auch von des Sultan Murats Person, Lob, Unlob, Erwählung und Geburt

Dieweil ich mir fürgenommen, jetzund der Türcken Reich, Regiment, Kriegswesen etc. zu beschreiben, möchten ohne Zweifel ihrer viel mich verdenken, als handlete ich hierin etwas frevelich und vermessen, daß ich mich eines solchen Dings unterstehn darf. Dieweil dies Werk einen solchen erfordert, der nicht nur vier Jahr in der Türckey und außerhalb des Kaisers Hof – wie ich – sich gehalten hab, sondern der viel Jahr zu Hof, bei der Kanzelei, in Feldzügen selbs bei- und mitgewesen sei, damit er ein vollkommene Histori könn beschreiben. Zudem kann man auch in der Türckey nicht das ringste, will geschweigen etwas Namhaftes ohne Geld ausrichten und zuwegen bringen; daran es aber mir gemanglet.

Deswegen will ich mich nicht unterstehn, ihr Regiment und Kriegswesen allerdings und vollkömmlich zu beschreiben – der ich auch meines eignen Vaterlands Gebräuch, Satzungen etc. in so vielen Jahren bis auf die gegenwärtige Zeit nicht hab mögen erlernen –, ich wollte dann alles das zusammen in ein einigs Werk bringen, was viel berühmbte Historici von türckischen Händeln weitläuftig und mit Grund der Wahrheit in Schriften gebracht haben, als Laonicus Chalcondiles, Nicetas, Jovius, Ignatius Sansovinus, Menavinus und andere; sondern ich will allein dasjenig, was ich diese Zeit über gehört und gesehen hab, schreiben. Woferr ich nun hierin nicht eines jeden Begehren kann gnug tun, der wöll mich für entschuldigt halten und bedenken, daß es mir nicht allein an Geld und an der Sprach, sondern auch an vertrauten Leuten und anderer Gelegenheit gemanglet; dann ich fürnehmlich bestellt gewesen, das

Evangelium zu predigen und nicht alle türckische Händel aus-
zuforschen, dann allein soviel neben meinem Beruf mit seiner
Maß hat beschehen mögen.

Von dem türckischen Reich nun ist dies mit wenig Worten
meine Meinung, daß es mit keinem Imperio oder Monarchia,
die je mag gewesen sein, kann verglichen werden, als dann ist
gewesen Imperium Assyriorum, Persarum, Graecorum und
Romanorum, in welchen gleichwohl vielerlei Unordnung und
Tyrannei bei den Regenten mit unterlauft. Daß sie mehrteils
sein wie sie mögen, so findet man doch meins Bedunkens nicht,
daß ihre Regiment mit Brudermord seien befleckt gewesen,
wie das türckisch Regiment auf ihm hat. Denn das türckisch
Reich hat solches auf ihm als ein göttlich Recht und heilig
Gesetz, daß ein jeder türckischer Kaiser, so er an das Reich
kompt, muß lassen seine Brüder erwürgen; dann ihr Gesetz
laut also, daß sie einen einigen Gott im Himmel und ein
einigen Herrn auf Erden erkennen.

Darumb kann ich das türckisch Reich nicht für ein rechtmäßig, ordenlichs Regiment erkennen. So es dann kein rechtmäßig Imperium, so folgt, daß es vielmehr ein Zerrüttung anderer Reich sei und daß es eigentlich in ihm selbst ein rechte
Tyrannis sei. Derwegen rechne ich den Türcken unter die
Zerstörer der Reich und Regiment, als dann gewesen ist Attila – der ihm selbst den Namen geben, er sei der Zorn und
Geißel Gottes –, nach welchem Tamerlan kommen ist; der
dritt möcht sein der Türck Terror Europae, wie ihr Nam mit
sich bringt. Dann »Türck« soll soviel heißen als ein Zerstörer
oder vielmehr und eigentlich »wild, viehisch und grausam«;
darumb nehmen sie es gar für übel auf, wann man sie nennt
»Türck«. Darzu haben sie unter ihnen ein Sprichwort – wo
der Ottomann sein Fuß hinsetz, da könn nichts hernach dei-
hen oder grunen. Das ist, es steh ihrer Gewalt nichts vor und
muß alles ihrer Macht und Grausamkeit weichen – seien also
rechte Zerstörer, und die Gänsart an sich haben, daß gewöhnlich, wo sie auf ein Weid kommen, dorret dieselb nach ihnen
aus. Das beweisen die Exempel aller ottomanischen Kaiser,
deren aller Regiment nichts anders gewesen, dann daß sie ver-
wüsten, verderben und zerstören, was ihnen in ihre Händ
kompt. Das haben sie in Asia angefangen und mit ihrem Ver-
wüsten ganz Graeciam, darin viel herrlicher Städt; wie auch

das mächtige Königreich Ungern, darin viel gewaltige Festungen gewesen, jämmerlich verderbt und verwüst.

Demnach, das nicht weniger greulich zu hören, so schonen diese Tyrannen auch ihrer eignen Leut nicht – sonderlich der Säulen, darauf ihr Reich steht, die es mit ihrem Rat und Tat beschirmen, erhalten und mehren helfen und deswegen wohlverdiente Leut, beides umb den König und das ganz Reich sein. Die werden etwan umb eines geringen Verdachts willen und durch Anstiftung der Ohrenbläser tyrannischer Weis erwürgt und umbbracht.

Darumb sich billig zu verwundern, daß ihr tyrannisch Imperium so lang kann bestehen, daß sich nicht Empörungen und Aufruhr unter den Mächtigen des Reichs erheben. Aber man siehet, daß der allmächtig Gott mit Gewalt diese Geißel seines Zorns haben will, der Christenheit zur Forcht und zu einem Schrecken. Nicht allein aber ihr zum Schrecken, sondern es ist zugleich der Christenheit ein stattliche Gelegenheit, nach Ehr und Tugend zu streben. Dann wann diese türckische Peitsch oder Geißel nicht wär, so würde die Christenheit gar in Sicherheit geraten und sich vor niemands mehr förchten; sie würde unter sich selbst Krieg und Blutvergießen erwecken. Wiewohl es nichtsdestoweniger geschicht, so würde es doch noch viel mehr geschehen; nun lehrt uns der Türck fein einig sein, wie Livius sagt: Externus timor maximum concordiae vinculum.

Nun aber erhält Gott der Allmächtig sein Kirch nach seinem unergründlichen Rat wunderbarlich, indem er diese beide Reich – das römisch und türckisch – so wunderbarlich durcheinander temperiert von der Zeit an, als der Türck in Ungern eingenistet und des Römischen Reichs Nachbaur worden ist; damit das Römisch Reich – und in demselben der Weinberg Christi – von diesem wilden, hauenden Schwein nicht gar zerwühlt und zutreten werd, daß die Potentaten beiderseits also zusammentreffen – soviel ihre Gemüter belangt –, daß einer neben dem andern mög hinkommen und bleiben. Als zum Exempel: Sultan Solimann war ein blutdurstiger Tyrann und ein Kriegsmann, dem stellt sein Lehenherr, der allmächtig Gott, entgegen den unerschrocknen teuren Kaiser Carolum Quintum als ein sieghaften Fürsten, vor welchem jener sich förchten und ein Aug auf ihn haben mußt.

Nach Solimanno kam Sultan Selim, ein weiser, anschlägiger Mann, der ließ es beim gleichen bleiben. Diesem setzt Gott der Herr entgegen den frommen, weisen und anschlägigen Kaiser Maximilianum Secundum. Weiter hatten wir wieder einen vor uns, Sultan Murath den Dritten; der saß still über seinem Büchlein und studiert, ließ den Säbel an seinem Ort liegen, hatt nicht viel Lust zum Fechten und Kriegen. Und da er ja Lust zu fechten hatt, so hetzet Gott der Herr ihn und den Persier aneinander, an welchem er sein Mütlein kühlen kunnt – dann da hat er gleich gnug zu fechten –, damit in solcher Weil die armen Christen in Ungern und Krabaten sich ein wenig kunnten erholen und dieselben nicht gar aufgerieben wurden. Also ist die jetzt regierend Röm. Kais. Maj. auch ein frommer, stiller und friedsamer Fürst, der zu Fried und Ruh geneigt ist. Daraus wir dann die göttlich Weisheit und Fürsichtigkeit können abnehmen, wie gut er's mit seinem Christenvölklein und lieben Kirchen meinet, die er durch allerlei Mittel und Weg auch mitten in der Straf weiß zu erhalten, und daß er auch in seinem billigen Zorn über uns mit seiner Barmherzigkeit uns begegnet.

Nun komm ich wieder an den türckischen Padeschach. Also nennen sie ihren Kaiser, welches Wort dann heißt ein erwählten König; daher das Wort »Schachspiel« bei uns kompt. Das heißt ein »Königspiel« – dann »Schach« heißt »König« –, und ist ohn Zweifel solch Spiel anfänglich von den Persiern herkommen, bei denen – wie auch bei den Türcken – es wohl bekannt ist, daß sie gute Schachspieler sein. »Schach« aber ist ein persisch Wort.

Des türckischen Kaisers Titel:

Sultan Murat, Sultan Selims Sohn, Herr zu Constantinopel oder neuen Rom, König in Aphrica und zu Trapezunto, in Ponto und Bende, in Cappadocia, Paphlagonia, Cicilia [= Cilicia], Pamphilia, Lycia, Caria, Sigea, Scuntia, Armenia und Albania, Herr in Tartarei und in Ungern, ein König über alles, was unter der Sonnen ist, von der göttlichen Vorsichtigkeit verordnet, ein Zerstörer des Christentums, ein Herr und König über alle diejenigen, welche mein Land und Reich anfechten.

Soviel dann sein Leibsgestalt belangt, war er gar ein kleine, niederträchtige Person, doch leibig und wohlersetzt, hatt aber

Sultan Murat III.

ein ungesunde Farb wie Unschlitt gar bleich, mit einer langen zornigen Haknasen – wie er dann ein ungesunder Mensch war, mit dem abscheulichen Gebrechen der fallenden Krankheit beladen, welche Plag ihn dann fromm machte, daß er ein eingezogens Leben führte und dem Laster der Unkeuschheit nicht wie seine Voreltern ergeben war. Dann diese böse Plag vertrieb ihm den Kützel, wie dann der Allmächtig mit dergleichen Rezept und Arzneien pflegt den Sünden zu wehren.

Er war darin fürnehmlich zu loben, daß er sein größte Freud und Kurzweil in den Büchern suchte, sonderlich aber großen Fleiß auf ihr vermeinte Heilige Schrift wendete, desgleichen auf die Historien, daß er ihm seiner Voreltern Taten also einbildete, ihrem Exempel und Fußstapfen nachzufolgen. So hatte er auch sehr großen Lust zu der Astromomia, wie er dann großen Unkosten angewendet hat, ein Sphaeram materialem zuzurichten, davon ich oben Meldung getan. Es waren auch gelehrte Leut der Ihrigen wohl gewöllt bei ihm. Sein Praeceptorem hatt er lieb und hielt ihn in großen Ehren, der ihn auch täglich in Schriften unterrichtete, und gebrauchte sich seiner Ratschläg in allen wichtigen Händeln.

Nicht weniger hielt er sein Mutter in großen Ehren, daß er

in allen hochwichtigen fürfallenden Geschäften, das Reich betreffend, ihres Rats sich gebrauchte.

In Essen und Trinken hielt er sich mäßig und war kein solcher Weinschlauch wie sein Vater. Im Ehstand hielt er sich auch mäßig – gegen seinen Vorfahrern zu rechnen –, daß er sein Ehgemahlin hatte; aber doch etlich wenig Kebsweiber neben ihr. Dann Anno 1579 war ihm ein Sohn geborn von einem Kebsweib, die ein leibeigne Magd war – wie alle andere im Frauenzimmer gefangene Christen sein und die Kaiserin desgleichen –, da man doch vorhin vermeint hat, daß er sich seiner Gemählin allein halt. Doch war er in diesem Fall etwas eingezogner dann seine Voreltern. Zwar sein Vater hat sich der Weiberliebe auch nicht sehr geacht, sondern sein Liebe auf den Wein und auf das Zechen gewendet.

Er war ein Liebhaber der Gerechtigkeit, dann als er anfangs an das Reich kommen, ist er in eigner Person unbekannterweis, nur selbander herumb in der Stadt geritten, daß er sahe, wie man haushielt bei Kaufleuten und Handwerksleuten, hat die Gewicht mit Fleiß besichtiget, und da er Mangel befunden, denselben verbessert.

Das war aber an ihm sonderlich zu schelten, daß er so jähzornig war – wie man denn sagt, den kleinen Leuten liegt der Zorn nahe beim Herzen. Er war auch argwöhnisch, und wiewohl er kein' Kriegsmann gab, so tyrannisierte er doch unter den Seinigen heftig. Dann er ließ den Wascha zu Oven stranguliern, und – wie man darfürhielt – hab er den Memet Wascha auch lassen hinrichten, welchen ein Bettelmünch hat erstochen, wie oben angezeigt. Item ein andern ansehlichen Mann, der Verat Wascha genannt, und noch ein andern hat er auch lassen umbbringen. Zudem hat er auf ein Zeit drei Knaben unschuldigerweis lassen hinrichten, das gieng also zu:

Mein gn. Herr hatt ein schönen großen weißen Englischen Hund und im Hof zween zahme Bären, mit welchen der Hund pflegt oft gar freundlich zu scherzen. Und als auf ein Zeit der Sultan bei userm Haus fürüberritt in die Kirchen, sahe er im Fürüberreiten den Hund mit den Bären spielen. Nachdem er aus der Kirchen wieder heim zuhaus kommen, begehrt er an mein gn. Herrn, daß er ihm den Hund sampt den Bären wollt schicken, daß er sehe, was sie können; welchem Begehrn alsbald Ihre Gn. willfahrten und ihm den

Hund und Bären verehrten, die der Sultan auch mit sonderm Wohlgefallen angenommen. Hat auch alsbald den Hund und die Bären im Hof zusammengelassen. Die haben ein Weil nach ihrer Gewohnheit miteinander gescherzt; als er aber gehetzt ward, setzten sie beiderseits den Schimpf auf ein Ort und griffen einander ernstlich an. Als aber drei türckische Knaben auf dem Kirchenturn zu St. Sophia dieser Kurzweil zusahen, hat er ihr wahrgenommen ungefähr und alsbald befohlen, diese drei Köpf für ihm zu bringen. Dieser sein Befelch ist auch alsbald vollzogen worden. Den beiden Dienern und den zweien Janitscharn, welche den Hund überantwort haben, verehrte er fünfzig Dukaten, die machen hundert Gülden.

Zudem hatt er das Geld sehr lieb, also daß er mit Gold und Geld nicht kunnt gesättigt werden.

Im Jahr nach Christi Geburt 1574 ist er ins Regiment kommen, dahin er erfordert war von Magnesia, daselbst er ein Zeitlang ein Sansagatschaft — das ist soviel als ein Grabschaft — zu verwalten gehabt. Seins Vaters Tod war verhelingt, bis er zu Constantinopel ankam, alsdann wurde sein Tod erst offenbaret. Da ist er alsbald als der älter Sohn dem Kriegsvolk fürgestellt und zum Erben des Reichs ernennt worden. Die Wahl oder Krönung geht ohn allen Pomp und Pracht zu; er wird von den vornehmbsten Ständen des Reichs, — als von den Waschen — und von dem Kriegsvolk — den Janitscharen — in den Palast oder Saraia beleitet. Die Kriegsleut haben im Brauch, ihme den Paß in den Gassen oftermals zu verlegen, daß er muß stillhalten und nit kann fortreuten, bis daß er in ihr Begehren williget, nämlich einem jeden Janitscharn und ihren Hauptleuten ihr Besoldung zu bessern und darneben etlich tausend Dukaten zur Verehrung in gemein unter sie zu teilen, bis daß etlich Tonnen Golds auf dem Platz bleiben. Nachdem er nun in ihr Begehrn gewilligt, lassen sie ihn alsdann fortreuten bis in das Saraia. Alsdann ist er schon gewählt, gekrönt, investiert, gesalbet und eingesetzt — dann wie oben gemeldt, brauchen sie sich keiner kaiserlichen Kleinodien oder Ornat wie die Römischen, als Mantel, Kron, Szepter und Apfel. Anstatt des Schwerts und Szepters braucht er Schafdärm, damit er die Ungehorsamen und Verdächtigen zum Gehorsam bringt.

Dieweil aber solche Weihe und Investitur kein Kraft hat – sie sei dann vorhin mit Blut bestätigt –, so hat er alsbald nach verrichter dieser Wählung fünf seiner Brüder, die doch allein vom Vater her seine Brüder – ausgenommen einen, der von beiden Banden sein Bruder war – mit der Saiten lassen erdroßlen und würgen. Solche Tat hat ein Stumm verricht. Diese waren alle noch junge Kinder. Der eine, so von beiden Banden sein Bruder war, bei zehn Jahr alt, der bat den Sultan umb Fristung seines Lebens mit Verheißung, er soll ihn wie ein Leibeignen und Gefangnen halten, ihme Springer und Ketten anschlagen, und wöll die Zeit seines Lebens nicht das geringste weder wider ihn oder das Reich fürnehmen. Das gieng dem Tyrannen zu Herzen, und ließ sich erweichen, daß er ihm Fristung des Lebens zusagt. Aber ihr Papst, den man den Muphti nennt, setzt sich darwider und verfaßt eilends ein Dekret auf ein Zettelein, welchen Bescheid sie nennen ein Vetfa. Das überschickt er dem Sultan, dies Inhalts: Die Welt bedörf nicht zweier Sonnen und das ottomannisch Reich nicht zweier Fürsten. Dieser Bescheid hat dem armen Menschen auch das Leben genommen.

Jetzund urteil ein jeder recht Verständiger, ob dies ein rechtmäßig Imperium und nicht vielmehr ein greuliche Tyrannei sei. Und sollt einer vielmehr wünschen, des türckischen Kaisers Schwein zu sein als sein Sohn oder Bruder, denn sie metzgen kein Schwein und essen nicht schweinen Fleisch; also dörft er nicht sorgen, daß er getöt würd.

Wann ein türckischer Kaiser stirbt und sein Tod offenbar wird, so haben die Soldaten – die Janitscher – im Brauch und von alters her die Freiheit, in der Stadt hin und wider zu rauben, sonderlich aber ansehlicher Herren und der Wascha Häuser, welche Plünderung vielmal auch mit Blut vermischt ist – inmaßen bei den Persiern vorzeiten, nachdem die königlich Begräbnus verrichtet, allerlei Unordnung und Mutwillen fünf Tag lang gestattet war; welcher Gerechtigkeit des Papsts Leibgwardi nach des Papsts Tod sich auch pflegt anzumaßen.

Der gemein Pöfel hält darfür, daß dieser Sultan Murat kein geborner Türck, noch von kaiserlichem Geblüt, sondern von seiner Geburt an eines Juden Kind sei, und sprechen: Sultan Selims Gemählin hab ihm viel Töchter nacheinander geborn, darob er übel zufrieden gewesen; daß er auch damal, als sie mit diesem Murat sollt schwanger gangen sein, aus Zorn gesagt hatt, wo sie ihm auf diesmal wieder ein Tochter und nicht ein Sohn gebären würde, sollt es ihr das Leben kosten. Kurz hernach hab sie ihm ein Töchterlein geborn, darüber die unselige Mutter sehr erschrocken. Es sei aber ein Weibsperson, ein Judin, zugegen gewesen, die hab die Kaiserin getröst und gesagt, dieser Sach sei leichtlich zu helfen, dann die vorgehend Nacht hab ein Jüdin ein Knäblein geborn. Die werd nicht darwider sein, ihren Sohn an dies Töchterlein zu vertauschen. Diesem Ratschlag hab die Kaiserin gefolgt und ihr Töchterlein an diesen Judensohn Murat vertauscht; und sei der Kaiser beredt worden, dies sei sein Sohn. Umb deswillen hielten die Türcken dafür, dies sei ihr letzter Kaiser, dann bei seiner Regierung werd das ottomanisch Reich fallen, dieweil an ihm das ottomannisch Geschlecht ein End genommen. Gott geb, daß diese Weissagung noch erfüllet werde!

Das XLVII. Kapitel

Wie der Sultan Mahlzeit hält; item von seiner Speis, Trank, Leibdienern, Marstall, Apotheken, Schul und Hofkapell etc.

Wann der Sultan (A) Mahlzeit hält, so setzt er sich auf den Boden, mit den Beinen übereinandergeschränkt, auf einem Polster. Auf dem Boden werden erstlich Geflecht von Binsen gebreit über und über, auf dieselbigen alsdann hübsche türckische Teppich. Vor ihm steht ein rundes Tischlein, einer Spannen hoch, auf demselben ein rund, gefüttert, lederin steif Blatt, ringsherumb am selben geht ein Schnur, damit man das Leder zusammenzeucht wie ein Beutel. Auf dies lederin Blatt setzt man die Schüsseln mit den Speisen. Neben dem Tischlein kniet der Zeschnihir Wascha (B) – der oberst über die Truchseß (D) –, der die Speisen kredenzet, fürlegt und fürschneidt. Sie tragen alle Speisen zumal auf einen Gang auf, ungefährlich acht oder zehn, als nämlich Schaffleisch – beides gesotten und gebraten –, Tauben, Hühner, vier- oder fünferlei Reis, als weiß, gelb, braun, mit und ohn Zucker, gebakken, gesotten, dünn, dick etc. Fisch und Rindfleisch essen sie

Die Tafel des Sultans

nit; die Fisch meiden sie aus Verbot, das Fleisch aber aus Gewohnheit. Doch hab ich gesehen, daß fürnehme Türcken über
meines gn. Herrn Tafel beides mit Lust haben gessen. Letzlich
werden in Porcellana-Schalen allerlei liebliche Früchte aufgesetzt, als Melonen, Pomeranzen, Öpfel, Birn, Trauben etc.,
darzu die Türcken, weil sie nicht Wein trinken, sondere Be-
gier haben, damit sie sich erfrischen. Darneben werden auch
aufgesetzt liebliche Konfekt, doch nicht nach unserer, sondern nach einer frembden Art. Ihr Getränk ist nicht einerlei,
sondern unterschieden, als Zuckerwasser, Scherbet – das ist
auch ein süß Getränk –, ausgedruckter Saft von Granatöpfeln
und dergleichen Früchten. Das trinkt er aus einer gülden oder
Porcellana-Schalen – dann der hohen Becher und der teutschen Duplet achten sie sich nicht –, welches ihm einer aus
seinen vertrautesten Leibjungen (C) reicht, deren fürnehmlich
drei sein, die ihm allenthalben nachfolgen, es sei zu Roß oder
zu Fuß.

Der eine trägt oder führt ihm allezeit ein güldene Flaschen
nach und Wasser in einem Futteral, daß er sich kann waschen,
wann ihn die Betstund unversehens ergreift – dann ungewa-
schen ist niemand vergünnt, in Tempel zu gehn oder das Gebet
zu tun –, dieser Jung wird genennt Ciuadar. Der ander führt

ihm ein Regenmantel oder sonst ein frisch Kleid nach, der heißt Giupter – welches Wort vielleicht die Türcken von den Teutschen haben entlehnet, da sie ein Kittel nennen ein Juppen. Der dritt trägt ihm wie ein Schildjung seine Waffen, als Säbel und Bogen, nach; den nennt man den Silichdar.

Der Zeschnihirwascha (B) ist großes Ansehens, hat täglich zu Besoldung über 100 Asper; er hat sein Wohnung außerhalb dem Saraia. Der Zeschnihir (D) oder Truchsessen sein an der Zahl bei dreißig. Sie gehn alle in seiden oder gülden Stück, der Überrock ist von einem roten köstlichen englischen Tuch. Die Leibjungen aber gehn in doppelt gülden Stücken. Wann sie zu ihren mannlichen Jahren kommen und etlich Jahr diesen Dienst versehen haben, werden sie zu hohen Ehrenämptern befürdert, als daß einer ein Janitscharaga, einer ein Wascha, einer ein Sansagbeeg, einer ein Beglerbeeg wird etc. Ein jeder hat, ohne die stattlichen Verehrungen vom Kaiser, täglich zu Besoldung in die 20 und ein Zeschnihir bei 6 Asper.

Die Diener ziehen vor der Tür die Überschuh ab – dann man kann s' leichtlich aus- und anstreifen wie ein Pantoffel, und sein hinten an der Fersen kaum ein zwerchen Finger hoch. Die Legaten aber und ihr Adel ziehen die Schuh nicht ab, wann sie für den Sultan hineingehn. Die Leibjungen tragen Hüt – gleichwie die Zeschnihir – von rotem Filz; und geht an der Stirn aus dem Hut ein Rohr, höher dann der Hut, silberin und verguldt, oberhalb weiter dann unten, darein man bisweilen auch pflegt Federn zu stecken. Also tragen auch die Janitscharn Hüt von weißem Filz, auch mit solchen Rohren. Die Leibjungen lassen an beiden Seiten an Schläfen lange Haarlocken wachsen, – inmaßen die teutschen Hofleut im Brauch haben – und lassen kein Bart wachsen, sondern scheren's mit dem Schermesser glatt hinweg, daß sie aussehen eben wie die München.

Nach den Leibjungen folgen in der Ordnung die Kammerjungen. Deren sein etwa 10; in der Kleidung den obermeldten gleich, aber nicht in Besoldung, dann jene beßre Besoldung haben. Diese müssen Mataratzen oder Mattas und andere Zugehör der Bett verwahren und das Geläger zurichten. Das Bettwerk soll sein etliche Matratzen, mit Baumwolln ausgefüllt. Solche Polster sein durchab mit etlichen Häften weit voneinander geheft, daß die Wolln nit zusamm in einen

Klumpen fall. Den Tag über werden diese Mataratzen zu-
samm gewicklet und ordenlich auf einen Haufen gelegt. Die
Überdecken sein von Baumwolln gesteppt und mit gülden
Stücken überzogen, von Perlen und edlen Steinen gestickt. Im
Winter deckt man Zobelfutter über. In der Kammer ist ein
Kamin, darinnen müssen die Jungen die Nacht über im Win-
ter Feuer halten. Sie warten nicht alle zugleich auf, sondern
wechseln ab, daß ihrer etlich zugleich miteinander aufwarten.
Und diese haben auch ihren eignen Hofmeister – der Asnadar Wascha genannt –, wie dann andere Jungen desgleichen
ihre besondere Hofmeister haben, ein jede Partei ein eignen.
Dieselben sein allezumal Verschnittene oder Spadones, damit
die Knaben nit zu unnatürlicher Schand mißbraucht werden.
Sie sein großes Ansehens und gehen alle in doppelt gülden
Stücken – soviel den Leibrock und Überrock belangt –, und
reiten gar stattlich und prächtig; deren einer täglich zu Besoldung hat bei anderthalbhundert Asper, ohne die Gefäll auf
dem Land, die man nennt Timaar. Die Jungen werden auf ihr
Sprach genennt Asnaoglander [= Asnaoglanler] – dann
»Asna« heißt »Kammer« und »oglander« [= oglanler] in plu-
rali numero »Buben«.

Der dritt Hauf der Leibdiener sein die Kleiderdiener – genannt Odooglander [= odaoglanler] –, die haben in Verwahrung des Sultans Kleider und Waffen; an der Zahl bei zweinzig, mit Besoldung und Kleidern den vorbemeldten gleich, wie
auch ihr Kihaia oder Hofmeister, die man gemeiniglich nennt
die Aga.

Die viert Partei sein die Silberkämmerer, die heißen auch
Asnaoglander [= asnaoglanler] und ihr obrister Eunuchus As-
nadarwascha; ihrer sein auch bei 20. Diese haben in ihrer Verwahrung die Kleinod, edle Gestein, Ring, silbern und gülden
Gerät; an Besoldung den vorigen gleich.

Die fünft Partei sein die Chileroglander [= Chileroglanler]
mit ihrem Vorsteher oder Aga, den man nennt Chilergiwa-
scha. Die haben in Verwahrung allerlei Konfekt und Zucker-
werk für des Sultans Tafel; an Besoldung etwas geringer denn
die obermeldten.

Des Kuchengesinds möcht bei 50 Personen sein: Ober- und
Unterköch sampt ihren Vorstehern, als Oberkuchenmeister,
Speismeister, Kuchenschreiber etc. Diese werden zum Teil –

als die obristen – in köstlich Tuch und Seiden, zum Teil in gut Tuch gekleidet. Einer hat für sein tägliche Besoldung etwan acht oder zehn Asper, ein Knecht hat 4 oder 5 Asper. Sie lernen nicht viel welscher Essen oder französische Speisen zurichten, wie bei den teutschen Köchen bräuchig, sondern lassen ihnen genügen an ihrer Art Speisen. Also, wann einer kann ein Reis oder viere kochen unterschiedlicher Weis, so muß man ihn für ein Meister und kaiserlichen Mundkoch lassen passieren – wie aus dem kaiserlichen Bankett, davon oben Meldung geschehen, leichtlich abzunehmen ist.

Über den kaiserlichen Palast sein zween obriste Hofmeister; der eine wird genennt Saraia Wascha, der ander Capagaschi, und sein beide Monoue [= Monone] – Verschnittne –, denen die Verwaltung des ganzen Palasts befohlen ist.

Nicht weit von dem Saraia ist der Marstall, darin bei hundert Pferd sein, welche auf den Kaiser und seine fürnehmbsten Atrienses, Eunuchos und Leibjungen warten. Dieser Marstall hat vorzeiten auch zum Stift St. Sophia gehört. In diesem Stall sein bei 50 Diener, die der Pferd warten, deren ein jeder des Tags hat 4 oder 5 Asper; darüber ein obrister Marschalk ist, den man nennt Imrahor Wascha, der hat einen Untermarschalk neben sich, der Cudschuk Imrahor genannt. Diese sein gesetzt über alle Kamel, Esel, Klepper etc., was hin und wider in der Türckey in allen Städten auf den Sultan wartet, wo man dieselben in die Feldzüg haben will, allerlei Victualia, Proviant, Wasser und andere Impedimenta oder Plunder zu führen. Ein solcher Marschalk hat täglich über die 100 Asper Besoldung. Der Lasttier – Kamel, Esel etc. – sollen hin und wider in die 8000 sein. Der Marstall ist ein groß, weit, nieder und lang Gebäu wie ein Scheur. Zur Linken und Rechten, wenn man hineingeht, stehn die Pferd nacheinander. Anstatt der Ständ machen sie zwischen den Pferden ein Mäuerlein von den Roßdorsen, die man am Luft und an der Sonnen dörret zu Staub und Pulver, also daß allweg zwischen zweien solchen Mäuerlein ein Pferd steht. Denn sie streuen den Pferden kein Stroh, sondern diesen gedörrten Staub von Roßdorsen unter. Sie füttern auch kein Habern, sondern anstatt desselben die Gersten. Sie haben auch kein Barrn noch Raufen, sondern die Pferd essen das Heu vom Boden auf und das kurz Futter aus einem härin Sack, an den Kopf gebunden.

Ferner hat der Sultan im Schloß oder Saraia auch sein eigne Apotheken. Aber aus den Apotheken in der Stadt, die gar liederlich sein, kann ich abnehmen, daß auch diese im Saraia nichts Besonders sein muß. Oder da man schon etwas Fürtrefflichs darin findet – wie es dann nicht wohl kann ohn sein, daß man viel köstlicher Medicamenta aus Orient und India dahin bringt –, so wissen doch weder Griechen, Juden oder Türcken dasselbig nützlich zu gebrauchen. Denn es manglet ihnen an gelehrten und verständigen Medicis, die aus den Schriften und der Erfahrung zugleich allerlei Arznei Eigenschaft und Wirkung könnten anzeigen – zwar sie sein solcher Gaben Gottes nicht wert. Ich hab von einem teutschen Apothekersgselln, der viel Jahr in des Sultans Apothek gedient und doch vorhin kein Apotheker war – dann wie er erst in seiner währenden Dienstbarkeit darzu kommen –, gehört, daß sie mehrteils allein mit Bereitung der Konfekt umbgehn, dessen er sehr wohl auch berichtet gewesen; aber von Bereitung der apothekerischen Arzneien wußt er kein Bericht. Ein anderer Apotheker – ein Teutscher, des kaiserlichen Gesandten Pharmacopaeus –, der beinahe alle Apotheken in Constantinopel bei den Juden, Türcken und Griechen besichtigt, der zeigt mir an, daß es mit ihren Apotheken gar nichts sei. Man hab's in unsern Landen alles besser, ausgenommen Terram sigillatam und Rhabarbarum; daraus ich schließen kann, es werd des Sultans Hofapotheken nicht viel besser versehen sein. Die Leibmedici, so auf den Sultan bescheiden als Hofmedici, sein allezumal Juden, die pflegen alle Tag zu Hof aufzuwarten. Diese sein sehr übel in der Arznei erfahren; es ist kein Kunst und Grund bei ihnen, wie der Himpler Brauch ist. Wann man ihnen Rhabarbarum, Cassiam und Clisterium nimbt, so ist's alsdenn mit ihrer Kunst aus; item die Aderlässe und andere dergleichen gemeine Mittel, so sein sie geschlagene Leut. Und diese Mittel brauchen sie in allen Krankheiten. Derhalben ich gewißlich dafürhalt und mit Wahrheit kann sprechen, daß viel verständige Matronen vom Adel und andere in Teutschland mit Kräutern, Wassern und dergleichen Mitteln bessern Bericht geben können und viel mit besserm Verstand und mit mehr Grund die Krankheiten urteilen und erkennen könnten dann diese Doctores, wann sie gleich all ihr Kunst in ein Haufen zusammenschmelzten.

Ebensfalls ist es auch mit den Balbierern beschaffen beides bei Hof und außerhalb desselben, die mit Beinbrüchen, Wundarzneien und offnen Schäden zu heilen grobe Büffel sein. Wann sie nicht könnten Adern schlagen, so könnten sie doch gar nichts. Dies Zeugnus geben ihnen unsere Balbierer, wann sie hineinkommen, welche mit der Türcken großen Verwunderung vielmal haben Schäden geheilt, welches den türckischen Balbierern nachzutun unmüglich.

Des Sultans Palast oder Saraia hat zwo Porten. Die werden beid besetzt mit Soldaten oder Janitscharn, welche miteinander abwechseln; und haben zween Obristen, die nennt man Capitschi Wascha – das ist »Obriste der Türhüter«. Dieser Soldaten sein etwan 200. Wann sie aufwarten, hat ein jeder ein Bengel in der Hand, wie die Hundschlager. An der Wand unter dem Tor hangen herumb ihre Säbel, Tartschen, Bogen und Haken. Sie lassen niemand hinein dann der hineingehört.

Es hat auch ein besondere Schul im Saraia, darin etwan 100 Knaben sein, die dem Sultan verehrt werden von den Grenzen hin und wider und von den Meerraubern. Diese werden in türckischen Sitten, Schriften und mahometischen Greueln unterrichtet. Aus dieser Schul werden obermeldte Dienst und Ämpter bei Hof ersetzt, als Leibjungen, Kammerjungen etc. Im 14. Jahr ihres Alters kommen sie an diese Dienst. Im 24. Jahr – drüber und drunter – kommen sie wieder ab und gar von Hof, werden zu andern Ämptern und Diensten befürdert, etwan Spahi, Sansagen. Mit der Zeit werden sie auch Wascha, nachdem das Glück wohl will und nachdem er bei dem Sultan in Gnaden ist. Ein solcher ist zu meiner Zeit also herfürkommen, welcher anfänglich Sultan Selims Leibjung gewesen. Darnach wurd er Janitschar-Aga, nach demselben Beglerbeeg in Graecia – das ist obrister Feldmarschalk in Europa –, letzlich aber ein Wascha. Zudem wurd ihm von dem Selim sein Tochter vermählt, daß er des Kaisers Tochtermann war und des Sultan Murats Schwestermann; er hieß Siausch Wascha.

Es sein aber alle diese Knaben Christenkinder, von Christeneltern geborn – dann kein geborner Türck kann zu Diensten des Kaisers weder bei Hof oder sonsten kommen, ausgenommen geistliche Personen und Ämpter. Alsdann sein die Stadtvögt oder Stadtrichter, Doctores Legum, Schreiber und dergleichen Personen geborne Türcken. Aber alle andere Ämpter und Dignitates werden mit solchen Christenkindern ersetzt. Nicht weniger sein auch alle Monoue [= Monone] und Verschnittne am Hof und im Frauenzimmer Christenkinder, nämlich Abyssiner aus Priester Hansen Reich; dieselben sein allezumal weiße und schwarze Mohren. Doch werden auch viel derselben aus Mohrenland gebracht, die dann für sich selbst alle Mahometaner sein. Und diese Verschnittne kommen auch hoch an, dann derselben einer ist meiner Zeit auch zum Waschastand kommen; der hieß Messich Wascha. Ein anderer Eunuchus oder Spado ist Locum Tenens oder Statthalter des ganzen Königreichs Egypten zu Cairo.

Im Schloß hat es auch ein Kirchen oder Kapellen, die der Sultan täglich pflegt zu besuchen und sein Gebet darin zu verrichten, wie auch sein Gesind. Dahin kommen alle Morgen die verordneten Priester aus der Stadt, die verrichten ihr Gebet. Sie lesen aber ein Gebetpsalm, daran sie ein Stund zu lesen haben, denselben lieset ein jeder für sich; und sein der Priester 40. Dann sie halten darfür, wer diesen Psalm 40mal lese, der werd aller Beschwerden an Leib und Seel erledigt — daher dann diese Priester, die dem Sultan solchen Gottesdienst im Leben verrichten, nach des Sultans Tod zu seinem Begräbnus verordnet werden, daß sie diesem Gebet und vermeinten Gottesdienst obliegen, der Seel des Verstorbnen zugut.

Der Kaiser ist schuldig, alle Wochen einmal sich dem Volk zu zeigen oder sehen zu lassen, welches dann beschicht, wann er am Freitag — welches ihr Sonntag ist — der hohen Stiftkirchen eine besucht. Er wechslet aber umb also, daß er auf den ersten Freitag zu St. Sophia, den andern zu Sultan Solimann, den dritten zu Sultan Memet reit etc. In solchem Pomp hat er etwan 800 oder 1000 Pferd bei sich, unter welchen auch etlich 100 Fußvolk ist. Wann er bei des Röm. Kaiserl. Legaten Haus fürüberkommt, so pflegt allzeit ein Rentmeister ein Handvoll Asper unter unser Gesind — unter unserm Haus und Porten stehend — zu werfen. Da erhebt sich ein Gedräng; laufen dann die Türcken hinzu, Asper aufzulesen, so werden sie unfreundlich empfangen, daß sie für Asper viel Püff davonbringen. Vielmal schmeißen unsere Janitscharn getrost auf die Türcken mit Vermeldung, wer ihnen hab ein Boten geschickt?

Wann der Sultan zur Kirchen reit, so reit ihm allzeit ein Wascha an der rechten Seiten. Wann er aus der Kirchen reit, so reit ihm alsdann ein anderer zur rechten Hand. Die rechte Hand aber ist bei ihnen nicht das Ehrort, sondern die link; dieweil an der linken Seiten der Säbel hangt, so wird umb deswillen die linke Hand freigehalten und geehrt.

Das XLVIII. Kapitel

Von den Ursachen des türckischen Siegs wider die Christen und seiner Kriegsrüstung

Es ist ein alte und allgemeine Klag und Frag, wie es doch zugeh, daß die Christen so gar nichts wider den Türcken können ausrichten, und woher den Türcken diese mannigfaltige Sieg und Glück in dem Krieg kommen. In dieser Sach bildet der mehrer Teil unter uns ihm ein, als wann die Türcken so freudige, unerschrockne Eisenbeißer wären – des Geschlechts der Enakim und Samesunim – und gegen welchen die Christen nur wie Heuschrecken zu achten sein; item als wann ihre Städt bis an den Himmel vermauret wären, die man nit könnt ersteigen, oder als wann sie mit Waffen wie Goliat staffiert wären. Hierauf soll man wissen, daß es diese Meinung gar nicht hab. Und damit man wohl verstehe, was die Ursach ihrer vielfaltigen Sieg wider die Christenheit sei, so will ich ein Vergleichung machen ihres Kriegswesens gegen der Christen Kriegswesen und worin ein jeder Teil zu loben und zu schelten sei.

Zuvörderst aber will ich anzeigen, daß Gott der Allmächtig sei Causa principalis, der wider die Christen streit und den Türcken Sieg verleihet; die Türcken aber seien Causa instrumentalis, ein Mittel und Rut, damit Gott die Christenheit züchtigt und stäupet. Dann der gemein Hauf in diesem Fall das hinter herfürkehrt, und sich an den Türcken als der Causae instrumentali und minus principali also vergaffen, daß sie an die Causam efficientem nicht gedenken – gleichwie die Hund in den Stein fallen, damit sie geworfen werden, und den fahren lassen, der den Wurf vollbracht hat. Viel suchen hin und wider allerlei äußerliche Ursachen herfür, der Hauptursach vergessend.

Wiewohl nun der Türcken Macht sehr groß ist, so ist sie doch nit so groß, daß sie nit von der Christen Macht möcht geschwächt werden. Daß es aber nit geschicht, ist das die einig Ursach, daß Gott sein Macht selbst zu den Türcken setzt, ihnen wider die Christen beisteht und ihnen Sieg verleihet. Darumb muß man vor allen Dingen sehen auf den, der solch Übel über uns erweckt, denn Gott braucht den Türcken als ein Ruten, Geißel, Stecken oder Axt und als ein Besen des Verderbens, damit er die Sünd auskehrt. Und damit dem Feind der Weg gemacht werd, so erwecket Gott unter den Christen innerliche Zwietracht, daß ein Bruder wider den andern, ein Freund wider den andern, ein Stadt wider die ander und ein Reich wider das ander ist, welche Ungleichheit mehrteils aus Ungleichheit der Religion herrühret. Ja, es nimbt der Herr den Fürsten den Mut und macht sie irr auf einem Unweg, daß sie im Finstern tappen ohne Liecht, und macht sie wie die Trunkenen (Job 12).

So ist zu besorgen, daß die Christenheit wider diesen Feind nichts werd schaffen. Es sei dann, daß sie zuvor Gott den Herrn begütige, versöhne und auf ihr Seiten bring; das alsdann geschehe, wo zuvörderst gottlose Lehre, Irrtum, Ketzerei und dergleichen Unkraut ausgerottet würde, des der Acker Gottes voll steht und damit überwachsen ist, davon die Kirch schier ersticken möcht; desgleichen auch ander unordenlich sündlich Wesen und epikurisch Leben, Fressen, Saufen, Gottlästerung, Eigennutz und andere Schand und Laster abgeschafft würden – mit welchem wir unserm Herrn Gott die Straf abbetteln, uns die Ruten und Besen zum Schmeißen selbst zurichten und binden und das Schwert und Axt wider uns schärfen.

Wann wir aber unser Herz sampt den Händen zu Gott aufhebten mit solchem Klagen: Wie wir haben gesündigt und sein ungehorsam gewesen, darumb hast du billig unser nit verschonet (Thren. 3) – da könnten wir hoffen, daß wir von dem Türcken wohl wollten unangefochten bleiben. Er müßt sich viel mehr vor uns förchten dann wir vor ihm, und würden alsdann unser fünf hundert Türcken, und hundert Christen tausend Türcken jagen (Levit. 26). Dann es ist gewiß, daß die

Christenheit nicht allein an Macht dem Türcken gleichet, sondern auch weit übertrifft an Mannschaft, Geld, Fürsichtigkeit, Tapferkeit und in allen Dingen, die zum Ernst gehören. Aber wann man von diesen Dingen aus Gottes Wort redet, so verlacht's der Mehrteil, sonderlich der Hauf deren, die irdisch gesinnet sein. »Ei«, sprechen sie, »es wird nicht so übel gehn, Schwert und Hunger werden wir nicht sehn. Die Lehrer sein Wäscher, sie haben Gottes Wort nicht – das ist, sie brauchen ihre Affectus für Gottes Wort –, item der Prophet, der Pfaff weiß viel drumb, wie es uns gehn wird.« (Jer. am 5. und 12.) Das sei nun gnug von der ersten Ursach, worin der Türcken Victoria steh, nämlich daß sie Gott auf ihrer Seiten zum Beistand haben; so kann ihnen der Sieg nicht fehlen.

Die ander Ursach, darin der Türcken Sieg steht, ist diese, daß sie das Ihre, soviel an ihnen ist, auch darzu tun und sich derjenigen Mittel gebrauchen, dardurch der Sieg erhalten wird – als dann fürnehmlich ist der groß Eifer gegen ihrem mahometischen Aberglauben, umb welches willen sie alles in die Schanz schlagen und über demselben zusetzen Gut und Blut, solchen zu verteidigen. Solcher Eifer gegen der Religion sollte bei uns Christen auch sein, aber die eiferigen Christen sein gar teur. Alle Türcken, so von den Christen erschlagen werden, sein von den Ihren für Märterer gehalten.

Demnach findt man, als zum andern, großen Gehorsam unter den Türcken, welcher von Belohnung der Tugend und Tapferkeit herrührt – daß nämlich diejenigen, so sich wohl halten und bei welchen man spürt ein guten Verstand, Erfahrung und Tapferkeit, die kommen herfür. Da will ein jeder für dem andern hoch ankommen, und ringen mit äußersten ihrem Vermögen nach Ehr und Ansehen. Zudem ist das Reich weit und gnug Platz und muß viel Leut haben und manglet nicht an Gelegenheit; es findt einer allweg ein Ort, da er kann unterkommen. Überdas feiren sie nimmer; sie haben ohn Unterlaß Krieg und Feind, ja von allen Orten sein sie mit Feinden umbgeben, daß einer, der nach Tugend ringet, sein Tapferkeit nicht darf sparen oder verrosten lassen; er hat allweg Gelegenheit, daß er sein Mannheit an Tag geb.

Ferner, so geht es fein gleich zu, ohn Ansehen der Person, denn alle ansehliche Befelchsleut – als Waschen, Beglerbeegen, Hauptleut etc. – haben sich mitnichten einiges Adels und adeligen Herkommens zu rühmen, daß sie durch denselben wären befürdert worden oder ihres Adels genossen hätten. Sondern das ist ihr Ruhm und Adel, daß ein solcher spricht: »Mein Vater ist ein Bauer oder Taglöhner oder Viechhirt etc., ich aber bin durch mein Fleiß, mein Tapferkeit oder Erfahrung etc. zu diesem Ansehen und Herrlichkeit kommen.« Welches auch meines Bedunkens der rechte Adel ist, der nicht auf der Geburt, sondern auf Tugend steht.

Hergegen fehlt es dies Orts bei uns Christen. Es ist kein solcher Gehorsam und Forcht; so ist es auch mit der Belohnung und Befürderung verständiger, erfahrner Kriegsleut, wie es mag. Man handlet mehrteils nach Ansehen der Person, daß einer edel und von hohen Stammen ist. Wann er schon kein Kriegserfahrung hat, so wird er herfürgezogen; ihm wird ein Befelch übergeben, er muß ein Obrister, ein Leutenant oder ein Hauptmann sein, unangesehen daß er nie kein Krieg versucht hat und unerfahren ist in dergleichen Händel. Da hingegen ein anderer armer Schwartenhals, der die Sach versteht, sich wohl etwas versucht hat und eines Befelchs würdig wär, vor den Ansehlichen, Edlen etc. nicht kann herfürkommen. Darumb gilt sein Meinung nichts; und verdirbt viel gutes Rats in des Armen Taschen, wann er gleich so weis wär als Salomon. Item es sein nicht so viel Dienst oder Befelch, daß ihrer viel könnten befürdert werden.

Weiter, so hat der Türck – sowohl in Friedenszeiten als wann's Unfried ist – sein Volk in steter Bereitschaft, und nehmen die Kriegsleut ihren Sold ein ebensowohl, wann sie nicht kriegen, als wann sie an Feind ziehen. Item wann sie zu Feld ziehen, so können sie sich genau behelfen mit Essen, Trinken und Proviant, welches das teutsche Kriegsvolk nicht kann. Sie halten sich in Feldzügen und sonsten überaus mäßig und ordenlich.

Hergegen braucht es im Römischen Reich große Müh, bis man von allen Orten her Volk zusammenbringt und mustert – dort aber sein sie schon vorhin gemustert. Und bis man Reichstäg hält oder eine Hülf wider den Feind zuwegen bringt, so erfordert's lange Zeit – will nicht sagen von den unerhörten Unkosten, Bankettiern und Schwelgen, damit man groß Geld und Gut böslich ahn wird, und dann was auf den übermäßigen Pracht geht, da ein Potentat es dem andern will vortun und über den andern sein. Aber damit wird der Feind nicht geschlagen; dann bis die Reichstäg sich enden, so ist der Feind schon längst anzogen, hat mit Schwert und Brand allbereit großen Schaden getan, ehe die Ständ auf dem Reichstag der Hülf halb einig werden. Dies weiß der Feind, drumb säumbt er sich nicht, sondern nimbt seiner Schanz eben wahr.

Was dann anlangt die Waffen, die Menge des Volks und Tapferkeit, so kann ich für gewiß sagen, daß die Türcken — ingemein davon zu reden — nicht so herzhafte Leut sein wie die Christen. Dieses hab ich nicht einmal, sondern vielmal von den türckischen Kriegsleuten gehört. Wann sie beiderseits einander an der Anzahl gleich seien, so dörfen die Türcken sich nicht unterstehn, mit den Christen zu schlagen. Wo sie aber sich zwei- oder dreimal stärker befinden dann die Christen, so wagen sie es alsdann erst. Auch kann man viel Exempel anzeigen, daß hundert Christen haben zwei-, drei- oder vierhundert Türcken erlegt, da ich doch nie gehört das Widerspiel oder daß die Türcken einmal hätten das Feld behalten, wann beide Teil einander an der Zahl gleich sein gewesen. Also daß noch gnug Herz und unerschrockener Mut bei den Christen vorhanden, wann es nur im übrigen auch richtig wär.

Daß man aber sagt, der Türck hab viel Volk, wie ich dann auf ein Zeit von einem Türcken gehört, daß täglich in die eilfmalhunderttausend Personen — alt und jung, Weib und Mann — des türckischen Kaisers Brot essen und von ihm besoldet werden, welches doch unglaublich ist — der halbe Teil wär noch viel. Sie werfen oft in dergleichen Sachen das Beil zu weit, ihr Macht groß zu machen und uns ein Forcht einzustecken. Man findet nicht, daß er über viermalhunderttausend stark zu Feld gelegen; das ist aber noch weit von vorermeldter Anzahl und Menge.

Die Ursach, warumb das Römisch Reich nicht so mächtig sei als der Türck an Volk, ist die, daß unser Volk nicht also gezwungen in Krieg zeucht wie die Türcken. Dieselben müssen fort, es sei ihnen lieb oder leid, sie wöllen oder wollen nicht, dann wie gemeldt, so haben sie ihr Bestallung drauf. Es sei Krieg oder Fried, so nehmen sie ihren Sold ein, welches bei den Christen nicht geschicht. Ein jeder gedenkt: Was geht mich das an, was hab ich davon, was ist meiner Haushaltung damit geholfen, daß ich in Krieg ziehe und auf dem Platz bleib? Und da ich schon wiederkäm und Streich mitbrächt oder umb ein Glied käm, so wär ich doch mein Lebtag ein Bettler und könnt mein Brot nicht mehr gewinnen etc. Dies kann kein Türck fürwenden oder sich also entschuldigen, weil er sein Haut, ja Leib und Leben schon verkauft hat umb Geld und dies sein Pflug ist, davon er sich und die Seinen muß ernähren, weil er nichts anders gelernet hat.

Wann man im Römischen Reich die Kriegsleut mit dem Sold auch also hielt, wie bei den Türcken der Brauch ist, daß nämlich ein jeder Soldat im Fried und Krieg sich von seinem Sold und Dienstgeld könnt ernähren, da wird ein jeder sich allein auf das Kriegswesen begeben und alle andere Hantierung fahren lassen und dem Krieg obliegen. Da würd man wunder sehen, wie ein unsäglich Volk würd zulaufen. Doch müßten wir Christen nicht einander in Franckreich, Niederland etc. selbst aufreiben, sondern uns auf den Türcken sparen. Da wollten wir dem Türcken an Menge des Volks nicht allein gleichen, sondern ihn noch übertreffen. Dann ich halt gänzlich darfür, daß allein Teutschland – aber Niederland und die Kron Böhem darzu gerechnet – das türckisch Reich übertreff an Mannschaft und Menge des Volks.

Daß diesem also sei, beweis ich damit, daß ganz Teutschland wohl erbaut ist; und wo einer darin reiset, kann er kaum aus einem Dorf kommen, er siehet in einem Umbkreis – da es anders eben Land ist – bei zweinzig oder mehr schöner großer Flecken, Weiler, Meierhöf, Schlösser und dergleichen. Ja auch in den Wälden und im Gebirg, als in natürlichen Festungen, manglet's an schönen Städten und Dörfern nicht. Das ist aber in Türckey nicht, denn von Wien bis gen Constantinopel rechnet man ungefährlich 300 teutscher Meiln, auf diesem Weg haben wir nur 6 Städt angetroffen, als Oven, Griechisch-weissenburg, Nissa, Sophia, Philippoli und Adrianopel. Item als wir durch Bulgariam reisten, haben wir in dreien Tagen nit mehr denn fünf Dörflein zum Teil gesehen und zum Teil darin geherberget. Da kann jetzund ein jeder erachten, wann einer im Teutschland sollt 300 Meiln reisen, was ihm für fürtreffliche Städt alsdann würden fürkommen.

Und so der Türck an Mannschaft so gar mächtig ist, wie man davon sagt, wie kompt's denn, daß der König in Persia ihm so viel zu schaffen macht, also daß er den Türcken so viel Jahr über im Krieg hat bestanden. Er hätt auch den Türcken, wie man darfürhält, in der Calderaner Heiden Anno 1514 erlegt und ihm den Garaus gemacht, wo das Feldgeschütz nicht bei den Türcken hätt das Best getan. Darum ist die Macht der Türcken nit so groß, wie man sie macht. Die Christenheit hätt auch noch Leut und gnug Herz, item Geld und anders, was zum Schimpf gehört, wenn wir nur selber wollten und das Unser täten. Zudem findt man in ganz Türckey kein Festung, sondern zerfallene Gemäuer, wie sie vom Sturm und ihrer Eroberung her übergeblieben sein, dann ihr Gesetz gestattet nicht, daß ihr Kaiser hinter dem Gemäuer und Basteien, sondern im Gezelt sein Wohnung hab. Also tragen die Türcken ihre Mauren und Basteien in der Scheiden, darumb sie viel mehr zu loben denn zu schelten sein, daß sie ihr Macht mehr auf die Faust denn auf Stein und Mauren setzen.

Soviel aber die Waffen und Munition belangt, so kann man die Türcken mit den Christen nicht vergleichen. Dann die türckischen Reisigen (B) führen nichts denn ein Säbel, das ist zwar ein schädliche Wehr von ihrer Schwere wegen, aber an der Hand gar übel verwahrt; item ein dreiecketen Stecher wie

Janitschar (A) und Sipahi (B)

ein Bratspieß unter dem linken Bein, in der Läng eines Rapiers; zum dritten ein Copien, das ist ein hohler Rennspieß, wie man s' auf den Ringlerennen bei den Teutschen braucht; zum 4. ein Tartschen wie ein große Fleischmulter, darhinter sich der Reuter mit dem Haupt und dem ganzen Leib verbergen kann, das ist für ein Harnisch, damit er die Stich und Streich auffängt. Der weniger Teil führt Panzer, Leibharnisch und Sturmhüt – wie denn in nächstfolgender langen Figur vom türckischen Triumph besser zu sehen ist. Ihre Pferd sein sehr schnell und behend.

Hergegen sein die teutschen Reuter und Husarn ihnen weit überlegen mit ihren Handrohren, damit sie bald viel Sättel leeren können, ehe beide Haufen noch recht zusammenkommen. So verachten ihre Leibharnisch und Sturmhauben den Gewalt der Copien, dann wo sie den Harnisch antrifft, so fährt sie zur Seiten ohn Schaden ab, und kann auch der Streich vom Säbel nicht haften auf den eisern Armen und Leib. Aber mit ihren schweren Pferden können sie dem Feind nit nachsetzen. Desgleichen richten sie mit den Pfeilen nichts aus an dem Harnisch. Die Bögen sein nit viel Schatzs wert, wenn ein Feuchte oder Regenwetter anfällt, denn die Sehnen lassen nach und werden luck.

Ihre Hakenschützen, die Janitscharn (A), mögen den unserigen wohl gleichen, aber sie haben keine Doppelsöldner mit langen Spießen; sie haben auch keine Schlachtschwerter, noch Hellebarden.

Mit großem Geschütz sein sie überflüssig versehen, aber die Christen sein des künstlichen Schießens besser bericht; wiewohl sie verlaugnete Christen zum groben Geschütz brauchen.

Das XLIX. Kapitel
Von den Beampten und Befelchsleuten des türckischen Kaisers

Nach dem türckischen Kaiser hat das höchst Ansehen im Reich der Vesir Wascha oder Vesirasem mit seinen Mitgenossen, den übrigen Waschen. Deren Anzahl ist ungewiß; vor

Jahren sein nicht mehr als drei gewesen. Aber zu der Zeit, da wir zu Constantinopel waren, sein ihrer fünf gewesen, mit Namen Memet Wascha – der obrist, den man nennt Vesirasem –, der ander Mustapha Wascha, der dritt Achmat Wascha, der viert Sinan Wascha, der fünft Siausch Wascha. An diesen, als Kurfürsten, steht die Verwaltung des ganzen Reichs. Sie haben stattliche Einkommen, herrliche Satrapias und Landgüter, halten fürstlich Hof, viel Gesind und ansehliche Leut, die ihnen zu Hof reuten und auf den Dienst warten. Sie haben gleiche Besoldung untereinander und gleichen dem Kaiser in der täglichen Besoldung; also daß der Kaiser von den Reichseinkommen für sein tägliche Besoldung hat tausend Asper, der Vesirasem aber hat einen Asper weniger, der ander Wascha hat zween Asper weniger und also fort.

Unangesehen aber dieser ihrer Dignität und Hoheit stehn sie alle Augenblick in großer Gefahr Leibs und Lebens; dann wie das Wetter gewöhnlich die hohen Gebäu trifft, also je höher einer ist, je mehr steht er in großer Gefahr seines Lebens halb. Dann es kann sich leichtlich zutragen, daß der Sultan ein Ungnad auf einen solchen wirft oder daß ihn die Ohrenbläser, wie bei den Höfen der alt Brauch ist, verunglimpfen, daß er abgesetzt und masul wird oder aller seiner Güter beraubt; welches alles doch für ein große Gnad zu halten, wann er nicht muß auch mit der Haut bezahlen, wie dann dem Mustapha Wascha geschehen wär, wo er sich nicht selbst mit Gift hätt hingericht. Item dem Wascha zu Oven ist auch ein Saiten letzlich zuteil worden, desgleichen dem Memet Wascha und andern mehr, nicht allein bei dieses Kaisers Regierung, sondern auch bei den vorigen Kaisern. Denn alle tyrannische Regenten haben an ihnen die Art, daß sie argwöhnisch sein und ihrer Hoheit halb in steten Sorgen stehn.

Nach den Waschen gebührt die nächst Dignität und Würde den zween Beglerbeegen, als nämlich der Anatol Beglerbeeg, das ist derjenig Beglerbeeg gegen Aufgang der Sonnen – dann das Wort »Anatol« ist das griechisch Wort »anatoli – der Aufgang der Sonnen«. Der ander ist der Urum Beglerbeeg, das ist »aus Griechenland«. Durch das Wort »Urum« verstehn sie nicht allein Graeciam, sondern in genere Europam; Urum aber ist soviel als Romania oder Regnum sive Imperium Romanum. Dieser hat sein Sitz zu Sophia in Triballia

Bulgariae, der ander zu Cuteia in Asia. Das Wort »Begler-beeg« heißt »ein Herr über andere Herren«, als nämlich die Sansagbeegen und Beegen – das sein obriste Rittmeister und Vorgesetzte über den reisigen Zeug. Und über diese Herrn sein die Beglerbeegen obriste Marschalk und Rittmeister des Reichs, die man bei den Römern hat genennt Tribunos militum. Solche führen ein Fürstenstand.

Die dritt Würde gebührt dem Janitschar-Aga, der ein obrister Hauptmann ist über alle Janitscharn oder Hakenschützen (deren Gestalt in nächstvorgehender Figur, mit A verzeichnet, angedeutet ist) im ganzen Reich und über die Hauptleut über hundert und über tausend Janitscharn. Die werden genennt Bulukwascha, das sein Chiliarchae, Myriarchae, Centuriones, Decuriones etc. – das ist Obriste über 1000, über 100 etc.

Die Janitscharn haben große Freiheit, also daß wo sie einem zur Gwardi zugeordnet werden, denselben darf niemand beleidigen. Ob auch andere Janitscharn und Atschamoglani einem, der ein solchen Gleitsmann bei sich hat, wollten ein Spott beweisen, so dörfen sie nicht, dann sie wollen ihr Ansehen nicht selbst ringern oder mindern. Sie sein gewißlich bescheidne Kriegsleut und tapfer von der Faust. Sie sein fast gleiches Ansehens mit denjenigen Kriegsleuten, die vorzeiten in Aegypto gewesen sein, deren Herodotus gedenkt in Euterpe, die man hat genennt Calasyrios, deren an der Zahl waren hundertsechzigtausend; der ander Hauf hieß Hermotibies, zweihundertundfunfzigtausend. Diese alle trieben kein Handwerk, sondern waren auf den Krieg und auf die Besatzung hin und wider im Reich bescheiden. Solche sein auch gewesen zu den letzten Zeiten in Egypten die Mamalucken – allezumal Christenkinder aus Colchida, Iberia etc. –, als Sultan Soliman [= Selim] Anno 1517 Egypten einnahm.

Die viert Würde gehört den beiden Cadileßkieren. Deren einer heißt der Anatol Cadileßkier, der ander Urum Cadileßkier. Das Wort »Leßkier« heißt »Krieg«, und »Cadi – ein Richter oder Rechtsprech«. Das sein Kriegsrichter (B), die allen Krieg, Spenn, Zank nach dem mahometischen Gesetz müssen entscheiden und Recht sprechen; sein soviel als Doctores Juris und obriste Hofgerichtspräsidenten. An diese appelliert man als an obriste Hofrichter. Sie führen ein geistlichen Stand, haben nicht viel reisig Gesind bei sich; bei 30 oder mehr Diener hat ein jeder zu Fuß vor ihm herlaufen. Daher gehört der Nißdanschi Wascha – des Reichs Kanzler – mit seiner untergebnen Schreiberzunft.

Die fünft Würde steht an dem Emiralem, der ist der obriste Bannerherr und der obriste über alle Fähnderich im Reich, welcher den andern Kriegsfürsten die Banner zustellt, wann sie ans Ampt kommen. Davon hat er stattliche Verehrungen neben seinen jährlichen Einkommen.

Die sechst Würde gebührt dem Defderdar – dem Kammermeister oder Reichsrentmeister –, der über die Reichseinkommen, Rent und Güld gesetzt ist. Deren sein auch zween, einer in Natalia, der ander in Romania oder Europa.

Die siebent Würde ist des Zausch Wascha – der Oberst über die Zauschen. Der Zauschen möchten bei dreihundert an allen Orten sein – sein adelmäßige –, die werden in Legation- und Kommissionsachen hin und wider verschickt. Ihr Ampt ist sonst, wann der Kaiser zu Feld zeucht oder sonsten über Land verreist, daß sie vor dem Haufen herreuten und mit ihren Faustkolben oder Busigan die Ordnung und den Weg machen.

Im achten Stand sein die Mutapharaca, deren bei hundert an der Zahl – mehrteils der großen Herren Söhn –, und sein

Freiherren. Dann sie sein aller Dienst und Beschwerden gefreiet und nicht mit Ämptern beladen, sondern reuten allein Ansehens halb zu Hof, wann's ihnen geliebt; haben doch stattliche Dienstgeld und Lehen, halten Diener, so viel ihnen gefällig ist.

Die Spahi sein auch Hofdiener und Reisige. Wann sie bei Hof für Leibjungen ausgedient, alsdann kommen sie in diesen Stand; deren an der Zahl bei tausend, sind soviel als Hofjunkern. Ein Spahi schickt sich also zu Roß wie auch die Zauschen. Über dies Kleid führen doch die Zauschen ihren Überrock.

Solaki (A) sein des Sultans Trabanten, an der Zahl bei 400; gehn vor dem Sultan her, wann er reit. Ein jeder trägt in der Hand ein Bogen und auf dem Ruck am Gürtel ein Handvoll Pfeil; sind den Lakaien in der Kleidung gleich, bis an den Hut. Der Leibrock ist seiden oder von gülden Stücken, auf den halben Teil unter der Gürtel offen, darunter ein weiß, durchscheinend Hembd.

Sansagen – diese halten sich nit am Hof, sondern im Reich hin und wider zerteilt nach den Provinzen, sein soviel als Grafen. Über sie sein die Beglerbeegen gesetzt, also daß der Anatol Beglerbeeg in die 25 Sansagatschaften oder Sansagtum un-

Solak (A), Acemoğlan (B) und Peyk (C)

ter ihm hat, der Urum Beglerbeeg in die 36 Sansagtum regiert. Sie nennen's ein »Sansagatlah«. Doch sein über die zween obristen Beglerbeegen noch andere Beglerbeegen in Europa, als der Beglerbeeg von Ofen, Beglerbeeg von Griechischweissenburg, der von Temeswar und andere mehr in Ungern und Crabaten; desgleichen in Natolia oder gegen Orient, sonderlich in Asia, als der Beglerbeeg zu Amasia, der in Caramannia, Cappadocia, in Armenia, Damasco, Bagdat – das ist Babylon –, Cairo und andern Orten mehr. Diese alle haben unter ihnen über 40 000 Reisige und Spahi. Also sein auch die Zauschen hin und wider ausgeteilt im Reich. Die zween obristen Beglerbeegen liegen etwan lange Zeit am Hof; die Cadileßkir aber halten sich allezeit bei Hof. Von dannen aus verrichten sie ihren ordenlichen Befelch, ein jeder in den ihm zugeteilten Ländern des Reichs. Sie bestellen die Städt und Dörfer hin und wider mit Amptleuten, Richtern, Vögten, Schultheißen etc., setzen die untüchtigen auch wieder ab.

Peikler (wie in nächstvorgehender Figur mit C verzeichnet) sein Lakaien. Die laufen also schnell, daß sie in zweien Tagen weiter kommen, dann einer in dreien Tagen reuten kann. Sie sein zunächst umb den Sultan und unter dem Haufen der Solaki eingeteilt. Ihrer sein an der Zahl bei 40, tragen Hüt von lauter Silber und verguldt. Wann der Sultan ein Botschaft begehrt an ein Ort, so sein sie zur Hand und verrichten's ohn allen Verzug.

Die Atschamoglani (deren einer in nächstvorgehender Figur mit B verzeichnet) – welchs ein unnütze Bursch ist – sein allezumal Zehntkinder, die der Türck von den Christen, den Untertanen des Reichs, zu Schatzung nimbt und allweg in dem vierten Jahr viel hundert oder ja etlich tausend solcher Knaben zusammenbringt, aus Ungarn, Krabaten, Bulgaria, Servia, Graecia etc., welches der größte Jammer ist. Dann wann ein Vater zween, drei oder mehr Söhn hat, so lesen die Amptleut den feinesten heraus, bringen sie gen Constantinopel, bei zwei- oder dreihundert. Dieselben werden unter die Burgerschaft und Offizier am Hof ausgeteilt, daß sie lernen aufwarten und zum Gehorsam angehalten werden; von denen haben sie Kleider und Unterhaltung. Wann sie zu ihren Jahren kommen, alsdann nimbt sie der Kaiser in seine Dienst. Andere werden alsbald in die darzu verordnete Behausung zu

Constantinopel getan, die braucht der Sultan zu allerlei Arbeit und zu Gebäuen für Trippelknecht; die werden wie ein Herd Schaf von und zu der Arbeit geführt. Andere werden in das Collegium zu Galata getan, in Schriften unterwiesen und mit der Zeit zu Ämptern gebraucht, deren wohl etlich hundert beisammen sein. Etliche werden hinüber in Asia zu Viechhirten gebraucht, daß sie Hunger, Durst, Frost, Hitz und andere Beschwerlichkeiten gewohnen und zum Kriegswesen tüchtig werden, insonderheit, daß sie zugleich daselbst erwilden und Grausamkeit lernen in der Einöde beim Vieh. Etliche werden zu Handwerkern getan, daß sie Balbierer, Schmied, Schneider werden etc. und die man im Feldzug brauchen kann. Sie haben vom Sultan ihre jährliche Kleidung von starkem blauem Tuch, und im Anfang einer derselben zu Besoldung täglich zween Asper. Jedoch wird ihnen ihr Sold den Jahren nach gebessert. Von diesem Gesindlein wird die Janitscharenrott ersetzt, dann wann viel Janitscharn umbkommen oder sterben, so wird alsdann die Anzahl der Abgestorbenen mit diesem jungen Unkraut erfüllt. Die Knäblein, von Janitscharen gezeugt, werden alsbald für geborne Janitscharen gerechnet, und geht ihnen ihr Besoldung gleich in der Wiegen an, nämlich einem jeden täglich zween Asper, und nimbt die Besoldung mit den Jahren zu.

Erstgemeldte Atschamoglani sein über die Maßen ein mutwillig, unruhig Gesindlein, die den Griechen und Juden sehr viel zuleid tun. Dann sie laufen hin und wider in die Tabernen und Weinhäuser, saufen sich voll, geben kein Zech; siehet dann der Hausherr sauer darzu, so schmeißen sie ihm die Haut voll und schlagen dem Faß den Boden ein, daß der Wein umbkompt und zunicht wird. Ja es sein solche verwegene Lecker, daß wann ich einem anzeigte: »Dieser hat mich also und also beleidigt und kann mich nicht an ihm rächen, begehre derhalb, du wöllest es von meinetwegen tun; ich will dir ein Grosch (das ist ein Taler oder zween) schenken« – der nimbt alsdann etlich seiner Gesellen zu sich, wartet jenem auf den Dienst und – wie ihm befohlen ist – schlagen ihn gar tot oder machen ihm ein Zeichen an Leib, dabei man erkennen kann, daß diese Bursch ihr Geld wohl und treulich haben verdienet. Ein solch Bankett hat einer aus unserm Mittel auf ein Zeit einem Juden zugericht, daß er ein lange Zeit die Urkund am Angesicht tragen mußt und kaum mit dem Leben davonkam.

Unangesehen, daß diese nichtswerte Schälk unter einer harten Zucht sein und ganz streng gehalten werden, so ist ihnen doch kein Mutwill zuviel, also daß sich kein Mensch darf wider sie legen. Dann sie stehn einander dermaßen bei, daß wo einer auf der Gassen ein Hader erweckt und seiner Gesellen einer dazukompt, ob sie schon einander nicht kennen, so steht er seinem Zunftgenossen bei. Dann an den Hüten werden sie erkannt wie alle andere Ständ; denn etliche Atschamoglani tragen ein roten, zotteten Deckel auf dem Kopf, etliche ein spitzigen gelben Filz von Kamelhaaren etc.

Die Janitscharn und Atschamoglani haben zwei Häuser innen, gar nieder und in die Läng gebaut, darin viel Gemächlein nebeneinander. In jedem Gemach wohnen vier oder fünf Atschamoglan, die haben einen Janitscharn bei sich, der auf sie siehet und auf den sie müssen ein Aug haben.

Das L. Kapitel

Von der Türcken Ratstägen, Gerichtspersonen, Strafen der Übeltäter, Schergen oder Scharfrichtern, Zeugen, Reichstägen und derselben Prozeß

Die Wascha pflegen wöchentlich dreimal Ratsversammlung zu halten im Saraia oder kaiserlichen Burg in Gegenwärtigkeit des Sultans. Jedoch läßt er sich nicht allezeit sehen im Saal, sondern im nächsten Gemach darneben kann er durch ein Gitter alle Handlung im Rat heimlich anhören, wiewohl man ihn nicht kann sehen. Diese Ratstäg nennen sie die Tiphan. Dieser Tiphan wird besetzt von Waschen, Cadileßkiren, Beglerbeegen, Muderis oder Doctoribus, Zauschen und andern fürnehmen Personen. Neben diesem Tiphan pflegt der obrist Wascha fast alle Tag in seiner Behausung in einem großen Saal ein besondern Tiphan zu halten und die strittigen Händel zu erörtern, welche im Schloß nicht haben mögen dezidiert oder expediert werden. Dahin kommt männiglich, wer ein Klag fürzubringen hat, und kann ein jeder daselbst zu einem richtigen Bescheid kommen ohne Ansehen der Person – der Arm als der Reich. In diesem Tiphan hat der Wascha niemand bei sich denn seine fürnehmbsten Officiales. Es erscheinen gleichwohl auch viel andere fürnehme Leut von Hof und von der Kanzelei, allein daß sie daselbst dem Wascha gleichsam aufwarten und ihren Gehorsam sehen lassen.

Neben diesen beiden Ratstägen befinden sich noch andere drei Oberkeiten und Richter, die allerlei burgerliche Händel entscheiden und über die Malefizsachen richten, als nämlich die zween Cadileßkir – der eine in den Landen gegen Aufgang, der ander in Europa. Zu denen appelliert man als an die Hofrichter oder Landrichter, die dann nach den mahometischen Gesetzen Recht sprechen und die Amptleut und Richter ordnen oder absetzen.

Nach denen beiden ist der Cadi – der Stadtrichter – über die gemeinen und geringen Sachen gesetzt; diese sein Stadtvögt, deren in jeder Stadt und in jedem Dorf einer ist. Der Subwascha ist soviel als der Profoß oder Blutrichter, der den Sentenz des Cadileßkirs oder Cadi exequiert und wirklich vollzeucht, es sei ein Geldstraf, Leibstraf oder Gefängnus. Als da einem Totschläger der Galgen zuerkennt wird; doch nicht mit dem Strang zu richten, sondern am Galgen sein etliche ei-

Strafmethoden der Türken

sene armvöllige Haken angeheft; in derselben einen wird der Übeltäter gehängt, also daß ihm der Hak zu der einen Seiten hinein und zur andern wieder heraus geht, in welcher Pein ihr etlich bis an dritten Tag gemartert werden. Etlichen aber wird vielmal diese jämmerliche Gnad zuteil, daß man ihnen die Gurgel abschneidt oder den Kopf abhauet. Die Landsverräter werden gespießet oder mit Pferden geschleift, die Dieb werden geköpft, die Ehebrecher im Meer versenkt, die Knabenschänder von den Kirchtürnen zu Tod gestürzt – das doch gar selten geschicht, denn die Unzucht geht in vollem Schwang. Jedoch erfordert ihr Gesetz, dieselb erzähltermaßen zu strafen. Ein gemeine Straf ist bei ihnen, daß man ein Beklagten mit den Füßen einknebelt an ein starken Bengel, welchen ihrer zween halten und den Strafwirdigen auf den Boden niederlegen (wie hieneben zu sehen), daß er die Füß gen Himmel kehrt. Denselben schmeißt ein Schergant mit einem egyptischen Rohr auf die bloßen Fußsohlen, so viel ihm der Richter Streich zuerkennt, und muß für jeden Streich noch ein Asper oder halben Batzen geben. Dies ist ein greulicher Schmerz. Die Türcken geben einem wohl 100 und 200 [Streich] oder mehr, nicht nur auf die Sohlen, sondern auch auf die Schenkel und den ganzen Leib. Ein gleichförmige Straf ist auch bei den Ungern bräuchig, die man nennt Harumbalts.

Sie haben keine verordnete Scharf- oder Nachrichter, sondern des Subwascha Schergen und Hassassen vollziehen an den Übeltätern die Straf. Deren sein viel, die hin und wider in der Stadt umbschweifen und ausspähen, wo es nicht recht zugeht, mit welchen der Profoß bei Nacht mit Fackeln die ganze Stadt durchstreift. Und wo er einen auf der Gassen ergreift, rechtfertigt er denselben; und so es ihn also dafür anficht, läßt er ihn mit Streichen abfertigen. Hat er denn das Leben verwirkt, so läßt er ihn gleich im Fußstapfen aufhenken – nämlich wenn man ein Verdacht oder Argwohn auf ihn wirft, als hätt er unziemliche Sachen mit Stehlen, Morden etc. für sich. Der türckisch Kaiser hat sein eignen Nachrichter oder Scharfrichter im Palast wohnen, der muß Tag und Nacht bei der Hand sein, wo man sein bedarf.

Die falschen Münzer bei den Türcken, wie auch die falschen Zeugen, werden auf ein Esel hinter sich gesetzt. Den setzt man ein hohen weißen Hut mit Hörnern auf, werden durch alle Gassen der Stadt geführt, mit Kot geworfen, letzlich an Geld gebüßt und übel geschmissen. Auf solche Weis wird auch die gemeine Hurerei gestraft – aber an niemands dann an den Christen oder Juden, da deren einer ergriffen wird.

Einem griechischen Schneider bei unserm Haus war auf ein Zeit das heimlich Glied ausgeschnitten, und da er nicht vom christlichen Glauben abgefallen wär, hätt man ihn von der Höhe des Turns auf das Pflaster herabgestürzt; dann er war ein Knabenschänder und war in frischer Tat ergriffen.

Wann einer der Türcken gottlose Lehr lästert, der wird mit Feur verbrennt oder gesteinigt. Es hat auf ein Zeit ein Jud gegen einem Christen wider den Herrn Christum greuliche Gottslästerung ausgestoßen, daß nämlich der Herr Christus ein Hurenkind sei. Als solches der Griech mit gnugsamer Kundschaft bei dem Wascha angebracht, war das Urteil über dies Belialskind gefällt, daß er sollt gesteinigt werden. Da haben die andern Belialskinder – die Juden – dem Wascha bei zweinzigtausend Dukaten in Rachen geschoben, daß er das Urteil widerruft, und ist der Böswicht allein an Geld und mit Streichen gestraft worden.

Bei den Türcken ist falsche Zeugnus ein gemeines Handwerk, daß, welche Partei mit vielen der falschen Zeugen der andern überlegen ist, die hat gewonnen. Und wann einer ein böse Sach hat, so bringt er 10 oder mehr Zeugen herfür mit langen Bärten, die nichts umb den Handel wissen dann nur, wie jener es ihnen vorhin hat eingebildet. Es ist aber viel daran gelegen – will ein Partei die Sach erhalten –, daß sie solche Zeugen bringen, die lange Bärt haben, auf daß der lange Bart der Sach ein Ansehen mach. Dann wann sich die Parteien vor dem Richter zanken und ihr Sach durch Zeugnus beweisen wöllen oder solcher Handel dem Richter verdächtig ist und der Kundschaft nicht will Glauben geben, alsdann beruft sich der Zeug auf sein Bart, weiset denselben dem Richter und streicht ihn mit der Hand durchab, sprechend: »Wie? Sollt ein solcher ehrlicher Mann mit eim solchen ehrbarn Bart und Ansehen ein Unwahrheit können fürbringen?« etc. Ein solcher Bart oder Handvoll Haar kann einem auf einmal in der Kundschaft ein halben Taler oder mehr ertragen.

Über gemeldte Gericht sein auch bestellt sondere Gassengericht, da man Gericht sitzt auf der offnen Gassen und gewöhnlich bei den Kirchen, da man allerlei schlechte Händel pflegt zu richten. Wann sich ein Zank auf der Gassen erhebt, so untersteht sich ein jeder, der fürübergeht, die Sach zu vertragen – ob er wohl den beiden Parteien unbekannt –, damit sie nit in der Oberkeit Straf fallen und daß die Oberkeit nicht zuviel beschwert werd, welches dann ein löblicher Brauch. In ihren Gerichtshändeln nehmen sie nicht langen Bedacht, daß die Parteien nicht lang aufgehalten werden, und sein ziemlich schnell mit ihrem Urteil, welches einsteils gut ist, daß also viel vergeblicher Gerichtskosten verhütet werd. Einsteils ist es bös, dann also kann ein oder der ander Teil übereilt und überhuiet werden, eh man noch auf den Grund kommen ist. Der viert Richter ist der Muphti, der ist soviel als Pontifex maximus – der Papst –, dahin vorermeldte Richter alle, wie auch der Sultan selbst pflegt zu appellieren. Seine Bescheid nennen sie Vetfa.

Das fünft Gericht nennen sie Aiaktiphan; ist soviel als ein Reichstag, welcher allein in schweren und gefährlichen Fällen fürgenommen wird, wann der Sultan schier an seinen Sachen verzweiflet hat. Ein solchen Tiphan hielt der Sultan zu meiner Zeit, als ihn alle seine Anschläg wider den Persier den Krebsgang giengen. Mit demselben ist's also beschaffen: Der Sultan fodert gen Hof alle sein Befelchs- und Kriegsvolk, das sich jederzeit am Hof hält; die erscheinen mit ihren Seitenwehren. Da setzt sich der Sultan auf sein Pferd und reut für die Stadt hinaus, welchen das Kriegsvolk beleitet. Im Aus- und Einreuten fordert er für sich jetzt diesen, dann ein andern Hauptmann, ja auch andere erfahrne Kriegsleut aus dem Haufen. Denselben hält er mit kurzen Worten sein Meinung für: Er sei bedacht, wider den König in Persia ein Krieg fürzunehmen, nachdem ihme die Sachen auf solche und solche Weis sei mißlungen, derhalben soll er sein Meinung hierauf erklären. Also hält er ein Stund lang im Feld oder reut gemählich hin und wider, bis er allerlei Meinung zusammenbringt. Dieselben fasset er und beratschlaget sich alsdann, entweder mit den Waschen insonderheit oder in öffentlicher Ratsversammlung oder aber nimbt alsbald die Sachen nach etlicher der Kriegsleut Bedunken, die er von ihnen erlernet, für die Hand. Auf

N. V. gehört zu dem 177. Blat. Ein Türc...

andrer Herrn Gesind. Neben her lauffen Roßbuben / tragen Roßdecken / und wischen mit einem Schwanz den Rosen den Zaum vom Maul.

17. Ist der Beglerbeg aus Graeca, den zu nennen Drum Beglerbeg.
18. Welchen der Bassa das gleit gibt.
19. Der Begen Staltknecht.
20. Des Beglerbegen Kihaia oder Hoffmeister.
21. Seine Truchsässen.
22. Sein übrig Hofgesind bey 200, wie auch

16. Einer führt an einem Spies ein Schweiß eines Pferds. Item in einem Panir ein grausam Schwert / welches sie neten Eulspach / an solche sol ihr Mahomet in Kriegen angeleuchtet haben. Solche Bannerherr / daß sie Verschreibung an Spiessen führen / kompt von den Griechen her, wie man sihet bey dem Virg.lib. 10. Im. und bey Hom. Il.9. 5.

4. Der Janitschar Aga / der Oberist über alle Janitschar.
5. Sein Stallknecht.
6. Der General Obrist Zendrich mit seinen Dauffen den 20. Etliche führen Spies mit schwarzen roten Quasten / bedeut an solcher Spies ein Sanjagschaft oder Fürstenthumb.

neben den Schwanz.
2. Sein drei Hauptleu...

---

solche Weis halten auch die Ungern ihre Reichstäg, die sie Rakos nennen.

Das ist auch ein Stück, darin ihr Sieg steht, daß sie ihre Sachen bald und bei guter Zeit beratschlagen und darauf alsbald zum Heinzen treten, dahergegen dieser Mangel bei dem Römischen Reich fürfällt, daß es langsam zugeht mit den Reichstägen und langsam in das Werk gebracht wird, was beschlossen ist worden; unterdessen ist der Türck schon anzogen und hat schon etlich Kastell und Dörfer geplündert. Wiewohl man solches wohl weiß und oft mit großem Schaden erfahren hat, so wird doch der Mangel nicht abgestellt.

Die Türcken sein in Vollstreckung des Rechts geflissen. Der Subwascha reit hin und wider in der Stadt – der ist soviel als der Profoß – und besichtigt mit Fleiß die Gewicht und Maß. Und so er befindt, daß das Gewicht im Brot, Schmalz, Öl etc. falsch oder zu gering ist, pflegt er alsbald dieselben Handelsleut oder Vorkaufer – sie seien Christen oder Türcken – mit Gewalt aus ihren Kaufläden zu schleppen und mit Stecken auf die bloßen Fußsohlen zu schlagen, wie in nächstvorgehender Figur zu sehen ist; ja wo ihm sonst etwas ungerads fürkompt, das muß auch herhalten. Er wird von vielen Hassassen oder Scherganten und Dienern beleitet. Dieselben tragen Hüt wie die Janitscharen, doch nicht mit Gold über der Stirn herumb geschmuckt, auch ohn ein silberin verguldtes Rohr an der Stirn über sich gehend, darein man die Federn steckt; sein auch nicht so wohl bekleidet und besoldet wie die Janitscharen. Sie stürmen ohn Unterlaß in der Stadt herumb, wo sie mögen etwas ertappen und zur Straf nehmen.

seyn in Asia/ welche alle zumal also bekleidet sehn/vnd sorn ansehliche leut. Dise
reis ist vielleicht darumb erdacht/daß einer
im Winter schwitzt.
9. Diß seyn die Jänitschen bey 60. seyn die Edel-
oder landherrn.
10. Ist der Wascha.
11. Des Zauischen Wascha Staltknecht laufft

halb roth-armalet.
7. Seyn die Spahi renszsr oder einsennige/bey
100. etliche reiten wie die Kürisr von ge-
papten Decken/ etliche von Daszer/ sie führen Bogen vnd Pfeil vnd an jeder an Rön-
dell oder Türnischen auff den Rucken.
2. Vnter disen reiten einer oberhalb der Gürtel
gar nacket vnnd bloß/ sol an alt Geschlecht

vorbisз vnnd hinderbisз am Gaul ist nisst
Sebelen gezeret.
3. Führt zwen Adlersflügel auff des Pfards Mein.
4. Reit in einem vmbgekehrten Wolfsbelz.
5. Führen Zier-haut an des Pfards Mein/em
lange Streich-adskmiren.
6. Führet ein Spieß-pickel auff dem Hut mit Adlers-
sedern gefast/ das Pferd ist halb weiß vnnd

8. Seyn der Spctleut.
1.2.1.4.5.6. Seyn die Reysigen von der Vn-
garischen vn Trabanischen Gräntz bey 200.
Als 1. Führet ein eisern Faustkolben/ damit
than die seim entschlüfft/neben jm einen mit
einer zotten seltsamen langen Hauben hinden nah.
2. Führet ein Adlersflügl auff dem Hut/ das

Türkischer Triumphzug

Das LI. Kapitel

Von der Türcken Triumph

Vorzeiten haben die römischen Kaiser, wie man weiß, ihre Triumph gehalten nach erlangtem Sieg, da sie mit großem Pracht im Einzug in der Stadt Rom einzogen. Die Türcken halten das Widerspiel, indem sie ihre Triumph halten, wann sie wider den Feind ausziehen, da sie sich ganz prächtig herfürtun. Jedoch richten sie keine Arcus triumphales oder Ehrenporten auf, wie in hiebeigelegter langen Figur zu sehen ist, sondern putzen sich gar zierlich; und werden die Obristen von den Wascha und Janitscher-Aga für die Stadt hinaus beleitet. Das heißt im Sprichwort: Agere triumphum ante victoriam – zu schreien, ehe einer über den Graben kompt.

Das LII. Kapitel

Der Türcken Bekanntnus von Gott und ihres Mahomets Ankunft, Leben und Tod

Die drei Völker – Juden, Christen und Türcken – werden von den Mahometanern, soviel ihr Religion belangt, solchergestalt unterschieden: Sie bekennen, daß diese drei Völker ihr Religion von Gott haben empfangen. Moses hab den Juden das Gesetz übergeben und befohlen. Weil es aber zu streng, also daß den Juden unmüglich, demselben völligen Gehorsam zu leisten – wiewohl es Gott lange Zeit mit ihnen vergeblich versucht –, sei er letzlich verursacht worden, solche Gesetzlehr aufzuheben und zu mildern durch die Lehr des Evangelii, obwohl auch im Evangelio von Christo sehr schwere Gesetz und Last, welche wider die Natur sein, den Leuten aufgelegt werden – als den Feind lieben, für die Verfolger bitten, sich vor bösen Lüsten hüten, im Kreuz geduldig sein etc. Derwegen hab der allmächtig Gott nach langer Zeit den Propheten Christum erweckt, welchen er die Lehr des Evangelii in die Welt zu bringen befohlen. Als aber die Welt solche sanfte, milde Lehr auch verachtet, da hab der allmächtig Gott ein andere Lehr nothalb mit den Menschen müssen fürnehmen, die nicht so streng wie Mosis Lehr, auch nicht so gelind und sanft wie Christi Lehr, sondern die das Mittel hielt, und welche Lehr aus den vorigen beiden zusammengeflickt wär. Dieselbig dritte Lehr wird von ihnen genannt Curan – »das Gesetz« – oder Alcuran – das ist »Gottes Gesetz« oder eigentlich dem Wort nach »der Anfang und das End«, ja darin weder Anfang, Trumm oder End ist. Und diesen Curan hab Gott dem Mahomet, dem fürtrefflichen Begamber oder Propheten, übergeben und vertraut, in der Welt denselbigen auszubreiten, die Verächter aber derselben mit dem Schwert und allerlei Grausamkeit zu verfolgen.

Von Gott dem Allmächtigen lehren und halten sie also: Es sei ein einiger Gott, der seinesgleichen nicht hab, und sei ein geistliches, heiliges Wesen, allmächtig, unbegreiflich von Ewigkeit in Ewigkeit. Er ist's alles und hat alle Ding, sichtbares und unsichtbars, erschaffen. Es kann in summa nichts Guts gesagt werden, das nicht ihme möcht zugemessen werden. Welches alles gleichwohl recht geredt ist, wann man solches von dem wahren, einigen Gott, welcher ist und heißt die Heilig Dreifaltigkeit, versteht. Weil aber die Türcken dies göttlich Lob nicht diesem Gott, der da ist die Heilig Dreifaltigkeit, sondern einem andern und unbekannten Gott zuschreiben, so rauben sie dem wahren, einigen, allmächtigen Gott sein Ehr, dieweil außer diesem Gott, welcher ist Gottvater, Sohn und Heiliger Geist, kein anderer Gott ist.

Die heilig göttlich Schrift, die Lehr der heiligen Propheten und Apostel findt man bei ihnen in arabischer Sprach, als nämlich bei ihren Muderis und Doctoribus. Und was sie darin finden, das ihrem Aberglauben zuwider ist, sprechen sie, die Christen haben es verfälscht. Aller Propheten, von Adam an bis auf ihren höllischen Propheten Mahomet, gute und böse, wahre und falsche, sollen an der Zahl gewesen sein zehnmalhunderttausendvierundzweinzigtausend.

Von ihres falschen Propheten Ankunft sprechen sie, er sei von fürnehmen Eltern geborn zu Mecha in Arabia Faelici. Er hab bei 40 Jahr sein Leben zubracht mit Kaufmannschaft, da sei ihm auf ein Zeit der Engel Gabriel erschienen, der hab ihn zu einem Propheten und Diener Gottes bestellt und das heilig Buch, den Curan, übergeben, auch ihn zumal mit großer Weisheit und Verstand begabt, daß er die Geheimnus im Curan – in ihrem Gesetzbuch oder Bibel – verstehn möcht. Im Jahr nach Christi Geburt 630, im 19. Jahr der Regierung des Kaisers Heraclii, hat der Teufel diese schreckliche, gottslästerliche Mißgeburt aus Gottes Verhängnus zu Straf der Sünden in die Welt gebracht. Er sei bei Gott in großem Ansehen gewesen, hab oft mit Gott von wichtigen Dingen Gespräch und Rat gehalten, und wann er seines Volks halb von Gott gefragt worden, wie es sich gegen seiner Lehr verhalt, hat er allezeit das Best geredt. Er hab neben ihm und nach ihm gehabt 40 000 Propheten und Jünger, daraus die vier fürnehmbsten sein Ebubecar, Ali, Osman und Omar; der erste unter diesen ist Mahomets Schwäher gewesen. Dieser verfluchte Prophet hab gelehrt 23 Jahr, sei eines natürlichen Tods gestorben und zu Medina in Arabia Petraea begraben worden.

Das LIII. Kapitel

Ist ein Inhalt des verfluchten Alcurans

Es soll der Curan ganz unordentlich gestellt sein und seltsam zerbrocket, da alles durcheinander gehet wie der gemähet Habern. Er sei ganz unverständiglich, unordentlich, unbegreiflich, den allein Gott verstehe und der Hl. Prophet und die sonderlich von Gott erleucht sein – wie diejenigen anzeigen, so täglich darinnen lesen. Und soviel ich darin gelesen und in des Teufels rotwelschen Sprach und Phrasi hab fassen können, so befind ich nichts anders dann ein vergeblich und liederlich Lob von Gott, beides im Alcuran und durchaus in ihrem Gottesdienst – also daß Gott Gott sei, das hätt mir auch ein Narr können sagen, wann schon dieser arabisch wahnsinnig Narr geschwiegen hätt; item daß Gott wahrhaftig und heilig sei, welches nie jemand gelaugnet hat.

Das ander Stück im Alcuran sein die groben, unverschämbten Lügen, die Mahomet von sich selbst rühmet – also daß er oftermals gen Himmel gestiegen, sich mit Gott von vielen wichtigen Dingen beratschlagt, daß er auf ein Zeit den Mon in zwei Teil geteilt, also daß er ist vom Himmel gefallen, daß die Engel Gottes mit ihme oft Gespräch gehalten; sonderlich muß Gabriel ein Schanddeckel aller seiner Lügen sein, welcher hab allerlei göttliche Befelch bei ihm ausgericht. Item von den Engeln leugt er, daß ein jeder vieltausendmal größer sei dann die Welt, item es hab ein jeder 700000 Köpf und sovieltausend Mäuler ein jeder, ein jedes Maul 700000 Zungen.

Das Best im Alcuran ist dieses, da gemeldt wird, daß unter den 12000 Sprüchen nicht mehr als die 3000, das ist der vierte Teil, wahr sei; die 9000 übrigen seien erlogen.

Weiter tut der Curan Meldung ihrer Gottesdienst, des Fastens, Wallfahrtens, des Gebets, Waschens, Reinigung, Opfer und dergleichen Heuchelei und Abgötterei.

Er tut auch oftermals Meldung des Herrn Christi, dem er Zeugnus gibt, daß er ein mächtiger Prophet Gottes und mit dem Ansehen alle andere Propheten übertreff. Er bekennet, daß Christus ohn ein Mann von Maria geboren sei, und spricht, Christus sei das Wort Gottes. Welches recht geredt ist, aber der Teufel hat ihn verblendet und ihm seinen Verstand angefesselt, daß er's nicht soll recht verstehen, daß »Wort« soviel sei als das göttlich Wesen und nicht ein solch Wort wie eines Menschen Wort. Item wir haben, sagt er, in der Person Gottes dem Sohn Mariae unser Seel mitgeteilt und haben ihn vollkommen gemacht, darzu ihme auch Macht geben, Wunderzeichen zu tun durch den Hl. Geist. Und ist dies Orts, wie in allen andern Dingen, der Teufelsprophet und bezauberte Bestia wider sich selbst, da er bekennet, Christus sei das Wort Gottes, item Christi Lehr sei die Wahrheit und bring das ewig Leben, will aber doch nicht bekennen, daß er Gottes Sohn sei, so doch Gottes Sohn und Wort in dem Evangelio einerlei heißen an, Christo. Item daß er sagt, das Evangelium sei die Wahrheit und Seligkeit, und will doch nicht, daß sein Anhang dem Evangelio beifall und dardurch selig werde; ja er will nicht, daß man andere Bücher oder Schriften lese außerhalb dem Alcoran und daß sich die Mahometaner mit den Christen ob der Lehr und Glauben nicht befragen oder besprachen, weil er in Sorgen steht, man möcht seine unverschämbte Lügen von dem Liecht des Evangelii an Tag bringen.

Darumb hat er unter dieser Freiheit, die er ihm selbst gibt, Macht, ganz durstig und freudiglich zu liegen, was er will und was ihm der Teufel eingibt. Er schämet sich nicht, wider Gott, die Hl. Dreifaltigkeit, wider sein Hl. Wort und Sakrament öffentliche Lügen auszuspeien, als daß nur ein einiger Gott sei, welches zwar wir Christen auch bekennen. Aber daß in dem einigen göttlichen Wesen drei unterschiedliche Personen, nämlich Vater, Sohn und Hl. Geist, seien, darob will der Teufel und sein Gesandter, der Muhamet, toll und zum Narren werden, und braucht dies einig Principium und Argumentum aus des Teufels Dialectica: Gott ist einig und hat kein Sohn, weil er kein Weib hat. Denn so Gott ein Weib und Sohn hätt und also Gott nicht einig die Welt regierte, sondern mitsampt dem Sohn und Weib regieren sollte, so würde unter ihnen ein Widerwill und Uneinigkeit oftermals der Regierung halb entstehen. Denn der Vater möcht ein Sach fürnehmen, die dem Sohn oder dessen Mutter zuwider wär oder hinwider möcht der Sohn und sein Mutter etwas solches fürnehmen, das dem Vater mißfiel. In diesem währenden Streit und Hader würd die Regierung der Welt an einen Nagel gehängt, und hätt die Welt vor etlich tausend Jahren müssen zu Scheitern und Trümmern gehn. Da siehet man, wie der Teufel so voller Kunst steckt, ja wie er sich mit solchen lahmen, närrischen Gedanken in dieser wichtigen Handlung selbst kützelt, daß Gott nicht könn ein Sohn ohn ein Ehweib haben.

Von Christo redet zwar Muhamet, die teuflische Bestia, oft die Wahrheit, bald stößt er s' wieder mit einer unverschämbten Lügen umb, damit niemand wissen möge, wenn er liege oder wahr hab. Er lobt sich selbst über die Maßen von seinen Offenbarungen und Gesichten und daß Christus von ihme weissagt hab: Ich will euch ein andern Tröster schicken (den Muhamet), der wird euch in alle Wahrheit leiten. Er nennt Christum einen Gesandten Gottes, und Gott hab ihm das Evangelium geben. Dasselbe sei ein Liecht, ein Bestätigung des Testaments, ein Züchtigung und der rechte Weg für die, so Gott förchten. Christus sei nit Gott, noch Gottes Sohn, sei auch nit Gott und Mensch in einer Person. Ja er nennt solch Bekenntnus der Christen Narrenteiding, auch ein greuliche Sünd, und wer solches glaub und bekenn, der sei ein Lügner.

Item es sei ein solcher Greuel, darüber der Himmel sollt verdunkeln, davon die Berg möchten einfallen; und alle diejenigen, so dies glauben, gehörn ins höllisch Feur. Dann Gott sei der Höchst und wöll keinen, der ihm gleich sei an Macht oder Gewalt, neben sich leiden. Was außer Gott sei, es sei Christus oder ein andere Person, das sei Gottes Dienstbarkeit und Knechtschaft unterworfen. Derwegen gereich es Gott zu Unehrn, wann er seiner Knecht einen wollt für einen Sohn halten. Sonderlich sei Christus viel zu gering darzu, daß er Gottes Sohn sollt sein; wann Gott ein Sohn wollt annehmen oder einen zum Sohn erwählen, so würd er aus den Gewaltigsten, Ansehlichsten einen erwählen. Christus hab Wunder getan; er hab aus Erden Vögelein formiert und sie mit Anblasen lebendig gemacht. Er hab Lahme gerad, Blinde sehend gemacht und Toten auferweckt.

Von der Lehr des Evangelii spricht er, es sei die Lehr der Vollkommenheit, item daß niemand am Testament, das ist am Gesetz, und Evangelium zweifeln soll, wie auch an seinem Alcoran. Das Evangelium sei durch Christum von Gott allein dazu geben, daß die Leut dardurch Gottes Huld und Gnad erlangen.

Vom Glauben sagt er viel, aber er versteht allein denjenigen Glauben, da man Gott und dem Mahomet glaubt. Von Vergebung der Sünden redet er auf's ungewiss', Gott sei barmherzig, vielleicht werd er den Mahometanern die Sünd vergeben – es mög ihnen auch wohl fehlen. Ein jeder, der Guts tu – er hab für ein Religion, was er wöll –, der könn bei Gott zu Gnaden kommen. Sonderlich welche für des Mahomets

Lehr streiten, ihr Leben wagen und den Feinden mit Raub, Brand und Würgen Schaden zufügen, die erlangen gewiß Gottes Huld und die Seligkeit.

Das LIV. Kapitel

Von der Türcken Gottesdienst, Betstunden und Form ihres Gebets, auch vom Brauch und Gebärden im selben, sampt ihren Glocken und Kirchenzier etc.

Die Mahometaner besuchen täglich mit großer Andacht die Kirchen zum fünftenmal, da sie denn ihre Gebet verrichten. Die Kirchen sein mit dem vördern Gebäu gericht nach mittagwärts, daß die Betenden stehen und ihr Angesicht wenden nach Mecha, zu der Begräbnus Mahomets, gleichwie vorzeiten die Juden das Angesicht nach Jerusalem, da der Tempel war, wendeten in Hoffnung, daß ihr Gebet alsdann erhöret werde. Also meinen die Türcken auch, wann sie sich gegen der Hl. Stadt Mecha und Medina wenden, daher ihr Prophet bürtig und sein Begräbnus daselbst hat, so hab ihr Gebet desto mehr Kraft und Ansehens bei Gott.

In ihrem Gottesdienst brauchen sie viel Waschens, wie bei dem levitischen Gottesdienst vorzeiten bräuchig war, da sich die Priesterschaft mußt waschen, wenn sie in die Hütten des Stifts giengen. Also waschen sich die Türcken an dem Angesicht, die Arm bis an die Ellenbogen, an heimlichen Orten und die Füß. Wiewohl sie aber viel Zeremonien von Mose entlehnet, so pflegen sie doch in diesem der levitischen Priesterschaft nicht nachzufolgen, daß ihre Priester sondere Kirchenschmuck und Kleider bei Verrichtung des Gottesdiensts brauchten, sondern verrichten denselben in ihren täglichen gemeinen Kleidungen.

Die erste Stund zum Gebet ist, ehe der Tag anbricht, wird genennt Salah [= Sabah]; die ander Zeit zu Mittag, heißt Vhile; die dritt zu Vesperzeit, die wird genennt Chnidi = Chindi]; die viert Acsa, wenn die Sonn untergeht; die fünft Jastna umb Mittnacht. In der ersten Betzeit fallen sie viermal auf das Angesicht zur Erden, in der 2. Stund zehnmal, in der

3. dreizehnmal, in der 4. achtmal, in der 5. fünfmal. Und sooft sie aufs Angesicht den langen Weg auf die Erden niederfallen, wiederholen sie diese Wort oder dies Gebet: »O Gott, sieh gnädiglich auf uns, deine Knecht! Willst du uns etwas befehlen, so wollen wir dir gehorsam sein. Lehr uns, Herr, deinen Weg halten, daß wir nicht in Irrtum geraten!« Sie bitten auch Gott umb Verzeihung der Sünden, umb Glück und zeitlich Wohlfahrt. Desgleichen beten sie, daß Gott die Christen und die nicht ihres Glaubens sein, zu Erkenntnus ihres Glaubens woll bringen, sonderlich daß Gott die Christenheit nicht woll lassen einig untereinander werden; dann sie halten darfür, wo die Christen unter ihnen selbst einig wären, möchten sie vor ihrem Gewalt nicht bestehen.

Ehe sie aber zur Kirch sich versammlen, pflegt der Muesin – der Pfaff – von dem Kirchenturn herab zu den 4 Orten, doch nicht allweg, sondern nach seinem Gefallen, einen Psalmen oder Spruch aus dem Curan zu singen, darin er Gott lobet von seiner Allmacht und Gewalt etc. Darnach und sonsten gemeiniglich ruft er das Volk zusammen, daß es zum Gebet komm, auf daß es von aller Forcht erledigt werde – wie auch bei den Griechen ein Knab herumbschreit auf der Gassen: »Kompt in die Kirchen!« etc. –, weilen sie nicht Glocken haben. Alsdann beschleußt er mit diesen Worten: »Alla egber, la helahe ille lah, veeschedu en la illahe ille lah, veeschdu en Muhammeden resullula.« Das ist: »Ich bekenn, daß nur ein Gott sei und daß Gott Gott und Muhamet sein Prophet sei.« Und wiederumb: »Haia ̇alesselah, haio alelphala.« Das ist: »Kommt her, damit ihr aller Forcht abkommet.« Dies ruft er an allen vier Orten auf dem Umbgang an ihrem Sabbattag, welcher auf unsern Freitag gefällt. Pflegen etwan 5 oder 10 Muesin oder Pfaffen miteinander mit erhebter Stimm bei einer halben Stund auf den Türnen zu schreien. Wann dann das Geschrei auf den Türnen fürüber, da geht jedermann in die Kirchen. Im Kirchhof waschen sie sich zuvor oder auch daheim mit frischem Wasser und streifen die Ärmel hinter sich, waschen die Arm bis an die Ellenbogen, item die Füß und heimliche Glieder. Vor der Kirchentür ziehen sie die Schuh ab, gehen einsteils mit bloßen Füßen oder mit saubern lederen Söcklin angezogen in die Kirch.

Jedoch kommen sie nicht alle in die Kirchen, sondern sie

verrichten auch ihr Gebet in den Werkstätten und Gewerbsläden allermaßen wie in der Kirchen. Die Weibsbilder dörfen in kein Kirchen gehen, es sei dann, daß sie Sehens halben darein gehen, wann kein Gottesdienst gehalten wird; sie verrichten aber in ihren Häusern allerdings ihr Gebet, wie man in der Kirchen pflegt. Dann sie halten nicht darfür, daß die Weibsbilder selig werden; oder da sie ja selig werden, kommen sie in des Himmels Vorhof oder Vorhimmel, dahin die Frommen aus den Christen verordnet sein. Welcher Wahn vorzeiten auch auf der Bahn gewesen, wie man abnehmen kann aus diesen Worten Pauli, als er sagt, daß auch die Weiber Miterben sein der Seligkeit, als wollt er sprechen, sie sein nicht davon ausgeschlossen, wie etliche darfürhalten. Also hab ich auch kein Kind oder junge Knaben in der Kirchen gesehen; vielleicht auch umb der Ursach willen, damit sie böse Lüst verhüten – dann umb deswillen ist auch den Weibsbildern die Kirch verboten. Unangesehen daß ihnen möcht ein eigene Kirch vergönnet werden, so halten sie doch für gnugsam, wann sie daheim in Häusern ihr Andacht vollbringen, dann sie können gemeiniglich alle lesen.

In diesem kommen sie allzumal überein, daß sie nicht wissen, was sie beten; dann alle Gebet und Gottesdienst verrichten sie in unbekannter, nämlich in arabischer Sprach. Doch sein sie gar eiferig und andächtig, wie der Brauch aller Heuchler und Falschglaubigen jederzeit gewesen ist.

Sie gebrauchen sich bei ihrem Gebet auch der Rosenkränz oder Paternoster, daran sie unserm Herrn Gott das Gebet darmessen und ein Genanntes beten. Solche Rosenkränz nennen sie Theßbich, das ist »Gotts Bekenntnus«. Ein solcher Theßbich wird in 3 Teil unterschieden, jeder Teil hat 30 Küglein oder Pillulen. Die erst Ordnung laut also: »Subhanalla«, welches sie 30mal wiederholen, und heißt »Du unbegreiflicher Gott«. Die ander Schicht laut: »Elhemdu lilahi – wir sagen dir Dank«, die dritte Schicht »Alla egber – Du bist allmächtig«. Sie prangen mit ihrem Gebet und Rosenkränzen auf den öffentlichen Gassen und Straßen, da sie gehend, sitzend, reitend ihr Taglohn an den Rosenkränzen abzählen und abmessen; ja wenn sie über Land reisen, steigen sie zu gewisser Stund ab, verrichten ihr Gebet. In summa, die äußerliche Andacht und der äußerlich Wandel hat einen solchen Schein,

Die Gebetshaltungen

daß kein Wunder ist, daß viel Leut verführt und betrogen werden.

Zu End des Gebets pflegen sie sich auf beide Seiten umbzusehen, dann sie niederhocken, sprechen »slunge, slunge«, welches sie bei 40- und mehrmalen wiederholen, und sagen, sie grüßen und hofieren den beiden Engeln, dem guten und bösen Genio – dieser stehe zur Rechten, jener zur Linken, dann die linke Hand ist bei ihnen das Ehrnort. Solch Umbsehen hat ein fast lächerlich Ansehen – gleichwie sich einer zu allen Orten nach einem umbsehe, da niemand verhanden wär, sonderlich wann sie beide Händ ausstrecken. Den guten Geist oder Engel oder Genium zur linken Hand reden sie mit freundlichen Worten an, sprechend »Allahe illela«; darnach wenden sie das Angesicht gegen der rechten Seit und wiederholen diese Wort »Allahe illela«, aber ganz ungestüm und schnarchend, als wollten sie den bösen Engel an Hals schlagen. Das wiederholen sie vielfältig, mehr dann 30mal, und damit enden sie das Gebet.

Als nämlich, sobald sie das Gebet anfahen, greifen sie mit beiden Daumenfingern an die Ohren – gleichwie die Teutschen einem den Narrn stechen oder ein Eselohr aufsetzen –, damit sie anzeigen, sie wollen jetzt die Ohren zustopfen, daß sie nichts Irdisch hören, sondern Gott dem Herrn allein die Ohren öffnen und ihm aufmerken. Zum andern stecken sie beide Daumen unter die Gürtel vornan nabelwärts, stehen also ein gute Weil gar andächtig. Zum dritten bucken sie sich und greifen an die Knie. Zum vierten hocken sie nieder, daß sie auf den Fersen oder Waden sitzen. Zum fünften fahren sie mit beiden Händen oft übers Angesicht und Bart ab. Zum sechsten legen sie sich nach der Läng auf das Angesicht. Dies bedünkt mich, sei ein alter jüdischer Brauch, dessen die Schrift vielmals Meldung tut, wann sie des Gebets zu Red wird; dann diese Weis ist bei allen orientalischen Völkern im Brauch, bei Jüden, Christen und Türcken.

In ihren Kirchen findt man kein Stühl, sondern sein gar leer und ledig. Der Boden ist mit Binsen und Rohrgeflecht, darzu mit Teppichen überdeckt; kein Gemäl und Bildnus haben sie. Viel Ampeln hangen an eisen Stangen und Reifen vom Gewelb herab 2 Manns hoch ob dem Boden, also daß zwischen zwo Ampeln ein Straußenei oder auch ein große, mächtige gläserne Kugel – die ist ein Spiegel – hangt. Dann der Spiegel ist auch ein Stück des Gottesdiensts, daß sich einer beschau und Gott für Leib und Leben dank. An der Wand findt man gewöhnlich arabische Schriften, nämlich denjenigen Spruch, davon oben Meldung geschehen: »La he-lahe illéla, Muhammeden resullula – Gott ist Gott und Ma-homet ein Abgesandter oder Prophet.«

Sie sein zwar nach dem Gesetz und Curan verpflicht, täg-lich die Kirch 5mal zu besuchen und ihr Gebet zu halten, aber wie gemeldt, wird diese Ordnung oft und gemeiniglich übertreten; zwar nicht freventlich, sondern daß sie ihr An-dacht in den Häusern verrichten, damit auch ihre Vorsteher und Lehrer wohl vergnügt sein. Die haben gut Achtung dar-auf, welche sich andächtig und heilig erzeigen oder nicht. Ihr Gebet verrichten sie einsteils laut und zum Teil heimlich. Wann einer später hinein in die Kirchen kompt und den An-fang des Gebets versaumet hat, so hat er sein Besonders, läßt die andern in ihrer Gauklerei fürfahren, und macht er seine eigene Fechter- und Gaukelpößlein auch besonders. Wann sie im Rat vor der Gebetstund ergriffen werden, so unterlassen sie das Gebet nicht, sondern verrichten in des Wascha großen Saal das gemein Volk und die Rät einmütiglich ihr Gebet.

Wann es dann verricht, fahren sie wieder in ihrer fürgenommenen Sachen fort. Und wann die Gemach nicht gericht sein gegen Süden oder südostwärts nach ihres Mahummets heiligen Grab, so stellen sie sich übereck und nach der Schröge des Gemachs, daß dann das Gemach verstellt, als wär es schrög gebaut. Der Priester aber – der Muesin – redet und gölft dem Pöfel für mit dem Gebet; auf den hat es acht und folgt ihm nach.

Das LV. Kapitel

Von der Türcken Art im Predigen

Auf alle Sabbat (das ist der Freitag, den die Türcken nennen Dschumadion – von dem Wort »Dschuma«, das heißt »ein Stiftkirch«, und ist »Dschumadion« soviel gesagt als »der Stifttag«) werden von den Muderis – den hochgelehrten Doktoren der Schrift – Predigten gehalten. Wann nämlich das gemein Gebet vollendet wie oberzählt, alsdann tritt der Doktor auf die Kanzel – die ist gar hoch, doch nach unser Art –, liest ein Kapitel aus dem Curan. Daraus nimbt er etliche Stücklein, erklärt den Text – welcher arabisch –, daß der gemein Mann verstehen kann, streicht Gott und dem Muhammet ihr Lob heraus, dessen ein großer Überfluß wie oben gemeldt, oder streicht ein Geschicht und Tat heraus ihrer vermeinten Heiligen. Oder er nimbt ein Punkten heraus, wo er will – ein Vermahnung zu Tugenden und guten Werken, als mit Fleiß die Kirchen und öffentliche Gebet besuchen, Almusen geben, Fasten halten, opfern, jedermann tun, was einer will, das ihm von andern geschehe, etc.; oder ein Warnung von Lastern und Untugenden, vor Neid, Haß, Unreinigkeit, Hurerei, Unzucht, Geiz, Füllerei und dergleichen; verheißt den Gehorsamen die Seligkeit, den Ungehorsamen drohet er mit dem höllischen Feuer. Von der Gnaden Gottes wissen sie nichts denn allein, daß Gott gnädig und barmherzig sei und die Sünd verzeihe denen, die sie erkennen und Leid darüber tragen. Sie meinen nicht, daß sie eines Mittlers bedürfen, der ihnen Gnad erlang, ihre Sünd büß; sie sein selbst geschickt gnug darzu.

Wann sie von dem ewigen Leben predigen, so hat es eben ein Schmack, als wann wir unsern Kindern nach ihrem kindischen Verstand den Himmel einbilden, als daß Gott der Vater in einem gülden Sessel sitz, der hab umb sich viel Kinder, die Engelein sein worden, die tragen sammete Kleider, essen liebliche Speisen von Zucker, Hönig, Öpfel, Birn, Wein, Gebachens; spielen, tanzen, springen etc. Oder wie die Alten von dem Schlauraffenland ein Gedicht gemacht, faule, schläferige Leut damit aufzumuntern; in welchem fließende Bäch sein mit Reinfal und Malvasier etc., die Wände an den Häusern seien mit Fladen, Leckzelten und Kuchen getäfelt; was einem mangelt, das könne er alles von den Bäumen schütteln etc. Oder wie man von Frau Venus Berg Gedicht und Lieder gemacht hat; wie daselbst schöne Madonnen, darzu große Freud und Kurzweil mit fleischlicher, unziemlicher Wollust. Vielleicht ist der Türcken Himmelreich aus diesem heidnischen himmlischen Wohlleben gezimmert und zusammengeflickt worden. Ebenermaßen dichten die Türcken in ihren Schriften und Predigen ein ewiges Leben, in welchen schöne Cortesanin seien mit großen Augen wie ein Ei (warumb nicht so groß wie ein Pflugrädlein), die seien unbefleckt von weiblicher Blödigkeit und Unreinigkeit. Da wird fleischliches Wollusts kein End noch Aufhören sein, da werden sie sich erlüstigen mit allerlei köstlichen Speisen, Konfekt und Schleckwerk etc. Machen also aus dem Himmel ein Schlauraffenland und Venusberg.

Ferner haben obgedachte Priester im Brauch, auf der Kanzel ein bloßen Säbel neben sich zu legen und denselben unter dem Reden etlichmal zu erwischen; damit anzuzeigen, daß man die Widersprecher und Verächter dieser Lehr mit dem Schwert soll verfolgen und daß ein jeder Musulman bei dieser Lehr soll lassen Leib und Leben und sich vor dem Säbel nicht entsetzen, wo man ihn wollt davontreiben. Solche Predigten werden in den fürnehmen Städten allein in den hohen Stiftkirchen und nicht in den gemeinen Mesgit verricht. So hab ich auch gehört, daß dies Gepräng mit dem bloßen Säbel allein gebraucht werd in denjenigen Städten, die mit Sturm und Schwert sein erobert worden.

Neben jetztgedachter Art im Predigen ist noch eine andere Weis, nämlich daß etlichmal der Ordensleut einer, der etwan mit Heiligkeit (oder Heillosigkeit) andere übertrifft, auf der offnen Gassen dem fürgehenden Volk und das sich zu ihm versammlet, pflegt ein Strafpredig zu halten, die Mißbräuch und Laster an hoch und nieder zu strafen, als Unbarmherzigkeit gegen Armen, Hurerei und Füllerei etc.; und greifen mit aller Freudigkeit den Reichen und Wucherern in die Wollen.

Das LVI. Kapitel
Von der Türcken Beschneidung, Tsunet genannt

Die Mahometaner haben von den Jüden und Mose in ihrem Gottesdienst wie viel andere Kirchenbräuch also auch die Beschneidung entlehnet. Doch rechnen sie dieselbig nicht von Abraham, wie die Heilige Schrift mit sich bringt, sondern von Adam an, davon ein solch Märlein verhanden: Als Adam auf ein Zeit im Paradeis umbspazieret ohn ein Rock – dann er kunnt kein Weber ankommen –, da er sich nun allenthalben an dem nacketen Leib mit Fleiß beschauet und sich ob der göttlichen Weisheit an seinem Leib verwundert, wie alle Glieder so ordentlich geschaffen und der ganze Leib so artlich gliedmaßiert und ein jedes Glied ein sondere Wirkung und Geschäft hätt. Als er aber des Glieds der Geilheit wahrnahme und sein Art wohl verstund, ist er in solche Sorg und Angst geraten ob demselben, daß er sich gefürcht, dies Glied möcht ihn mit der Zeit zuschanden machen, daß er sich vielleicht mit Mutwillen möcht vergreifen. Da hat er sich alsbald entschlossen, solches Glied vom Leib abzuschneiden und künftige Schmach und Schand also zufürzukommen. Als er nun das Messer an das Glied gesetzt, sei Gabriel kommen (dann er muß bei allem Schimpf sein), hab ihn an seinem Fürnehmen verhindert, davon auch abzustehen vermahnet. Und weil er je Gott einen gefälligen Dienst woll erzeigen mit Tötung und Dämpfung der fleischlichen Begierden, so soll er das heimlich Glied ein wenig beschneiden, das soll soviel sein, als hätt er's gleich gar hinweggeschnitten.

Sie beschneiden die Knäblein nicht am achten Tag wie die Juden, sondern im vierten, fünften und siebenten Jahr. Dies

Werk verricht ein Balbierer. Die Nachbarn pflegen etwan die Knaben zu einer Zeit zu beschneiden, etwa 2 oder mehr miteinander. Man kleidt die Knaben gar schön in güldene Stück, setzt sie auf wohlgeschmückte Pferd; reiten herumb auf den Gassen zu den Freunden, empfahen von ihnen Verehrung, als Gewand, Geschmeid, Kleinod, Geld etc., nach eines jeden Vermögen. Demnach gehen sie in den Tempel, daß der Knab daselbst sein Glaubensbekanntnus tue, als nämlich daß Gott Gott und nur ein einiger Gott, Mahomet aber desselben Apostel sei. Damit wird er ein Musulman, ein Kind und Erb des ewigen Lebens; es sei dann, daß ihn Gott nicht haben woll. Folgends kehren die Gäst, Freund, Nachbarn zu des Kinds Haus, allda die Mahlzeit zu halten.

Die Kinder empfahen den Namen nicht bei der Beschneidung, sondern gleich nach der Geburt. Solche Namen seind fast aus der Bibel, von den heiligen Erzvätern genommen – als Ramadan ist der Adam, Ibrahim ist Abraham, Jacut [= Jacub] – Jacob, Jussuph – Joseph, Daut – Daniel, Suleiman – Salomon. Sie haben auch sonst andere Namen aus arabischer und türckischer Sprach, als Pajazet, Murath, Mehmet, Mußtapha (ist Stephanus), Selim, Achmat, Hidris, Verhat, Assan, Sniam [= Sinam], Siausch, Messich, Scender (ist Alexander). Namen der Weiber sind Vata, Sultan, Esche, Ain, Jassanim, Hißne.

Die Töchter seind anstatt der Beschneidung schuldig, die jetztgedachte Glaubensbekanntnus zu tun, wie die Knaben mit ausgerecktem Daumenfinger, mit welchen sie den Eid erstatten; empfahen ihre Namen auch gleich nach der Geburt.

Das LVII. Kapitel

Von der Türcken Fasten und jährlichen hohen Festen

Die Fasten wird genennt Ramadan und ist auf kein gewisse Zeit des Jahrs angestellt, sondern ändert sich und wechselt ab nach dem Monat. Nämlich wann sie dies Jahr im Dezember ist gewesen, so fällt sie das folgende Jahr auf den Januarium, das dritte Jahr auf den Februarium und also fortan; und währet ein Monatsfrist. Den ganzen Tag fasten sie, versuchen weder Speis noch Trank, bis die Stern am Himmel aufgehen. Alsdann prassen und schwelgen sie die ganze Nacht über und leben nimmer herrlicher dann in der Fasten, deren Fasttag ein jeder gemeiner Mann für sein Freudentag nehme. Den alten Leuten, den Kindern und Kranken wird vergünnet, daß sie zur Notdurft essen und trinken. Wann die Stern untergehen, da heben sie die Fasten wieder an. Sie gehen fleißig in die Kirchen, geben Almosen; da sein alle Schälk fromm, ja ein Schalk, der nicht fromm ist.

Die Nacht über hängt man an den Umbgängen der Kirchtürnen viel Ampeln auf in hülzernen Laternen, daß doch der Schein herausgehet. Etlichmal lassen sie von einem Turn zum andern nächsten Turn ein Seil gehen, am selben henken sie andere Strick und an den Stricken die Ampeln. Und machen's, daß es jetzt einem Vollmon, dann dem abnehmenden Mond gleichsiehet; und andere Formen mehr können sie in die hangenden Ampeln bringen, deren etwa 200 oder mehr auf jetztgedachte Weis aufgehenkt werden. Und das gibt ein wunderbarlich Ansehen von sich.

Bei Nacht laufen die armen Leut, wenn man pflegt zu essen, mit Haufen von Haus zu Haus herumb nach dem Almosen, schreiend: »Alla rachmet ileson«. Damit begehren sie ein Gab. So sie die empfangen haben, sprechen sie: »Alla beretchet vuersung.« Sie geben aber nicht zuviel. Neben dem aber ist sonst auch bräuchlich, daß sie den Katzen und Hunden Almosen geben, dann bei dem Stift Sultan Memet Jeni pflegen sich allweg umb Vesperzeit 30 oder 40 elender Katzen zu versammlen. Denen werfen etliche Türcken, so auf demselben Platz verhanden, etlich Brocken Fleisch oder gebratne Leber für, die man an klein Spießlein herumbträgt. Dies wird für ein köstlich Almosen gehalten. Also empfahen auch die Hund, die über die Maßen sehr ausgemergelt sein, Almosen. Item mancher kauft ein Meisen oder ein Vögelein aus einem Käfig, läßt es hinfliegen, erlöst einen Gefangenen; und dienen also Gott mit solchen Werken, die nichts sein als Menschengebot. Dann sollt solches Gott nicht gefallen, so einer ein Vögelein ledig macht, den Katzen ein Almosen gibt – und dargegen helfen arme unschuldige Christen töten, mit Gefängnus und Dienstbarkeit beschweren, ihnen ihr Hab und Gut nehmen

Volksbelustigung an Festtagen

oder doch Rat und Hülf darzu tun? Wie räumet sich solch Werk der Barmherzigkeit zusammen? Wehe ihr Heuchler und heillosen Leut, die ihr Mucken säuget und Kamel verschlingt!

Solcher Fest und Weiran werden jährlich zwei gehalten. Das erst wird genennt Bujuk Vuairan – der groß –, das ander Cudschuik – der klein – Wairan, welcher folgt ein Monat nach dem großen. Sie grüßen einander auf der Gassen, wann sie einander begegnen, mit solchen Worten: »Lik wairam«. Etliche Janitscharen und Atschamoglani gehen hin und wider auf den Gassen mit Glaskölblein, wie man in den Balbierhäusern hat, voller Rosenwasser. Damit spritzen sie die Fürhergehenden, und da sie hoffen, Geld zu erjagen, sonderlich bei ihren Bekannten und Vermüglichen. Etliche aus ihnen geben für solch Rosenwasser ein wohlriechende Blumen, die niemand dörfe ausschlagen. Und so es einer nicht will annehmen, folgen sie ihm die Gassen durch mit unverschämten Bettlen, mahnen umb ein Gab und lassen nicht nach, bis sie ein Asper davonbringen.

An den Hauptstraßen der Gassen pflegen sie auf solche Fest einen oder etwa zwei hohe hülzerne Galgen aufzurichten, an welchem ein Seil herabhängt, eines halben Manns hoch vom Pflaster. Dahin versammlet sich der gemein Pöfel; lasset sich ein jeder, der darzu Lust hat, ein Weil im Seil gautschen und in die Höhe schwingen. Darzu sein etliche bestellt, die ein solchen mit einem Handtuch ein Schwang geben, für fünf Schwang muß er ein Asper erlegen. Über den Galgen her ist ein Teppich zu einem Himmel gespannet, an den Orten herumb hangen zur Zier Pomeranzen, Wischtüchlein und Zukkerhüt oder auch Laub von den Bäumen. Die großen Herren und ansehlichen Leut richten in ihrer Behausung, wie ich bericht worden, solche Kurzweil auch an. Der Kaiser selbst gebraucht sich dieser närrischen Kurzweil, desgleichen die Weibspersonen hin und wider in Häusern. Ich hab aber niemals erfahren mögen von ihnen, worauf solche Kurzweil angesehen und von wem sie erstlich auf die Bahn kommen. Ich kann auch nit erachten, worzu solch Affenspiel möcht dienen — man wöll's dann für ein Freudenspiel halten wie bei den Christenvölkern das Tanzen, da der Leib geübt wird mit dem Laufen, Springen etc. und da man etwa Ursach zu gebührender Weiberlieb, Holdschaft und Buhlschaft sucht. Also möcht diese Kurzweil anstatt des Tanzens erdacht sein worden, weil die Türcken nicht pflegen zu tanzen. Oder möcht darumb erdacht worden sein, daß sie dardurch geübt würden zur Schiffahrt oder auch zum Steigen und Sturmanlaufen, dem Schwindel fürzukommen. Bei dieser Kurzweil haben sie ihr Saitenspiel.

Auf dieses Fest kleiden sie jung und alt von Fuß auf neu, oder zum wenigsten kaufen sie neue Schuh.

Das LVIII. Kapitel
Von den Ordensleuten zu Contantinopel

Viererlei Orden finden sich bei den Mahometanern, die werden genennt Deruißler, Omalier, Calendier und Torlachi, welche fast durchaus — soviel ihr Andacht belangt — den Bettelmünchen und Barfüßern mögen verglichen werden, indem daß sie andern Leuten mit ihrem Bettlen beschwerlich sein und sich also desselben behelfen; demnach daß sie ungeschickte Esel sein, kein Verstand haben in ihrem Aberglau-

ben; ferner daß sie ein wild, viehisch Leben führen. Nämlich
ein solch Leben, davon Paulus zun Röm. am 1. sagt, daß
Mann gegen Mann mit Lieb entzündt wird und wider die Natur Greuel begehen. Solche Ordensleut muß der Teufel haben, er künnt sonst für kein Teufel bestehen, wann seine Ordensleut fromm wären. Aus diesem Unziefer ist der Calender-
Orden der best, indem daß er Keuschheit in acht hat; sie
sollen mössine Ring an der Scham tragen, fleischliche Unreinigkeit zu verhüten. Der Übrigen Andacht steht durchaus in
Büberei, Geilheit und Mutwillen; dichten Buhlerlieder, sprechen allerlei Sprüch, von Üppigkeit und Geilheit zugericht.
Morden und Stehlen, wo sie heimlich zukommen, ist auch
ihrer Regel eine.

Sie gehen halb nackend, etliche tragen einen runden
Schurz umb die Scham bis an die Bein, über die Schultern
mit Schaffelln behängt. Etliche gehen mit bloßem Haupt ganz
beschoren, andere tragen lange Haar bis auf die Schultern,
zum Teil ohn ein Hut, zum Teil mit einem Hut.

Es pflegen auch mehrgedachte des Teufels Ordensleut
ihren Leib zu verwunden mit Messern. Sie fressen aber vorhin
Opium, welches bei ihnen Maslac genannt, dardurch sie wild

Wasserträger (A), Derwisch (B) und Bettelpilger (C)

und unempfindlich werden und keinen Schmerzen fühlen. Wiewohl solche Weis, Maslac zu essen, gar gemein ist und gebraucht wird vom gemeinen Mann, ihnen ein Freud selbst zu machen – wie vorzeiten die alten Thracier pflegten ein Samen ins Feuer zu werfen, davon die Leut, so dabei saßen, fröhlich wurden wie vom Wein (Pomp. Mela. lib. 2) –; item Laubwerk und Buchstaben auf die Haut zu ritzen, welches auch die Weiber sonderlich im Brauch haben.

Dieses Unziefers soll in einem jeden Ort sehr viel sein, also daß ein Orden ungefährlich bei 4000 bis in die 8000 vermag. Kein Nonnen oder Klosterfrauen werden bei ihnen funden.

Unter dies Unziefer möchten auch die Wallbrüder – Hagißlar genannt – gezählet werden, die in gleicher Regel mit den obgedachten Observanten einhergehen. Die sein doch alle Araber, gehen auf arabische Weis gekleidet – aber bettelmäßig –; sein fast alle blind. Ihr Bettelei verrichten sie mehrerteils mit Gesang. Sie tragen lumpenmäßige leinene Fahnen (wie in nächstvorgehender Figur mit C andeutet ist), gewöhnlich blau, darinnen ein arabische Schrift genähet ist. Die gemeine Sag von ihnen ist, daß sie sich williglich selbst aus Andacht blenden; wann sie nämlich von ihres Propheten Muhammets Begräbnus abscheiden, stechen sie ihnen alsbald selbst die Augen aus. Weil sie nämlich dies Heiltum haben gesehen, wöll sich in allweg geziemen, daß sie nun hinfort nichts Weltlichs, Irdischs und Fleischliches mehr anschauen – dann es wär ein Greuel für Gott, daß einer sollt die Welt und Geschöpf Gottes anschauen, den Schöpfer daraus erkennen lernen und ihme für seine Güte danken! Aber es ist nicht Sünd, daß solche heillose, gottlose Leut mit Unreinigkeit, und zwar unnatürlicher Brunst, außen und innen befleckt sein. Drumb siehet man auch aus dieser Andacht, daß sie nicht von dem heiligen, sondern von dem unheiligen, unreinen Geist getrieben werden, von welchem all ihr Andacht ihren Ursprung hat.

Die Türcken in gemein sein schuldig, vermög ihres Gesetzs, ein jeder einmal das Begräbnus des falschen Prophetens Mahomets zu Medina in dem rauhen Arabia – drei Tagreisen von dem Roten Meer gelegen – zu besuchen. Dahin kommen jährlich auf ihr Fest Cudßchuk Wairam aus India, Persia, Türckey, Mohrenland, Arabia, Egypten etc. bis in die 60000

Pilgram und drüber, daß sie daselbst Verzeihung ihrer Sünden erlangen. Von dannen reisen sie nachmaln gen Mecha — bei eilf Tagreisen von Medina — durch die sandige Wüsten; ein gefährliche Reis, da man nichts sehe dann Sand und Himmel und nach dem Gestirn und Kompaß (wie auf dem Meer und in Bergwerken) muß reisen, da auch großer Mangel an Wasser ist. Daselbst soll ein herrlicher Tempel sein, in der Ehr des Erzvaters Abraham gebauet, wird seiner Ablaß halb gar heilig gehalten. Soll ein schöne große Stadt sein und ein herrliche Niederlag und mächtige Gewerbstadt von Seiden, edeln Steinen etc. aus India, Persia und Arabia. Von dannen ziehen sie folgends gen Jerusalem — von ihnen genannt Cudsumebarck [= Cudsumebarek] — das ist »der heilig Ort oder Stadt« — und besuchen den Tempel Salomonis, dardurch sie nicht allein verhoffen, Gnad und Ablaß zu erwerben; sondern ihrer viel treiben neben solcher greulichen Andacht auch Kaufmannschaft mit edlen Gesteinen und dergleichen.

Unter dieses ehrbar Gesindlein möcht man auch die Wassermänner oder Wasserträger rechnen, welche Saka genannt werden. Die gehen allenthalben durch die Stadt und Gassen, tragen in einem lidern Schlauch Trinkwasser. Der Schlauch hängt an einem lidern Riemen, einer Hand breit, mit mössen Spangen beschlagen, geht die zwerch über die Brust her. Der Schlauch hat ein mössens Hähnlein, daraus das Wasser lauft. In der Hand trägt er ein mössine Schalen; daraus gibt er denen, die ihm begegnen und eins Trunks bedürftig, einen Trunk. Daneben trägt er auch ein Spiegel in der Hand; den gibt er demjenigen, so ein Trunk von ihme empfächt, sich darin zu beschauen und Gott, seinem Schöpfer, für sein Schaffung zu danken. Solche Weis ist von den andächtigen Türcken in ihren letzten Willen aufgericht worden in Betrachtung dessen, daß viel frommer Pilger in ihrer Wallfahrt müssen großen Durst leiden in der sandigen Wüsten. Darumb verschaffen etliche aus Andacht in ihrem Testament, hin und wider in den großen Gassen — beides an den Orten, da Kirchen sein und da keine sein —, daß ein Mann bestellt ist, der aus dem Hof oder vermaurten Brunnen zu einem Laden heraus in irdinen Gefäßen ein Trunk Wasser darstellt denen, die fürübergehen. Andere lassen einen Brunnen auf solchen Brauch aufführen; andere ordnen, daß ein solche Person mit einem Wasserschlauch auf der Gassen herumbgehe und die Durstigen mit einem Trunk Wasser erquicke. So viel von den mahometischen Ordensleuten.

Das LIX. Kapitel
Von der Türcken Begräbnussen

Wann ein Türck – er sei Manns- oder Weibsperson – mit Tod abgeht, pflegt man den Leichnam mit warmen Wasser zu waschen dergestalt, als wenn er lebendig wär. Darnach wird er in reine, weiße Leinwad eingewickelt, in ein hülzerine verdeckte Bahr gelegt; die ist zum Haupt höher dann zum Füßen. Ferner werden umb Geld bestellt Totenkläger, die gehen des Nachts auf der Gassen herumb, schreien stets ganz kläglich »hu, hu, hu«. Alsdann wird der Leichnam hinausgetragen für die Stadt und wird allda begraben, dann ihre Begräbnussen alle gemeiniglich außerhalb der Stadt im freien Feld sein, unvermauret und unverzäunt.

Bei einem jeden Grab steht ein Markstein, einer Ellen hoch, zum Teil rauh und ungearbeit, zum Teil viereckt oder rund behauen. Da legt man nit viel in ein Grab, sondern ein jeder hat sein besonder Grab. Da siehet man zu Constantinopel und an allen Orten, in Städten und Dörfern, viel tausend solcher Grabstein, etwa ein halbe teutsche Meil in der Läng und Breit. Was aber fürnehme Personen sein, die lassen tiefe steinerne Kästen von Märmelstein hauen, wie sonsten die Gräber sein, einer Ellen hoch; oberhalb dem Erdrich an den Haupten ein runde marmolsteine Säulen, eines Manns hoch und eines Schenkels dick, obenauf ein türckischen Hut und Binden ausgehauen, an der Säulen herumb schöne arabische Schriften und Sprüch aus dem Curan, von erhebter Arbeit zierlich gehauen. Sonsten gebrauchen sie sich keiner Wappen, Gemäl oder Historien und Bilder, wie bei den Christen bräuchig ist. Etliche lassen anstatt der runden Säulen ein breite Marmortafel, einer Hand dick, ins Mannshöch durchaufgehen, darinnen etliche Sprüch und Schriften gehauen sein. Andere füllen den Marmorkasten aus mit Erden, ohn ein Deckel;

da pflanzen obendrauf des Verstorbnen Weib oder Töchter schöne Blumen. Die großen Herren aber, als die Waschen und andere ihresgleichen, bauen in ihrem Leben schöne Tempel und Kirchen mit schönen Brunnen, weiten Vorhöfen und Hospitalen und neben der Kirchen ein besondere Kapelln, darinnen sie begraben liegen.

Die Weibspersonen gehen nicht mit der Leich, sondern allein die Männer; viel aus der geistlichen Priesterschaft und München gehen vor der Leich beneben etlichen Ordensleuten. Und weil die Stadt groß und der Weg zum Begräbnus weit, setzen die Träger den Leichnam oft ab, wo sie in ein Kirchen kommen – halten über ihn ihre Gebet. Über etliche Tag kommen dann die Weiber und Töchter mit ihren Gespielen, verrichten ihre Klag bei dem Begräbnus; fragen den Toten, was er damit gemeinet, daß er gestorben sei, so er doch an Essen und Trinken keinen Mangel gehabt, sei auch bei dem Weib lieb und wohl gehalten worden – als wär es bei ihm gestanden, zu sterben oder zu leben. Sie bringen auch ihre Opfer – Brot, Käs, Eier, Fleisch –, legen's zum Grab, den Vögeln, den Omeisen und Tieren zuguten.

Die Freund des Verstorbenen tragen keine Klagkleider an, es sei dann ein violbrauner oder etwan ein schwarzer Rock. Für den Bund lassen etliche – doch nur was fürnehme Leut sein – ein schwarztaffete Binden, drei Finger breit, gehen. Die Weiber tragen gar kein Anzeigung der Klag an der Kleidung.

So man einen Toten hinausträgt, brummen die Priester ihr Gebet über dem Toten. Die Bahr ist bedeckt mit einem seiden roten oder grünen Tuch, darauf schöne Wischtüchlein mit Gold und Seiden köstlich genähet. Zuvörderst steckt ein Bund, etwa mit Federbüschen oder ohn Federn.

Ob der giftigen Seuch und andern erblichen Krankheiten tragen sie kein Abscheuen; sprechen, es sei einem jeden an der Stirn geschrieben, daß er sterben muß. Derhalben helf es nicht, ob einer schon sich kranker Leut äußere. Ich hab auf ein Zeit gesehen nahe bei unserm Haus, daß ein armer Schwartenhals auf der Gassen starb. Da giengen etliche andre arme Schlucker fürüber; der ein nahm ihm den Hut, der ander die Schuh und also fortan bis an die Hosen. Und nachdem er gar beraubt gewesen, haben ihrer zween sich letzlich über ihn erbarmet und seinen Leib verscharret.

Das LX. Kapitel

Von der Türcken Haushaltung und Kleidung

Gleichwie Cicero an einem Ort sagt von den Römern und ihrer Haushaltung: Nos Romani omnibus hominibus dominamur, nobis autem mulieres – das ist: Wir Römer herrschen über jedermann, aber die Weiber herrschen über uns –, eben also ist es mit den Türcken auch beschaffen, daß alle Welt vor ihrem Gewalt erschrickt, aber wiederumb förchten sie sich vor ihren Weibern. Eigentlich davon zu reden, sein die Türcken ihrer Weiber Trippelknecht, die da müssen die Haushaltung versorgen mit Brot, Fleisch, Kuchenspeis und ihnen allerlei Nahrung zutragen. In solcher Weil sitzen die Weiber daheim bei ihren guten Gespielen, verrichten ihr Geschwätz. Oder wenn sie gut Wetter haben und schön ist, spazieren sie hin und wider in der Stadt zu ihren Gespielschaften, ziehen rottenweis – etwan ihrer 10 oder 20 miteinander – oder gehen in solcher Gespielschaft ins Bad. Daselbsten vollbringen sie mit Reden und zum Teil auch im Werk ihren Mutwillen.

Wann dann die Weiber am Abend spat heimkommen und der Mann (der arme Narr) in solcher Weil, als sie außen gewesen, nicht alle Ding, was auf den Tisch gehört, ordentlich bestellt hat, da erhebt sich alsdann ein Donnern und Blitzen, daß dem armen Haustrippel in weiter Haut zu eng ist. Diese Gnadfrauen treiben kein Arbeit, weder mit Spinnen, Nähen, Stricken, Weben, Wirken oder dergleichen weiblicher Arbeit. Sie wissen nicht, was Haushalten ist – unsere Kinder in der Christenheit, wann sie mit ihren Docken und mit sich kurzweiln, können dasjenig, was zur Haushaltung dienet, besser und mit mehrerm Verstand anschicken (als Essen-, Trinkenkochen etc.) dann diese türckische Schlumpen ihr Hauswesen –, sondern sitzen daheim im Haus wie ein Gast, der sich keines Dings annimbt. Jedoch haben sie viel Magde. Ein gemeine Burgersfrau hält etwa 4 oder 5 Magd, die arbeiten in zween Tagen mehr dann in einem; mehrersteils waschen sie Leinwad, Hemder, Schleier, Hütbünd, tragen Wasser, gehen mit den Kindern umb. Fürnehmlich aber treiben sie auf der Gassen ihren Pracht mit vielen Magden. Sie erhalten sich von ihrer Männer Dienstgeld oder von dem, was er täglich mit sei-

Türkische Frauenkleidung

ner Handarbeit gewinnt; das müssen sie mit Hoffart verschwenden.

Mit Kleidung halten sie sich über alle Maßen stattlich und prächtig; es muß gar ein armes Weib sein, die nit in Seiden gekleidet ist. Auf hernach verzeichnete Art gehen die türckischen Weiber von Fuß auf gekleidet:

A hat am bloßen Leib durchscheinende weite Hosen von Seiden oder zarter Leinwad.

B – über die Hosen trägt sie ein durchscheinend Hembd, rot, gelb, blau etc., auch von Seiden oder Leinwad, auf dem Haupt ein Hütlein von gülden Stücken oder Seidenzeug in Form eines Badhuts; flechten nur einen Zopf, den bringen sie in ein Säcklein von gülden Stücken oder dergleichen köstlichen Zeug gemacht (wie gegenüber zu sehen, lassen das Haar einsteils unter dem Gesicht hangen); steht auf Holzschuhen, gemalt von Farb oder mit silberen Blechen überzogen.

C hat über das Hembd ein gesteppten seiden Leibrock bis an die Knie, weite Stiefel an Beinen, umb das Hütlein ein schwarzseiden Band.

Ferner folgt in nächster Figur (D, E): Über dem Leibröcklein trägt sie ein langen Leibrock bis auf die Füß, von Seidenwat, als Atlas, Damaßkat etc., hat an dem Hütlein güldene Geflinder, daran Perlen hangen. Das schlechtste Paar Schuh

Türkische Frauenkleidung

kost nicht weniger als ein Taler. Der Überrock ist von köstlichen englischem Tuch. Darbei muß sein köstliche Hals- und Armgeschmeid, gemeiniglich güldene Armband, darzu die Ohrengehenk, als Fingerring oder sonst ein edler eingefaßter Stein. An der Leibbinden ein Wischtuch hangen.

F ist mit einem durchsichtigen schwarzen härin Visier bedeckt. Dann sie lassen sich nicht sehen, gleichwie von der Fauna oder Dea bona die Historien melden, sie sei so keusch und eingezogen gewesen, daß sie ihr Lebtag niemand jemals gesehen hab. Also lassen sich sonderlich der großen Herren Weiber von ihrem Hofgesind und Dienern nimmer sehen. Und da sie auf die Kutschen sitzen, spannet man Tücher von ihrem Gemach bis zum Kobelwagen von beiden Seiten, daß sie kein Mannsperson sehen mög, da sie gleichwie zwischen zweien Wänden von der Tür an in den Wagen hineingehen.

Nicht weniger gehen auch die Mannspersonen ganz prächtig und köstlich allerdings wie die Weiber gekleidet, und ist kein Unterschied als am Haupt zwischen ihrer Kleidung. Desgleichen werden auch die Kinder fürnehmlich aufs herrlichst geschmückt und mit Seiden und Gold gezieret und geschmieret. In solchem Pracht steht fast ihr Haushaltung, daß es heißt mit ihnen: Wohl gekleidet, übel gessen; die Hüll ist besser dann die Füll; gute Jupp, arge Supp.

Namen der türckischen Weiber Kleidung: Nalum – Holz-schuh, Idschi – Stiefel, Baschma – Niederschuh, Caphtan – Leibrock, Subun – kleine Leibröcklein, Dsagschin [= Dsag-schir] – leinen Hosen, Zadschin [= Radschin] – das Hütlein, Irmasi [= Siirma] – Zöpf, Veredscha – Überrock.

Hernach folgen etlicher gemeiner Janitscharen und Türcken Gestalt und Kleidung:

A – ein Saka oder Wassermann, der gen Hof und großen Herren Wasser in lideren Schläuchen zuführt.

B – ein gemeiner Bürgersmann bei den Türcken, der sein Überrock über die Achseln trägt; hat unter der Gürtel, wie der gemein Brauch ist, ein Wischtuch, länger dann einer Ellen lang, stecken.

C – ein Janitschar aus den Seestädten, als Alexandria, Ro-dis etc. Sie sein aber alle in den Waffen einander gleich; tra-gen ein Kappen von rotem oder violbraunem Tuch.

D – ein Janitschar, den nicht des Kaisers, sondern etwan eines großen Herren und Beglerbegen Hof hat ausgebrütet – geringers Ansehens dann die andern und doch auch Christen-kinder –, tragen fast alle dunkelblaue Kleider; die andern aber tragen allerlei Farben.

Wasserträger (A), Bürger (B), Janitschar einer Küstenstadt (C), Janitschar in der Provinz (D)

Das LXI. Kapitel

Von der Türcken Heirat, Hochzeiten, tölpischen Musik, Ehescheidung, Kopulation und Hausrat

Die Hochzeit und Heirat belangend, damit ist es also geschaffen: Wann ein lediger Gesell ein Jungfrau will freien, hält er bei ihrem Vater umb die Tochter an – unangesehen daß er die Tochter nie gesehen (oder so er sie gesehen, so ist es ohngefähr geschehen in einem Augenblick), wie sie von Angesicht sei, weil sie ein schwarz, durchscheinend härin Tüchlein vor dem Angesicht tragen, daß sie von niemand gesehen mögen werden. Sonsten die äußerlich Gestalt – ob sie lang oder kurz, krumm oder gerad sei – siehet man im Wandel; wie sie aber von Angesicht – braun, schwarz, bleich, schielicht, weitmaulet etc. – sei, das kann man nicht sehen. Es sei denn, daß eine etwa, so die Töchter und Weiber, auf einem Gang im Gemach durch ein Laden hinein in dem nächsten Haus gesehen werde. Daher tut mancher ein blinden Kauf und auch Reukauf; so er verhofft, etwas Schönes zu erwerben, so ist's ein garstiger Sack.

So dann die Tochter dem Bräutigam oder Werber zugesagt ist, alsdann wird ein Hochzeittag ernennt und angestellt. Da versammlen sich beiderseits die Freundschaft, Manns- und Weibspersonen, gewöhnlich zu Roß und Kutschen – doch allein die Weiber in Kobelwägen, einsteils aber auch zu Roß – in gar köstlichem Schmuck und Kleidung, welchen sie entlehnen bestandsweis (wie in Schweitz der Brauch ist), so sie solche nicht selbst vermögen; es schimmert alles von gut gülden Stücken. Wann sich dann die Freund und Nachbarn des Bräutigams bei ihm versammlet, pflegt er erstlich etlich Esel – etwan 20, 30, 40 etc. – in der Braut Behausung abzufertigen, ihren Hausrat, sonderlich aber ihre Kleidung und was zur Hoffart dient, daraufzuladen. Die Esel sein hübsch geschmückt mit vielen Schellen am Halsband, daß es ein laut Getön und Geschell durch die Gassen gibt, dem Bettel ein Ansehen zu machen. Da man den Plunder auf 10 Esel künnt laden, so nimbt man derselben 20, also daß die Esel dem Pracht ein Ansehen machen und ein Esel- und Schellenpracht ist – viel Geschrei, wenig Wollen. Desgleichen werden allerlei

A. Seyn die Spilleut mit den Zeltspielen, deren gewöhnlich sechs.
B. Seyn die gladnen sampt dem Breutigam, ihrer seyn etwan 40.
C. Die Braut unter einem rothseidenen Himmel, von ihrer 4. Personen getragen.
D. Seyn ihr zween Lehrfert oder Faculati, die nagistdann nuptialem, die Hochzeitkertzen, von grünem Wax und durchsichtiger Arbeit gemacht; doch nicht brennten, welcher brauch vor Zeiten bey den Römern auch gehalten worden, ohn zweiffel darumb, weil gewöhnlich die Hochzeiten bey Nacht gehalten werden, oder wie etliche der Gelehrten darfür halten, daß Ceres ihr Tochter Proserpinam mit Kertzen in der Höl hab gesucht, welchen gebrauch die blinden unverstendigen Heyden nachgefolgt.
E. Seyn die gladenen Weibspersonen, zum theil auff Pferden, bey 20. oder in 5. oder 6. roth brockten Kobelwägen mit grünen Schnüren hinden und forthen verbunden, an welchen die hinden Räder viel höher seyn, dann die förderen.

Türkischer Hochzeitszug

Zuckerkonfekt, item Schauessen von weißem Wachs zugericht oder andererorten entlehnet und durch etliche junge Knaben der Braut und ihren versammleten Gästen und Freunden von des Bräutigams Behausung fürtragen. Solche Zuckerkonfekt werden einsteils gessen, mehrerteils in Wischtüchlein geknüpft von den Gästen und mit sich heimgetragen.

Es sein aber die Weiber in einem besondern, die Männer auch in einem besonderen Gemach; sitzen ordenlich nacheinander auf den Teppichen herumb, verrichten ihr Gespräch. Letzlich kompt dann der Bräutigam mit seinerseit Geladnen geritten, daß er die Braut zu Haus beleite. Da setzt sich jedermann zu Roß, und wird die Braut ins Bräutigams Haus gar stattlich und herrlich beleitet, unter einem rotseiden Himmel verdeckt reitend. Allda ist ein Mahlzeit zubereit nach ihrer Art, von mancherlei Reis, dick, dünn oder gebachen, eins ist braun, das ander gelb oder weiß etc., darinnen ein Schaffleisch; item gebratene Tauben, Konfekt, allerlei Frücht. Anstatt des Weins gebrauchen sie ein Zuckerwasser oder ein Scherbet – das ist dem Schmack und Ansehen nach wie ein Hutzelwasser. Das Reis nennen sie Brinsch, Coin – Schaf, Dus – Salz, Sai – Schmalz, Et – Fleisch, Du – Wasser, Scharap – Wein.

Diese Heimfahrt aber geschicht gewöhnlich unserer Uhr nach des Abends umb 5 oder 6 Uhr, aufs Nachtessen. Keine

Musikinstrumente der Türken

Tänz werden da gehalten; dann die Türcken hielten's beide ihnen für ein Spott und dann so läßt's der Eifer ihnen nicht zu, so ein Mann mit des andern Weib sollte (wie im Teutschland bräuchig) tanzen, dann es möcht zu unziemlicher Liebe ein Anleitung sein.

Die Weibsbilder haben ihre besondere Musicam – in jeder Hand zwei Hölzlein, ein jedes größer dann ein Messerheft. Solche regieren sie mit Greifen und Kläppern, gauklen im selbigen mit ausgestreckten Armen. Ihrer 2 oder 3 treten also gegeneinander mit üppiger, leichtfertiger Bewegung des Leibs, singen schandbare, unzüchtige Buhlerliedlein darein. Ein anders Instrument (B) haben sie neben jetzgedachtem, das siehet gleich einem runden, weiten Deckel eines Siebs, ist allein obenher mit Pergament überzogen, zu beiden Seiten etliche runde messene Spangen eingefaßt. So man mit dreien Fingern auf das Pergament klopft, so erschüttern sich und klappern die Spangen – ein recht ungeschickte und grobe Art eines Spielens.

Die Männer gebrauchen sich der gemeinen türckischen Feldspiel, als nämlich ein messine Trommeten (F), ein hülzerne Schalmeien (C) – der teutschen Schäfer Schalmeien von Gestalt und Ton ganz ähnlich –, ein Pauken (D), mit rotem Tuch überzogen, halb so groß als ein teutsche Trummel, überdas zwo messene Platten (G), so groß als ein rund Teller, wie ein Kardinalhut gestalt, obenauf 2 Ring, dardurch man ein Finger steckt. Diese Platten klitschet man aufeinander, das lautet anders nicht, als wann man etlich Wehr durcheinanderwetzet. Solcher Instrumenten gebrauchen sich die Türcken in den Feldzügen, bei Hochzeiten und andern ihren Festtagen und Wohlleben, desgleichen auch der Kaiser, wenn er will Musicam hören. Darnach sein zwo kleine und zugespitzte Trummeln (E), welche anstatt der Heerpauken gebraucht werden, wie ein hoher teutscher Hut in der Größ.

Diese Musik aber, im Grund davon zu reden, hat nichts Lieblichs oder Holdseligs in sich, sondern ist gar ungestüm und feindisch; und – das noch mehr ist – die der Kunst der eigentlichen Musik, wie die in der Christenheit gebraucht wird, allerdings entgegen, und muß alles dissonieren. Es ist in summa kein Verstand oder Geschicklichkeit darinnen zu finden, dessen mir diejenigen, so der Musik erfahren sein und die türckische Musik nur einmal gehört haben, Zeugnus geben müssen. Wann es nur ungereimt laut, daß ein ganzes Feld davon erhüllt – das wird bei den Türcken gerühmbt. Und damit die Musik ungestüm genug sei, so werden 4, 5, 6 oder mehr zu einerlei und mit einerlei Instrument gebraucht ganz unordenlich, ungeacht daß ein Instrument stärker oder schwächer ist als das ander. Können auch die Stimm nicht mäßigen, daß es jetzt stark, dann schwach, nach Gelegenheit des Gedichts; in summa, es ist ein unlieblich und ungeschickt Getön, welches die Schäfer und Dorfgeiger weit mit Lieblichkeit übertreffen im Teutschland.

Die Türcken haben auch allerlei Lieder und Gesäng von

Melodie einer türkischen Militärmusik

ihren Helden, Schlachten und Siegen, die sollen artlich und künstlich in Reimen gefaßt sein.

Und dies treiben sie ohn alle andere Änderung der Stimm, allein daß sie behender blasen, wann es an die Tripel oder Fugen kömpt; sie pfeifen und blasen alle einerlei Melodei.

Außerhalb der obgedachten Instrumenten findet man beim gemeinen Pöfel, sonderlich den jungen Gesellen, eines (A), damit sie gegen Abend auf der Gassen umbspazieren, das unser Cithara nicht ungleich ist, welches sie mit einem federen Griffel schlagen. Ein anders (H) siehet einem Kochlöffel gleich, dann es ein solchen langen Kragen und ein kleinen Bauch hat. Unter den Juden findet man etwa auch Harpfen und Lauten, deren sie doch nit dermaßen wie unser Volk bericht sein. Das sei nun genug von der Türcken Musica und Saitenspiel ...

Ich wende mich wieder zur Hochzeit; die hab ich verlassen, bis ich mit den Spielleuten bin fertig worden. Wann das Nachtimbiß fürüber, welches sich dann wohl in die Nacht verweilet hat, da nehmen die Gäst ihren Abschied vom Bräutigam. Dieser verfügt sich in sein gewöhnliche Kammer, welche mit Geliegern, Matzen, Polstern, Teppichen stattlich zubereitet ist. Alsbald wird durch etliche Weiber — ihre besten Gespielen — die Braut in gedachte Kammer mit vielen Scherz- und Schimpfreden gestoßen. Endlich ziehen sie auch zu Haus, und wird die Hochzeit damit vollendet.

Die Braut bringt ihrem Bräutigam nichts anders von Heiratgut und Ehesteuer zu dann ihren Leib. Die Kleider und Weiberschmuck muß er mit Geld bei dem Schwäher lösen, sonst werden sie ihme nicht verfolgt.

Von Ehescheidung der Türcken, davon die Historien Meldung tun, daß einer umb ein geringe Ursach sich von seinem Eheweib pfleg zu scheiden, vermög ihres Gesetzs, und wiederumb ein andere oder viel Weiber zumal zu ehelichen — diese Weis, wie mich bedünkt, wird vor Jahren bräuchig und mit den Juden, Persen und Arabern gemein gewesen sein, da die Türcken noch etwas wilder, gröber, viehischer (und den Kriegen gar ergeben) gewesen sein. Nachdem sie aber von etlichen Jahren hero etwas leutseliger worden und sich mehr der Haushaltung ergeben, nicht allein durch eigene Erfahrung, sondern auch bei den Christen und Juden befunden, was für Unordnung, Zerrüttung und Hindernus im Hausgemach entstanden aus dem vielfachen Ehestand oder Polygamia – da nämlich ein Mann zumal viel Weiber hat –, haben sie sich solcher Weis ein lange Zeit her gemäßiget und sich beflissen eines einigen Weibs allein, weil sie verstanden, daß solches zur Haushaltung viel bequemer ist. Dann es gehet nicht ohn Sorg, Mühe und Beschwerden zu, da einer jetzt neulich ein Weib genommen, sich bald wieder scheidet, bald ein andere nimbt und etwa ein heillosere, dann die vorige war. Derhalben höret man jetzt nit viel von solchen Ehescheidungen und vielfachem Ehestand. Und so sich ein Ehescheidung begibt, so nimbt das Weib ihren zugebrachten Schmuck und Kleinoden, der Mann aber muß seines Geldes mangeln, damit er diese Kleinod von seinem Schwäher erkauft hat. So sie dann in währender Ehe haben Kinder erzeugt, behält der Mann die Knäblein, das Weib aber die Töchterlein. Der Stadtrichter aber, den man nennet Cadi, hat Macht, die Ehe zu scheiden.

So ein Hochzeit gehalten wird, so hat kein Priester damit zu tun, der sie einsegne oder einige Zeremonien verricht.

Im Ehestand leben etliche miteinander wohl ehrlich und ehrbarlich. Etliche sein miteinander nicht vernügt, naschen anderswo umbher, wie oben gemeldt.

Gleichwie die Türcken in der Kleidung des Leibs überflüssig und prächtig sein, also sein sie mit anderm notwendigen Hausrat, als Truhen, Kästen, Küchengerät und dergleichen, übel versehen. Anstatt der Truhen und Kästen gebrauchen sie ein geflochtenen Korb, mit rotem Leder überzogen, ein Schüssel oder drei, von Erz und verzinnet, unsern zinnen Schüsseln gleich, mit einem Rand und einem Fuß, gar tief. Die Pölster sein köstlich überzogen, die Deck von Atlas oder andern seiden Zeug, mit Baumwollen gesteppt, mit Gold ausgenähet, etliche mit gülden Stücken überzogen. Anstatt der Bettladen haben sie ein niedere Bühnen, darauf das Geliger bereit ist. Die Gläser an den Fenstern sein nicht in Blei, wie bei uns bräuchlich, sondern in Gips eingesetzt, von schönen Zügen – das man lateinisch nennt Opus mosaicum.

Dies sei der Notdurft und Läng nach von der Türcken Ehestand, Hochzeit, Haushaltung etc. gesagt, desgleichen von der hochzeitlichen Musica und Instrumenten …

Will also das ander Buch dieser Beschreibung enden.

»Wie in der Lufft der Adler fleucht/
Vnd sehr hoch in die Wolcken steigt/
Der Storch vnd Kranch wie auch die Schwalb/
Die Lufft durchstreichen allenthalb/
Durch viel Länder vnd Königreich/
Wie fast die Vögel allzugleich/
Ja wie die Fisch im weiten Meer/
Ihr Heymat haben hin vnd her/
Die Sonn täglich ihr Reyß verricht/
Durch den Himmel vnd feyret nicht/
An einem Ort sie nicht still steht/
Sondern gar schnell herumber geht/
Also ein jeder dapffrer Mann/
In jedes Land sich schicken kan.«

Mit diesem selbstgereimten Verschen illustriert Salomon Schweigger in treffender Weise die Vorrede zu seinem Buch, in der er über viele Seiten vom Nutzen des Reisens spricht. Er rühmt darin die Menschen, »welche Erfahrung und Lernens halb in ferne Land sich begeben«, denn »an vielen Orten höret und siehet man viel, ... Guts und Bös', Tugend und Laster mehr dann daheim«; eine »Weltschul« sei das Reisen, worin jeder merke, »wie er sich soll halten im Glück und Unglück«, daß er nicht verzagt, sondern »beherzt und freudig werd und lerne hindurch dringen«. Aus solcher Haltung heraus verfaßte der Nürnberger Pfarrer seine türkische Reisebeschreibung, mit der er sich als wacher, kritischer und trotz vieler Vorbehalte aufgeschlossener Beobachter erweist.

Im Jahre 1551 wurde Salomon Schweigger in dem kleinen schwäbischen Ort Haigerloch – südwestlich von Tübingen – als Sohn eines Notars geboren; seine erste Jugend verbrachte er im nahegelegenen Sulz, das zum Herzogtum Württemberg gehörte. Die württembergischen Herzöge waren seit 1534 eifrige Förderer der Reformation, welche besonders dem Bildungswesen des Landes viel Positives brachte. In ehemaligen Klöstern z. B. wurden Schulen eingerichtet und aus den eingezogenen Gütern der katholischen Kirche versorgt. Salomon Schweigger konnte in solchen Klosterschulen eine gute humanistische Bildung erwerben. Am 19. Juni 1572 ließ er sich an der Universität von Tübingen einschreiben, die sich seit ihrer Reformierung zu einer attraktiven, weithin bekannten Lehranstalt streng lutherischer Ausrichtung entwickelt hatte. An dieser Hochschule betrieb der junge Schweigger theologische und klassisch-philologische Studien, wobei ihn der Einfluß seines Lehrers Martin Crusius besonders nachhaltig prägte. Crusius (1526–1607), ein berühmter Gelehrter auf dem Gebiet der griechischen Philologie, zeigte lebhaftes Interesse für die Sprache und Kultur der unter der Türkenherrschaft lebenden Griechen seiner Zeit. Er unterrichtete als erster in Deutschland die neugriechische Sprache, verfaßte ein umfangreiches Werk über die historischen Beziehungen zwischen Griechen und Türken und führte eine intensive Religionsdiskussion mit dem Patriarchen von Konstantinopel. Schweiggers Kontakt zu Crusius vertiefte sich in späteren Jahren bis hin zu freundschaftlicher Verbindung.

Doch vorerst scheint in dem Studenten Schweigger der Drang nach praktischem Wissen größer als der nach nur theoretischem geworden zu sein, da er die Universität im September 1576 vorzeitig verließ, um »ferne Land zu sehen und etwas zu erfahren«. Wie dieses Bemühen nach anfänglichen Schwierigkeiten Erfolg hatte, wie er nach doch noch abgelegtem Predigerexamen mit Freude die Gelegenheit zur Reise in die Türkei wahrnahm und was er dort erlebte, berichtet er uns selbst. Seinen orientalischen Aufenthalt schloß er mit einer Pilgerreise nach Jerusalem ab, die er in Gesellschaft dreier Freunde unternahm. Die Schiffsreise führte ihn von Istanbul (3. März 1581) nach Ägypten, wo er sich in Alexandria und Raschid kurze Zeit aufhielt. Die vorderasiatische Küste erreichte er am 26. April und begann von Jaffa aus die Landreise nach Jerusalem. Ausführlich berichtet er im dritten Teil seines Buches vom Aufenthalt in dieser Stadt, vom Besuch der Grabeskirche als dem Ziel seiner Reise und von einem Ausflug nach Bethlehem. Die Rückreise führte über die Stationen Nablus, Tevarya, Damaskus, Baalbek über das Libanongebirge nach Tripolis, wo er sich am 6. Juni Richtung Europa einschiffte. Eine schwere Seenot vor Kreta veranlaßte ihn zu einem längeren Aufenthalt auf dieser Insel. Nach mehrwöchiger Seereise erreichte er am 30. September Venedig und kehrte über Padua,

Bozen, Innsbruck und Augsburg Anfang November 1581 in seine Heimat zurück.

Von 1582 bis 1589 bekleidete er verschiedene Pfarrstellen in Württemberg und Franken. Crusius berichtet in seiner »Schwäbischen Chronik«, daß am 15. März 1585 in Grötzingen (bei Stuttgart) Schweiggers Ehefrau verstarb – das ist leider auch schon alles, was wir über seine Familienverhältnisse wissen. Schweigger wurde schließlich im Jahre 1589 an die Frauenkirche der Reichsstadt Nürnberg berufen, und er starb in dieser Stadt am 21. Juni 1622.

Das Bedürfnis nach Neuigkeiten und Erlebnisberichten gerade aus der Türkei war in der zweiten Hälfte des 16. Jahrhunderts eine verbreitete Zeiterscheinung, die sich erklärt aus der damaligen Weltgeltung des Osmanischen Reiches und dessen gewaltigem Ansturm auf Europa. Dieser türkische Staat hatte sich in überaus raschem Tempo zu einer Großmacht aufgeschwungen. Entstanden war er um 1300 aus dem Beylik der Osmanen – einem Stammesbund unter Führung einer Familiendynastie – im nordwestlichen Kleinasien. 1354 setzten sich die Osmanen zum erstenmal auf europäischem Boden fest, sie stießen weiter auf den Balkan vor und unterwarfen die Serben und die Bulgaren. Sie meisterten innere und äußere Krisen (Volksaufstände bzw. eine Mongoleninvasion), schlugen die Aufgebote europäischer Ritterheere zurück und krönten schließlich ihren Siegeszug 1453 unter Sultan Mehmet II. (1451–1481) mit der Eroberung von Konstantinopel (Byzanz), das nun als Istanbul – oder auch »Stambul« gesprochen – osmanische Residenz und Hauptstadt wurde. (Der Name »Konstantinopel« blieb in Europa auch weiterhin üblich.) Im Laufe des 15. Jahrhunderts wurden dem Reich alle Balkanländer als Provinzen angegliedert; die Sultane Selim I. (1512–1520) und Süleyman II. (1520–1566) unterwarfen nahezu alle arabischen Länder Asiens und Nordafrikas. Die Regierung Süleymans II. – als »der Gesetzgeber« oder »der Prächtige« bekannt – brachte dem Reich dann seine größte Ausdehnung von Algier bis Basra, von Nordungarn bis Jemen, die begleitet war von einem Höhepunkt äußeren Glanzes und kultureller Blüte.

Diese erstaunlichen Erfolge gründeten sich auf einige Besonderheiten im feudalen Staats- und Gesellschaftsaufbau der

Osmanen. Als wichtige Triebkraft der unaufhörlichen Eroberungen erwies sich die Einrichtung der Militärlehen, das sogenannte Timarsystem. Ein großer Teil des eroberten Landes wurde vom Sultan als Lehen (Timar) an verdiente Soldaten vergeben, die damit das Recht erhielten, von den Bauern des betreffenden Gebietes die staatlich festgelegten Steuern einzuziehen und einen Teil davon für sich zu verwenden. Dafür hatte der Lehensinhaber die Pflicht, als berittener Krieger (Sipahi) Militärdienst zu leisten. Die Lehen waren meist nicht sehr groß, ursprünglich auch nicht vererbbar, weshalb das System immer wieder den Drang nach neuen Eroberungen erzeugte. Die militärische Schlagkraft der Osmanen beruhte weiterhin auf einem stehenden Heer – einer für Europa damals unbekannten Einrichtung –, dessen Kern die Elitetruppe der Janitscharen bildete. Die Rekrutierung dieser Truppe geschah durch eine grausame, aber wirkungsvolle Methode, die sogenannte »Knabenlese« (Devşirme). Man zwang die unterworfene nichtmuslimische Bevölkerung, in regelmäßigen Abständen eine bestimmte Anzahl junger Knaben an den Sultanshof zu liefern. Dort wurden sie durch ein gezieltes Erziehungssystem zu strenggläubigen Muslims und treu ergebenen, ausschließlich an die Person des Sultans gebundenen Dienern (»Sklaven der Pforte«) gemacht, welche die Verbindung zu ihrem Herkunftsland weitgehend verloren hatten. Als Janitscharen lebten sie ehelos und streng kaserniert und stellten somit ein verläßliches und einsatzbereites Korps dar. Die begabtesten der ausgehobenen Knaben kamen als Pagen an den Sultanshof, von wo aus ihnen der Weg zu höchsten Hof- und Staatsämtern – bis hin zum Großwesir – offenstand. Das gesamte Staatswesen der Osmanen nämlich bildete ein ausgeklügeltes System, in dem die Masse der arbeitenden Bevölkerung von dem Apparat der Militäradministration beherrscht und kontrolliert wurde. Die einzelnen Strukturbereiche dieses Apparats – der »innere« und »äußere« Hofstaat (nach der Gliederung des Serails bzw. der Nähe zum Sultan so benannt), die Zentral- und Provinzverwaltung, die Armee und auch die Geistlichkeit – waren eng miteinander verflochten und einer strengen Rangordnung unterworfen, die ihrerseits den Sultan als alleiniges Oberhaupt anerkannte. Auch bestimmte Gruppen der unterworfenen Bevölkerung wurden mit gesonderten Privilegien in dieses System einbezogen. Dazu gewährte die konsequente staatliche Kontrolle den Bauern manche Vorteile, was zunächst zu einer Entwicklung der Landwirtschaft führte. Somit brachte das Funktionieren einer alles beherrschenden Zentralgewalt dem Reich seine hauptsächlichen Erfolge im 15. und 16. Jahrhundert.

Doch schon innerhalb dieser Zeit machten sich gegenläufige Tendenzen bemerkbar, vor allem verkörpert in der wachsenden Macht großer Grundherren, die Land als Privatbesitz oder in Form religiöser Stiftungen innehatten und nach Erweiterung solchen Besitzes strebten. Das starre Festhalten der Zentralmacht an ihrem festgefügten System, mit dem sie auch die Wirtschaft des Reiches bis ins kleinste zu reglementieren suchte, vermochte solchen Tendenzen nicht mehr zu steuern, es ließ einer ökonomischen und gesellschaftlichen Weiterentwicklung keinen Raum und führte binnen kurzem zu einem verhängnisvollen Kreislauf von Krisenerscheinungen: Die überzogene militärische Expansion, der ständige Zweifrontenkrieg hatten die ökonomischen Möglichkeiten erschöpft, im Gefolge einer tiefgehenden Finanzkrise breiteten sich Korruption und Bestechung aus, willkürliche Steuern wurden erhoben, man verhandelte Janitscharenstellen, Staatsämter und Lehen um Geld, womit diese ihre ursprünglichen Funktionen einbüßten, und seit Selim II., dem Sohn und Nachfolger Süleymans II., zogen sich die Sultane mehr und mehr von den Regierungsgeschäften zurück. Die Ausbeutung der Bauern wurde aufs höchste verschärft; das Mehrprodukt der Landwirtschaft wie auch die Erlöse des Außenhandels dienten zur persönlichen Bereicherung der Grundherren und hohen Würdenträger oder flossen in die Rüstung. Weder auf dem Lande noch in der Stadt gab es einen Anreiz, sich neuen Erwerbs- und Produktionsmöglichkeiten zuzuwenden. So ging das feudale Staatswesen der Osmanen seinem Niedergang entgegen, ohne daß sich Keime einer neuen Gesellschaft in ihm entwickelt hätten. In diesem Sinne gehörte es »nicht zum Typischen, sondern zum Atypischen der Epoche« (Ernst Werner).

Auch die neue Expansion in Richtung Europa, die Süleyman II. unternahm, war ein Versuch, innere Spannungen zu kompensieren. 1521 eroberte er Belgrad, die Schlüsselfestung zum Königreich Ungarn, 1526 fügte er den Ungarn die vernichtende Niederlage bei Mohács zu, bei welcher der junge König Ludwig den Tod fand. Damit kam es zum erstenmal zur direkten Konfrontation mit dem ebenfalls nach Universalmacht strebenden Reich der Habsburger, die seit 1273 die deutschen Könige und Kaiser des »Heiligen Römischen Reiches Deutscher Nation« stellten. Ferdinand I., Bruder Kaiser Karls V., Begründer der österreichischen Linie der Habsburger und deutscher Kaiser 1556–1564, wurde 1526 von einem Teil des ungarischen Adels zum König von Böhmen und Ungarn gewählt und lag im Streit mit dem ungarischen König Johann Zapolya (1526–1540), der sich zum osmanischen Vasallen erklärt hatte. Diese Konstellation führte 1529 zur ersten, allerdings erfolglosen Belagerung Wiens durch die Osmanen, die ganz Europa in Schrecken versetzte. Nach dem Tode Zapolyas schlug Süleyman endgültig die Ansprüche des Habsburgers auf ganz Ungarn zurück, eroberte 1541 Buda und verwandelte den Großteil Ungarns in eine türkische Provinz. Dennoch waren sowohl die Türken als auch die Habsburger an einem gegenseitigen Ausgleich interessiert, da sie sich gleichzeitig an anderen Fronten in ständige Kämpfe verwikkelt sahen: die Türken mit ihrem dauernden Gegner im Osten, den persischen Safawiden, und die Habsburger vor allem mit Frankreich, dessen König Franz I. (1515–1547) 1535 mit den Osmanen ein regelrechtes Bündnis gegen Karl V. abgeschlossen hatte. Dazu kamen die inneren Auseinandersetzungen im Gefolge der Reformation, in deren Verlauf sich der Kaiser zu Zugeständnissen an die protestantischen Fürsten bereitfinden mußte. So kam es 1547 zu einem befristeten Waffenstillstand zwischen Süleyman und Ferdinand bzw. Karl V., dessen Ergebnis die Dreiteilung Ungarns war: Mittel- und Südungarn blieben osmanisch, ein schmales Gebiet im Westen und Nordwesten habsburgisch, und Ostungarn geriet als Vasallenstaat Siebenbürgen (Transsilvanien) unter osmanische Oberherrschaft. Für die Waffenruhe in seinem Gebiet hatte der Habsburger ein jährliches »Ehrengeschenk« von 30000 Dukaten an die Pforte zu entrichten. Es gab auch in der Folgezeit noch Kriegshandlungen (1551 Eroberung des Banat, 1566 von Szigetvár), doch wurden von den späteren Kaisern Maximilian II. (1564–1576) und Rudolf II. (1576–1612), den Sultanen Selim II. (1566–1574) und Murat III. (1574–1595) neue Waffenstillstandsabkommen geschlossen (1568 Frieden von Adrianopel) und mehrfach erneuert. Die Osmanen begannen 1578 einen aufreibenden Feldzug gegen die Perser (bis 1590), der ihnen nur nominellen Gebietszuwachs brachte, woraufhin 1593 wiederum ein langer österreichisch-türkischer Krieg ausbrach. Der Friedensschluß von Zsitvatorok 1606 brachte eine deutliche Wende der Beziehungen; mit der offiziellen Anerkennung der Gleichberechtigung beider Seiten und dem türkischen Verzicht auf den Jahrestribut wurde die Schwächung des Osmanischen Reiches sichtbar.

Die habsburgisch-türkischen Auseinandersetzungen machten es notwendig, daß seit ihrem Beginn kontinuierlich Gesandte nach Istanbul geschickt wurden. Die Aufgaben eines solchen »Legaten« oder »Orators« bestanden darin, die Bedingungen für die jeweiligen Friedensschlüsse auszuhandeln, das jährliche »Ehrengeschenk« zu überbringen, die politische Situation zu beobachten und darüber Bericht zu erstatten. Ein dauernder heikler Punkt diplomatischer Aktivität waren auch Beschwerden über beiderseitige Grenzübergriffe, die trotz geltender Verträge nicht aufhörten. Seit 1547 gab es einen ständigen Vertreter Österreichs, der jeweils mehrere Jahre mit seinem Gefolge in der türkischen Hauptstadt verblieb. Der Status und die Lebensbedingungen eines solchen Botschafters sind natürlich keinesfalls mit heutigen Verhältnissen zu vergleichen. Die ersten Gesandten wurden fast wie Gefangene behandelt und streng überwacht, der Verkehr mit Diplomaten anderer Länder war tunlichst unterbunden, und schließlich wurden sie nicht selten das persönliche Opfer ihrer Aufträge, wenn die Verhandlungen das Mißfallen der osmanischen Regierung hervorriefen. Eine Exterritorialität der Gesandtschaftsgebäude gab es nicht, und so kam es vor, daß der Botschafter samt seinem Personal eingekerkert wurde.

Entsprechend dem multinationalen Charakter der Habsburger Monarchie waren die kaiserlichen Gesandten nicht nur Deutsche und Österreicher, sondern auch Niederländer und Italiener, Ungarn und Kroaten. Was ihre Konfessionszugehörigkeit betrifft, so erstaunt zunächst die hohe Zahl von Protestanten als Vertreter einer Macht, die die katholische Reaktion in Europa verkörperte. Das war ein Spiegelbild der

Verhältnisse in Österreich, wo die Reformation entscheidende Erfolge errungen hatte – zur Zeit, als der Gesandte Sintzendorff seine Reise antrat, waren drei Viertel der Bevölkerung und fast der gesamte Adel Österreichs protestantisch; erst 1590 setzte die Gegenreformation ein.

Diese Gesandtschaften erfüllten nun nicht nur den Zweck, ihren Auftraggebern Bericht über türkische Zustände zu erstatten, sondern sie wurden auch zur Informationsquelle für breitere Kreise der Bevölkerung ihres Heimatlandes. Manchmal war es der Botschafter selbst, öfter Mitglieder seines Gefolges, die ihre Eindrücke vom Leben in der türkischen Hauptstadt, vom Hof des Sultans, von dem mühseligen Reiseweg in Form von Tagebüchern, Memoiren, Reisebüchern niederschrieben. Sie entsprachen damit einem aufs höchste gesteigerten Interesse ihrer Landsleute, denen spätestens seit 1529 – dem Jahr der Belagerung Wiens – die »Türkengefahr« bewußt geworden war. Die osmanische Aggression erzeugte zunächst ein von Furcht und Haß geprägtes Bild der Türken, das von zahllosen flugblattartigen Schriften, die Sensationsberichte vom Kriegsgeschehen lieferten, immer wieder erneuert wurde. Aufrufe zum geeinten Widerstand, zur Solidarität mit den betroffenen Völkern blieben wirkungslos in einem von inneren und äußeren Machtkämpfen zerrissenen »Abendland«. Typisch für diese erste Zeit ist die widersprüchliche Haltung Luthers zur Türkenfrage, der zwar seit 1529 zur Verteidigung aufrief, insgesamt aber über eine fatalistische Einschätzung der Türken als apokalyptischer Erscheinung nicht hinauskam.

Seit der Mitte des 16. Jahrhunderts wandelte sich dieses Türkenbild allmählich. Der erste Schock war überwunden, und ebenso war es der Höhepunkt der osmanischen Macht – sichtbar seit dem Tode Süleymans des Prächtigen im Jahre 1566, deutlicher noch nach der osmanischen Niederlage in der Seeschlacht von Lepanto im Jahre 1571. Der europäische Leser verlangte jetzt weniger nach propagandistischen Schriften als vielmehr nach authentischen Berichten aus dem Türkenreich. Er fragte nach den konkreten Ursachen für die militärischen Erfolge der Türken, nach den Stärken und Schwächen ihres Staatswesens und ihrer Zivilisation. Und schließlich übte auch die als exotisch empfundene Welt des Orients eine besondere Anziehungskraft aus. Schon seit längerer Zeit hatte man begierig nach den Berichten der unfreiwilligen Orientreisenden, nämlich der Kriegsgefangenen, gegriffen, die oft lange Jahre in türkischer Sklaverei verbrachten. Neben den beliebten Büchern des Bayern Hans Schiltberger und des Kroaten Bartholomäus Georgiewitsch zeichnete sich besonders der Bericht des sogenannten »Mühlbachers«, eines Siebenbürger Sachsen, über seine 22jährige Gefangenschaft durch eine bemerkenswert objektive und sachliche Darstellung aus. Auch das Traktat des von Piraten verschleppten und als Page im Serail erzogenen Italieners Giovanantonio Menavino fand in einer Übersetzung (1563 und weitere Auflagen) große Verbreitung im deutschen Sprachgebiet. Daneben bemühten sich Gelehrte um zusammenfassende Darstellungen osmanischer Geschichte. Die »Commentarii delle cose de' Turchi« des italienischen Bischofs und Geschichtsschreibers Paolo Giovio wurden durch zahlreiche Übersetzungen (deutsch 1537) in ganz Europa zum populären Standardwerk. Während sich Giovio auf europäische Quellen stützte, beruhte das Werk des Malteserritters Antoine Geuffroy über Staatsordnung und Geschichte der Türken (deutsch 1573) auf eingehender Landes- und Sprachkenntnis. Die herausragende Gestalt unter den Geschichtsschreibern war der Westfale Johannes Löwenklau (Leunclavius), der in seinen »Annales sultanorum Othmanidarum« (1588, deutsch 1590) und den »Historiae Musulmanae Turcorum ... libri XVIII« (1591) als erster originale osmanische Geschichtsquellen auswertete. Auch er verschaffte sich eigene Anschauung der Türkei als Mitglied einer Gesandtschaft im Jahre 1584.

Die Teilnahme an einer solchen Gesandtschaft war für Reiselustige verschiedenster Profession überhaupt meist die einzige Möglichkeit, ihren Reisewunsch zu realisieren. Ihnen verdanken wir den größten Teil volkstümlicher Reisebeschreibungen der Türkei aus jener Zeit. Allerdings blieben viele dieser Berichte ungedruckt und wurden oft erst Jahrhunderte später veröffentlicht. Am bekanntesten zu ihrer Zeit wurden die »Vier Briefe von der türkischen Gesandtschaft« des kaiserlichen Botschafters Ogier Ghiselin von Busbeck, der in unterhaltsamer und geistvoller Weise von seinem Aufenthalt in den Jahren 1554–1562 erzählte. Busbecks Schilderungen, die seit 1581 in 20 lateinischen Ausgaben erschienen und in alle wichtigen Sprachen übersetzt wurden (1596 deutsch), prägten das europäische Türkenbild ganz wesentlich. Auch aus dem Kreise um einen französischen Botschafter gingen wertvolle Berichte hervor wie die mit interessanten Illustrationen versehene Reisebeschreibung des Geographen Nicolas de Nicolay (deutsch 1572 »Von der Schiffart und Rayß«).

Vor dem Reisebuch von Salomon Schweigger erschienen nur noch zwei wenig bedeutende Gesandtschaftsbeschreibungen von geringem Umfang (Franciscus Omichius 1582 und Melchior Besolt 1590); das überaus wertvolle, weil detaillierte und zuverlässige Tagebuch von Stephan Gerlach, Schweiggers Vorgänger im Amt des Gesandtschaftspredigers, wurde erst 1674 von dessen Enkel herausgegeben. So konnte Salomon Schweigger eines breiten Interesses sicher sein, als er 1608 die Niederschrift seiner türkischen Erlebnisse zum Druck gab. Das beweisen nicht nur die zahlreichen Auflagen seines Werkes, sondern auch die nachfolgenden Bücher anderer Reiseschriftsteller, die aus ihm Nutzen zogen. Der Apotheker Reinhold Lubenau z. B., der 1587–1588 den Gesandten Dr. Bartholomäus Petz begleitete und darüber in seinen umfangreichen Erinnerungen (erst Anfang des 20. Jh.s veröffentlicht) berichtete, hat ganze Passagen unbekümmert von Schweigger abgeschrieben. Und auch im Buch des Johann Wild (erschienen 1613, mit einer Vorrede von Schweigger) über seine siebenjährige Gefangenschaft finden sich im Kapitel über Konstantinopel deutliche Anklänge an Schweiggers Formulierungen.

So war Schweiggers Buch zu seiner Zeit der erste größere Türkeibericht des deutschsprachigen Raums, den man als Reisebeschreibung im engeren Sinne bezeichnen kann. Ohne den Anspruch auf Wissenschaftlichkeit (wie die bisher erschienenen Geschichtswerke) oder auf stilistische Eleganz (wie die Briefe Busbecks) versucht er einfach, das, was er gesehen und erlebt hat, wiederzugeben, seine eigenen Gedanken daran zu knüpfen und dem Leser somit Unterhaltung und Belehrung zuteil werden zu lassen.

Die spontane Art seines Erzählens führt zu einer gewissen Uneinheitlichkeit in Inhalt und Form, die hin und wieder regelrechte Stilbrüche verursacht. Der Autor tritt uns sozusagen in verschiedener Gestalt gegenüber: einmal als aufgeschlossener, interessierter Beobachter einer fremdartigen Kultur, zum anderen als humanistisch Gebildeter, für den die antiken Schriftsteller neben der Bibel wichtigste Quelle der Belehrung sind, und zum dritten als Theologe und Prediger, befangen im religiösen Denken seiner Zeit.

Für den heutigen Leser ist der Autor wohl in seiner erstgenannten Eigenschaft am sympathischsten. Seine anschauliche Darstellung gibt uns einen lebendigen Einblick in viele Details des türkischen Alltagslebens vor vier Jahrhunderten. Für seine Zeitgenossen mag sie dazu beigetragen haben, manche von Abneigung und Unkenntnis allzusehr geprägte Vorstellungen ein wenig zu korrigieren. Daß das aufmerksame Beobachten für ihn selbstverständlich war, entnehmen wir z. B. seinem Erstaunen über das Verhalten der Georgier in Konstantinopel: »Sie zogen in der Stadt hin und wider, als wären sie viel Jahr Burger darin gewesen, fragten nach niemands, achteten und verwunderten sich keines Dings, wie wir pflegen zu tun, wann wir zu frembdem Volk kommen und ihre Gebräuch und Sitten mit Verwunderung sehen und darauf Achtung geben.« (S. 88) So gelingen ihm auch dort, wo das eigene Erleben offensichtlich ist, die überzeugendsten Schilderungen. Wir hören fast das ehrerbietige Schweigen in Gegenwart des Sultans, sehen das »traurig Spectacul« eines Gefangenenzuges, erstaunen über die wilden Künste der türkischen Gaukler, amüsieren uns über die kindlichen Belustigungen des Volkes an Festtagen oder teilen mit Schweigger sein Wohlbehagen im türkischen Bad. Sicher ist er in seinen Beschreibungen auch manchmal ungerecht und wenig objektiv, doch kann hier nicht der Ort sein, dies alles im einzelnen richtigzustellen. Wenn er sein deutliches Mißfallen z. B. über die »tölpische« Musik der Türken, über ihre frugalen Speisen oder über Müßiggang und »Hoffart« ihrer Frauen kundtut, sollten wir auch solches als ganz persönliche Eindrücke akzeptieren.

Schweigger selbst ist bestrebt, alle seine Beobachtungen theoretisch zu untermauern. Zur Erklärung bestimmter Sitten und Bräuche sucht er ständig nach Parallelen aus den Schriften der Antike und der Bibel – ein Verfahren, das manchmal gerechtfertigt ist, öfter aber zu irrigen Zusammenhängen führt. Gleiches gilt für seine etymologischen Worterklärungen. Diese Dinge wurden für die vorliegende Ausgabe stark gekürzt, ebenso einige geschichtliche Exkurse.

Neben den eigentlichen belehrenden Passagen ist für Schweigger die offene oder versteckte Ironie und die Polemik ein beliebtes Mittel, um seine Ansichten vorzutragen. So versucht er mit ironischen Vergleichen und Beifügungen eine Darstellung, die ihm zu positiv geraten erscheint, abzuschwächen oder eine Kritik noch deutlicher zu gestalten. Ganz auffällig wird diese Methode in den Kapiteln, die der islamischen Religion gewidmet sind – ein Thema, das ihm ohnehin zu schaffen macht. Die Polemik war ihm als kämpferischem Lutheraner geläufig; gegen den »verfluchten Alcoran« und den »Teufelspropheten« Muhammad verstand sie sich zu seiner Zeit von selbst. Diese beleidigenden Passagen klingen unserem Ohr recht unangemessen. Will man Schweiggers Darstellung jedoch gerecht beurteilen, so muß man sie vergleichen mit dem, was bisher von christlicher Seite über den Islam geschrieben worden war, nämlich seit dem 8. Jahrhundert größtenteils bösartige Verleumdung, die oft nur wenig Sachkenntnis verriet. Schweigger hat sich immerhin um die Kenntnis der Quellen – in diesem Falle des Koran – bemüht, und dieses Interesse machte ihn auch zum Verfasser der ersten Koranversion in deutscher Sprache. Das Werk mit dem Titel »Der Türken Alcoran, Religion und Aberglauben« erschien in Nürnberg im Jahre 1616. Es beruht auf der ersten italienischen Übersetzung von Andrea Arrivabene aus dem Jahre 1547, die wiederum nicht das arabische Original, sondern eine Herausgabe der mangelhaften ersten lateinischen Übersetzung aus dem 12. Jahrhundert zur Grundlage hatte. Die Mängel dieser verschiedenen Vorlagen sind sicher auch die Ursache für Ungenauigkeiten und Mißverständnisse in dem Kapitel von Schweiggers Reisebuch, das vom Koran handelt. Hier werden Legenden eingemengt, die ihren Ursprung in der späteren islamischen Überlieferung oder im Volksislam haben, nicht im Koran selbst. Der sachliche Ton dominiert dann wieder bei der Beschreibung der praktischen Seiten des islamischen Alltags. Wenn sich auch hierbei ironisch-polemische Einschiebsel finden, gewinnt man fast den Eindruck, als wollte sich Schweigger damit selbst an seine ablehnende Grundhaltung erinnern oder sich auch gegen eventuelle Vorwürfe von christlicher Seite absichern.

Das didaktisch-theologische Moment im Verein mit Ironie

und Polemik tritt auch bei anderen Themen immer wieder hervor, vor allem dort, wo er versucht, die geschichtliche Rolle der Türken zu begreifen. Gemeinsam mit früheren Anschauungen ist ihm die Grundüberzeugung, daß Gott, der die Geschicke der Völker lenkt, die Türken als »Rute und eisernen Besen für die Sünden der Christen« benutzt, wodurch diese zur Reue bewegt werden sollen. Schweigger ist unermüdlich darauf bedacht, seine Landsleute in dieser Richtung zu ermahnen, wobei ihn oft der Predigteifer mit sich fortreißt (solche Stellen wurden hier etwas gekürzt). Meist kommt er jedoch ganz unvermittelt wieder zu seinem konkreten Gegenstand zurück. Während bei Luther z. B. der Aspekt der »Gottesgeißel« im Vordergrund stand und er sich sogar fragte, ob es nicht sündhaft sei, gegen diesen göttlichen Willen aufzubegehren, sind für Schweigger wie auch andere Autoren seiner Zeit die Akzente schon verschoben. Er konzentriert sich auf praktische Überlegungen; und wo er »von den Ursachen des türkischen Siegs wider die Christen und seiner Kriegsrüstung« handelt, gelingen ihm einige durchaus richtige Erkenntnisse über Wesensmerkmale des osmanischen Systems wie die Institutionen der Lehenskrieger und der Janitscharen oder das Fehlen einer erblichen Adelsklasse im engeren Sinne. Allerdings muß dazu bemerkt werden, daß diese Einschätzungen etwas verallgemeinert und idealisiert sind; im Europa des aufsteigenden Absolutismus hob man die Vorzüge des türkischen Staatswesens ganz bewußt hervor und verbreitete sie auch dann noch, als der osmanische Machtmechanismus schon nicht mehr voll funktionierte. Symptome des Niedergangs werden von Schweigger nicht deutlich registriert; sie äußern sich aber indirekt in den Passagen, wo er die Europäer als überlegen erkennt und seine Hoffnung auf einen bald möglichen Sieg über die Türken ausdrückt.

Zur Beliebtheit des Schweiggerschen Reisebuches trugen schon zu seiner Zeit zweifellos die Illustrationen bei – Holzschnitte, die nach dem, was Schweigger selbst »auf das Papier mit Fleiß abgerissen« hat, angefertigt wurden. Sicher sind diese Bilder naiv vereinfacht und lassen sich nicht vergleichen mit den formal wie inhaltlich bemerkenswerten Illustrationen des Buches von Nicolas de Nicolay oder mit denen des bekannten Holzschneiders und Kupferstechers Melchior Lorichs (1527–nach 1583), dessen Serie türkischer Ansichten aus der Zeit Süleymans II. allerdings erst 1626 erschien. Sie zeigen zumindest aber wahrheitsgetreue Details des Gesehenen und heben sich somit ab von den recht häufigen unrealistischen Bebilderungen in anderen Türkenschriften des 16. Jahrhunderts. Dort findet man entweder die Türkengestalten mit europäischen Attributen in Kleidung und Ausrüstung versehen, oder die Verleger nahmen ganz einfach schon vorhandene Illustrationen aus europäischen Werken. Erst im Laufe des 17. Jahrhunderts entstand eine Reihe schöner »Trachten-« oder »Manierenbücher« über die Türkei.

Der Gesamtwert des Buches liegt nur zum geringeren Teil in seinem Gehalt für die Wissenschaft. Als Quelle für die Geschichte oder auch die Sprachgeschichte der Türken sind andere Berichte ertragreicher, so z. B. das schon erwähnte Tagebuch des Stephan Gerlach, das handschriftliche, erst in unserem Jahrhundert veröffentlichte Tagebuch des Kaufmanns Hans Dernschwam, der in den Jahren 1553 bis 1555 auch das Landesinnere bereiste, oder die sprachlichen Aufzeichnungen des Mühlbachers und des Bartholomäus Georgiewitsch. Diese Quellen kann Schweigger nur in Details ergänzen. Für die orientalistische Wissenschaftsgeschichte allerdings, die die Entwicklung der Beschäftigung mit dem islamischen Orient untersucht, ist Schweiggers Buch als eines der frühesten und zu ihrer Zeit wirkungsvollsten mit Ehren zu nennen.

Die Lektüre des Buches erlaubt uns vor allem einen tiefen Einblick in bewegte Zeitläufte der Vergangenheit, wie es in dieser lebendigen Direktheit kein historischer Roman und keine wissenschaftliche Abhandlung vermögen. Heute wie damals kann sich der Leser gefangennehmen lassen von den farbigen Eindrücken aus der Welt des türkischen Großreichs. Im Unterschied zu Schweiggers Zeitgenossen kennen wir jedoch die weitere historische Entwicklung, die zum völligen Zusammenbruch des Osmanischen Reiches und über den nationalen Befreiungskampf zur Errichtung der Republik Türkei führte. Wir sehen heute, wie das türkische Volk mit neuen, schwerwiegenden Problemen zu kämpfen hat. Auch deshalb erscheint es wohl angebracht, sich hin und wieder an den einstigen Klang des türkischen Namens in Europa zu erinnern.

H. S.

Anmerkungen

Zur Wiedergabe fremdsprachiger Wörter und Wendungen:
Türkisches wird in moderner Aussprache und in dem heute gebrauchten Lateinalphabet angeführt. Dabei bedeutet c = dsch, ç = tsch, ğ = 1) kaum hörbarer stimmhafter ach-Laut 2) j, î = dumpfes i, ş = sch, y = j, z = stimmhaftes s

Das Transskriptionssystem der arabischen Schrift – für arabische und persische Wörter – wurde vereinfacht. In ihm bedeuten č = tsch, ğ = dsch, ḥ = ach-Laut, q = weit hinten gesprochenes k, š = sch, ṯ = wie englisch stimmloses th, y = j, z = stimmhaftes s, ' = 1) Stimmabsatz, 2) ein dem Arabischen eigener knackender Kehllaut

S. 19

Coenobiis – lat. coenobium: Kloster

Alpersbach – Alpirsbach im mittleren Schwarzwald

Herren Alb – Bad Herrenalb im Nordschwarzwald

Studiis humanioribus – lat. studia humaniora: die allgemeinbildenden klassischen Altertumsstudien

S. 20

dritten Monat – Monat Mai; nach früheren Kalendervarianten, die das Jahr mit dem März begannen; erst der Gregorianische Kalender (1582) legte Neujahr endgültig auf den Januar

Collegio … Bursa – lat. collegium, bursa: Wohn- und Kosthaus für Studenten

Conventualis – (lat.) stimmberechtigtes Klostermitglied

Mölck – Melk in Niederösterreich, mit Benediktinerstift

Sumptus – (lat.) Unterhalt

Sympatriota – (griech.-lat.) Landsmann

ließ nichts erwinden an ihm – ließ es von seiner Seite an nichts fehlen

Losament – Unterkunft, Wohnung

Ordinationem – (lat.) Ordination: Übertragung des geistlichen Amtes

Testimonia – (lat.) Zeugnisse, Prüfungen

Quintlein – Quentchen

siebenten Monat – Monat September, vgl. 1. Anm. S. 20

krabatischen – kroatischen

S. 21

wohlermeldter mein gnädiger Herr – mein obenerwähnter gnädiger Herr

S. 22

woferr ich anders dahin tüchtig – wofern ich überhaupt dazu tauglich sei

wohl vernügt – sehr zufrieden

Werbung – Auftrag

Verehrung – Ehrengeschenk

Vischamünd – Fischamend (Österr.)

S. 24

Jungen – Burschen, Diener

über die Kredenz – für das Anrichten der Speisen verantwortlich

Pincern – griech.-lat. pincerna: Mundschenk

Kuche(-nschiff usw.) – Küche

Lehekutschern – Lehenkutsche: Mietkutsche

Maximiliani II. – vgl. 4. Anm. S. 30

S. 25

Preßburg – Bratislava (ČSSR), war von 1526–1784 Hauptstadt des habsburgischen Ungarn; nach 1543 auch Sitz des Erzbischofs (Primas) von Esztergom (vgl. 3. Anm. S. 12)

in einer Au gravidanna – wahrsch.: in einer fruchtbaren Aue (Ableitung von lat. gravidus)

Gelegenheit – Lage, Beschaffenheit

Weikau – Vojka nad Dunajom (ČSSR)

Wodock – Horný Bar (ČSSR), ung. Bezeichnung Nagybodak

Commorra – Komárno (ČSSR)

Nassada – ungar. naszád »Boot«

Copia – ungar. kopja »Speer, Spieß«; Copie: Bezeichnung für einen dünnschäftigen, höchstens 3 m langen Reiterspieß im 15./16. Jh.

Rohr – Büchse, Gewehr, vgl. 4. Anm. S. 27

S. 26

Siget – Szigetvár in SW-Ungarn, wurde trotz heldenhafter Verteidigung 1566 von den Türken erobert

Pontipicolo – vgl. 5. Anm. S. 53

im andern Monat – April, Vgl. 1. Anm. S. 20

Sophi in Persia – der persische Schah, vgl. 2. Anm. S. 85

mit Leimen geschliert – mit Lehm überzogen

Werkstücken – Werkstück: behauener Stein

S. 27

Schütt – die Große Schüttinsel (slowak. Velky Zitný Ostrov, ung. Csallököz), an deren SO-Spitze Komárno liegt, wird von der Donau und der Kleinen Donau bzw. dem Váh begrenzt

Hakenschützen – mit dem Haken (der Hakenbüchse) ausgerüstete Schützen. Die Hakenbüchsen – mit einem Haken als Halterung versehen – gehörten zu den frühesten Handfeuerwaffen

Stücken – Stück: Geschütz

Handröhren – Handrohre: Handfeuerwaffen einfachster Art, bestanden aus einem mit Zündloch versehenen eisernen Rohr

verzog – wartete

S. 28

»Waschuschum« – tü. başîm için! »Bei meinem Kopf!«

S. 29

sich ... verzog – sich hinzog

hat sich ... verloffen – hat sich begeben

Gran oder Strigonio – Esztergom (Ung.), deutsche Bezeichnung Gran (nach dem hier mündenden Fluß Hron), lat. Strigonium. Die Ableitung des Namens von Ister (alter lat. Name für den Unterlauf der Donau) ist nicht richtig. Seit 1001 war E. ungarisches Erzbistum; von 1543–95 und 1605–83 in türkischer Hand

Beg – tü. bey (früher beg), osmanischer Titel z. B. für militärische Befehlshaber, hier ist der Sandschakbeg (vgl. 4. Anm. S. 85) gemeint

Gwardi – (ital. guardia) Garde, Leibwache

das Abscherren der Multern – der aus dem Backtrog (Multer: großer Trog) abge-
kratzte Teigrest

S. 30

Bogatshen – bulg. pogača: Fladenbrot

den schimpflichen Gebärden – den lächerlichen Gebärden

Zauschen – tü. çavuş: Angehöriger einer Garde im Hof- und Staatsdienst. Die
Çavuş hatten verschiedene Funktionen (Herolde, Türhüter, Kuriere, Be-
gleitsoldaten); sie wurden z. T. vom Staat besoldet, z. T. waren sie Lehensträger

Maximilianus der Ander – Maximilian II. (1527–1576), römisch-deutscher Kaiser seit 1564, Sohn und Nachfolger Ferdinands I. (vgl. 7. Anm. S. 33), Vater Ru-
dolfs II. (vgl. 5. Anm. S. 144); M. schloß 1568 mit Selim II. (vgl. 2. Anm. S. 52)
einen Frieden auf 8 Jahre, dessen Erneuerung 1575 von Murat III. (vgl.
4. Anm. S. 144) bestätigt wurde

S. 31

Friedensanstand – Friedensschluß, Waffenstillstand

die verschien(en)e Zeit – die vergangene Zeit

sich versehen – erwarten

Kredenz – Anrichteschale

Haf – Hafen: Topf

S. 32

gebalierten Marmor – poliertem Marmor

Infulen – Inful: Abt- oder Bischofsmütze

Scipio Aemylius … Cartaginem – Publius Cornelius Scipio Aemilianus (um
185–129 v. d. Z.), röm. Patrizier, seit 147 Consul, eroberte und zerstörte 146
Karthago

öhrin – ehernen

Solymann, der zwölft in der Ordnung – Süleyman II., 10. osmanischer Sultan
(1520–1566), eigentlich der erste dieses Namens. Schweigger bezieht sich auf
eine damals gebräuchliche Zählung der Sultane, welche die Söhne Bayazits I. – Süleyman und Musa – der Interregnumszeit 1403–1413 mitberechnet.
Die Regierungszeit Süleymans II., eines der bedeutendsten Sultane, war durch
gewaltige Eroberungen gekennzeichnet; er unternahm 10 Feldzüge in Europa
und 3 in Asien. Seine innenpolitische Tätigkeit zur Restabilisierung des Le-
henssystems und zur Vervollkommnung der Staatseinrichtungen brachte ihm
den Beinamen »der Gesetzgeber« (tü. Kanuni), in Europa hieß er auf Grund
des erreichten Höhepunkts osmanischer Kultur »der Prächtige«

Carolus der fünft – Karl V. (1500–1558), römisch-deutscher Kaiser 1519–1556,
strebte mit Hilfe der katholischen Kirche nach einem europäischen Univer-
salstaat, führte um Italien mehrere Kriege mit Frankreich, bekämpfte die Reformation. Nach dem Abschluß des Augsburger Religionsfriedens (1555)
dankte er 1556 ab und übergab die Kaiserkrone seinem Bruder Ferdinand I.
(vgl. 6. Anm.), die Niederlande, Spanien und Neapel seinem Sohn Philipp II.

Franciscus in Franckreich – Franz I., 1515–1547 König von Frankreich, Haupt-
gegner der Habsburger, baute den französischen Nationalstaat aus, schloß
1535 mit Süleyman II. einen Bündnisvertrag gegen Karl V.

Stulweissenburg – Székesfehérvár (Ung.), hier wurden seit Stephan dem Heiligen die ungarischen Könige gekrönt und bestattet; 1543–1688 in türkischer Hand

S. 33

Marusch – Nagymaros (Ung.)

Arianer – eigentlich Anhänger einer frühchristlichen Lehre (4. Jh.); hier sind »Neuarianer« gemeint, womit reformierte Strömungen des Protestantismus bezeichnet wurden

Wischigradi – Visegrád (Ung.), slaw. »Hohe Burg«, deutsche Bez. Plintenburg; das unterhalb einer älteren Burg gelegene Königsschloß (erbaut im 13. Jh., ausgebaut im 14./15. Jh.) war Aufbewahrungsort der ungarischen Krone; V. wurde 1529, endgültig 1544 von den Türken erobert

Paulus Jovius – Paolo Giovio oder Paulus Jovius (1483–1552), italienischer Geschichtsschreiber, schrieb als Hauptwerk »Historiarum sui temporis libri XLV« (Florenz 1550–52), verfaßte mit den »Commentarii delle cose de' Turchi« (1531) nach venezianischen Quellen eine weit verbreitete Geschichte der Türken bis Süleyman II. (deutsch 1537 »Vom Ursprung des Türkischen Reichs«)

Notschlangen – Schlange: leichtes Geschütz mit langem Rohr

Doppelhaken – schwerste Hakenbüchse, vgl. 2. Anm. S. 27

Ferdinandi – Ferdinand I. von Habsburg (1503–1564), römisch-deutscher Kaiser seit 1556, Begründer der österreichischen Linie der Habsburger, wurde 1526 auf Grund von Erbverträgen zum König von Ungarn und Böhmen gewählt, lag um Ungarn im Kampf mit dem Gegenkönig Johann Zapolya (vgl. Anm. S. 20) und den Osmanen, schloß 1533, 1547 und 1562 Waffenstillstandsabkommen mit Sultan Süleyman II. (vgl. 5. Anm. S. 32)

Stephani – Stephan I. (um 975–1038), seit 997 erster König und Begründer des christlichen ungarischen Feudalstaates, vermählt mit der Schwester des deutschen Kaisers Heinrich II., Gisela

Sigmund – Sigismund von Luxemburg (1368–1437), deutscher König (1410) und römischer Kaiser (1433), König von Ungarn (1386) und Böhmen (1436)

Matthia Corvino – vgl. 5. Anm. S. 36

S. 34

Ova – Buda, deutsche Bez. Ofen, wurde im 15. Jh. Residenzstadt, erlebte eine Blüte unter König Matthias Corvinus, der den Bau der Burg vollenden ließ; 1526, 1529 und endgültig 1541 von Sultan Süleyman II. erobert, seitdem Sitz des Statthalters der türkischen Provinz Budin (bis 1686)

S. 35

Wascha – tü. paşa; Pascha, Titel für höchste Verwaltungsbeamte wie Beglerbegs (vgl. 6. Anm. S. 43) und Wesire. Hier ist der Beglerbeg von Budin, Mustafa Pascha, gemeint (vgl. 2. Anm. S. 89)

Jonaken – tü. yamak (»Gehilfe«): aus der einheimischen Bevölkerung angeworbener Soldat

lötzen – letz (lötz): umgewendet, nach links gewendet

S. 36

Türengeschwell – Türschwellen

Tanister – Tornister

»Isabella Regina ...« – (lat.) »Königin Isabella. So will es das Schicksal.«

König Joannis Weywode – Johann Zapolya (1487–1540), seit 1511 Wojewode von

Siebenbürgen, wurde 1526 von einem Teil des ungarischen Adels gegen den Habsburger Ferdinand (vgl. 7. Anm. S. 33) als ungarischer König gewählt, erklärte sich 1528 (durch Unterhandlung des polnischen Pfalzgrafen Hieronymus Laszki) zum Vasallen der Osmanen, regierte seit 1529 in Ostungarn einschließlich Buda. Nach seinem Tode und der türkischen Eroberung Budas mußte sich seine Witwe Isabella, Tochter des polnischen Königs Sigismund I., nach Siebenbürgen zurückziehen, wo sie von 1541–1551 und 1556–1559 regierte

Matthiae Corvini – Matthias I. Corvinus (Hunyadi), 1458–1490) ungarischer König, festigte die Zentralgewalt, entwickelte eine Renaissancekultur; in der damaligen Burg von Buda legte er eine Sammlung kostbarer Bilderhandschriften an (»Bibliotheca Corviniana«), deren größter Teil später verlorenging

S. 37
Sphaera – (lat.) Himmelskugel

»Aspice ...« – (lat.) »Schau, wie zur Zeit, als der Geburtstag des Königs Matthias erstrahlte, er am Himmel zu beiden Seiten hin gewesen ist.« (nicht ganz klar)

Vladißlaus – Władisław (ung. László II.), König von Böhmen seit 1471 und von Ungarn 1490–1516

»Magnanimus ...« – (lat.) »Der hochherzige Fürst erfreute sich zweier Diademe. Vladislaus, er erhebt sein Haupt zu den Sternen.«

Griechischweissenburg – Belgrad, vgl. 14. Anm. S. 40

S. 38
Sinam – Sinan: türkischer Name

masul – tü. mazul: abgesetzt bzw. frei zur weiteren Beförderung

S. 39
Ratzenmarck – Ráckeve (Ung.)

Wiro – ung. bíró: Schulze

Backscha – Paks (Ung.)

Altinium, Tolna – Tolna (Ung.)

Baja – Baja (Ung.)

Seremnia – Szeremle (Ung.)

Satßhan – Dunaszekcsö (Ung.); Haratßhan nicht zu identifizieren

Gulusta – viell. Kolut (Jugosl.)

Vilischmar oder Velmohaz – Zmajevac (Jug.), ung. Bez. Vörösmart

»Alla ... hu« – (arab.) Allah »Gott« und hu (huwa) »Er«: religiöse Formel, besonders von Derwischen gebraucht

Erdud – Erdut (Jug.)

Drab – Drau

S. 40
Wocuwar – Vukovar (Jug.)

Voking – Sotin (Jug.)

Illoc – Ilok (Jug.)

Wonost – Banoštor (Jug.)

Scheravitsch – Čerević (Jug.)

Razen – auch Raizen: frühere Bezeichnung für die Serben (nach der serbischen Kernlandschaft Raška (lat. Rascia)

Beitscha – Beočin (Jug.)

Peter Waradin – Petrovaradin bei Novi Sad (Jug.)

Carlowitz – Sremski Karlovci (Jug.)

Slanicamin – Slankamen (Jug.)

Ditel – Titel (Jug.)

Constantino Magno – vgl. 3. Anm. S. 107

Surub – nicht zu identifizieren

Griechischweissenburg – Belgrad, in römischer Zeit Singidunum, Taurunum war der Name des heutigen Zemun (Stadtteil von B.), im Mittelalter Alba Graeca genannt; B. war 1389–1427 serbische Hauptstadt, seit 1433 Grenzfestung Ungarns, wurde 1521 von Sultan Süleyman II. erobert

S. 41

ab den ... Gebäuen – wegen der Gebäude

Mark – Markt

Türnen – Türmen

sich nichts ... besorgen darf – nichts zu besorgen braucht

Servia – Serbien; mit der Schlacht auf dem Amselfeld (1389) begann die Unterwerfung durch die Türken, 1454–59 wurde S. in die osmanische Provinz Rumeli eingegliedert

Savus – die Save

Boßna – Bosnien, 1463 endgültig von den Türken erobert, wurde 1525 zur osmanischen Provinz Bosna

Solimann – Süleyman II. vgl. 5. Anm. S. 32

Ludwig – Ludwig II. (1506–1526), Sohn Władisławs II., seit 1516 König von Ungarn und Böhmen, fiel in der Schlacht bei Mohács (29. 8. 1526), der entscheidenden Niederlage Ungarns im Kampf gegen das Heer Sultan Süleymans II.

S. 42

gegen Aufgang – gegen Osten

die asiatischen, sarmatischen ... Völker – das Territorium Ungarns war bevölkert von iranischen Skythen und Sarmaten (im 1. Jahrtsd. v. d. Z.), später im Zuge der Völkerwanderung (4.–6. Jh. u. Z.) von germanischen Stämmen (Goten, Gepiden, Vandalen, Herulern, Langobarden) und den asiatischen Hunnen

Pfeben – Kürbisse

Kukumern – Gurken

Meotischen See – lat. Maeotis palus: das Asowsche Meer

Antacite – Antikeites: alter Mündungsarm des Kuban (Nordkaukasien) in das Asowsche Meer, wo schon in der Antike Störe (lat. pisces antacaei genannt) gefangen wurden

Sarmatia – Region der Antike zwischen Asowschem Meer und Kaspischem Meer

wo allein – wenn nur

Hieronymus – Hieronymus (347–420), frühchristlicher Gelehrter, Verfasser der revidierten Bibelübersetzung, der Vulgata

S. 43

Hauala – Avala (Jug.)

Temeswar – Timişoara (Rumän.), Zentrum des Banat, der 1552 zur osmanischen Provinz Tîmîşvar wurde (die Stadt selbst war wohl von der genannten Reisestation aus nicht zu sehen)

Gorozge – Grocka (Jug.)

rein Ding abgeschmiert – tüchtig geprügelt .

Colar – Kolari (Jug.)

Beglerbeeg von Belgard – tü. beylerbeyi: Beglerbeg, Gouverneur einer (Groß-)-Provinz, die mehrere Sandschaks umfaßte (vgl. 3. Anm. S. 144 und 8. Anm. S. 165); Belgrad gehörte zur Provinz Budin und war nur Sitz des Sandschakbegs von Semendire (Smederevo)

Nißdanschi Wascha – tü. nişancî »Signierer«: Kanzler, hoher Regierungsbeamter, der den Namenszug des Sultans auf offizielle Dokumente setzte. »Wascha« kann hier sowohl der Titel Pascha, als auch tü. ...başî: »Ober-, Chef-« sein. Schweigger verwendet »Wascha« für başî auch bei anderen entsprechenden Ämterbezeichnungen

Weitfeld – offenes Feld

S. 44

geschlacht – weich, fruchtbar

Belazerqua – Smederevska Palanka (Jug.), früher: Bela Crkva

Carabansarai – tü. kervansaray: Karawanserei (persisch karwan »Karawane« + saray »Haus, Palast«), Herberge für Reisende, meist als geistliche Stiftung zu einer Moschee gehörig

Jar- und Sudelküchen – Garküchen

Badatschin – Batočina (Jug.)

vexierten – plagten, ärgerten

Jagodna – Svetozarevo (Jug.), früher: Jagodina

Murr – die Morava

Schelchen – Schelch: Kahn

Baratschin – Paraćin (Jug.)

Spahidiu – Aleksinac (Jug.), türk. Bez. Spahiköy

S. 45

schwerlich – mit Mühe

Nissa – Niš (Jug.), N. war Zentrum des Fürstentums von Lazar, der Fürst fiel 1389 in der Schlacht auf dem Amselfeld (Kosovo Polje) gegen die Türken

»D. M. Aureliae ...« – (lat.) »Den Manen der liebsten Aurelia Florentina, der Victorina und des Candidanus sowie der Stadt, dem Begründer der Freiheit, Severus, sich und den Seinen gesetzt.«

Fluß Nissa – die Nišava

Mysia ... – Mösien, römische Provinz, bestand aus Obermösien (Moesia superior = Serbien) und Niedermösien (Moesia inferior = Nordbulgarien)

Eichengesträuß – Eichengebüsch

Guritschesme – Bela Palanka (Jug.) oder ein Ort nahebei, tü. Bez. Kuruçeşme

S. 46

Knorren – Knöchel

auf ein Zeit – einstmals

Prov. 10 – Es handelt sich wohl um die Bibelstelle Sprüche Salomos 11, V. 22: »Ein schönes Weib ohne Zucht ist wie eine Sau mit einem goldenen Ring durch die Nase.«

scheinbarlichen – leuchtenden

S. 47

Scherdiu – Pirot (Jug.) tü. Bez. Şehirköy

Spahi – tü. sipahi »Reiter«: Inhaber eines Militärlehens, der als Kavallerist Kriegsdienst leistete

Türn – Türme

gepflasterte Landstraß – die Reste der römischen Heerstraße von Belgrad nach Konstantinopel aus dem 1. Jh.,

Tragomanli – Dragoman (Bulg.)

Sophianer Heiden – das gebirgsumrahmte Becken von Sofia

Kenotaphia, Tumuli honorarii vel Manes – (griech. u. lat.) Grabhügel, Ehrengrabmäler; es handelt sich um thrakische Hügelgräber, z. T. mit gemauerten Grabkammern

Raguseer Kaufmann – Ragusa (Dubrovnik), den Osmanen tributpflichtiger Stadtstaat

S. 48

Herodot – Herodot (um 484–425 v. d. Z.), griechischer Historiker, schrieb über die Geschichte von Griechen und Persern sowie anderer orientalischer Völker ein Werk in neun Büchern, die später nach den neun Musen benannt wurden

als die etwas Sonderlichs hätten zu bedeuten – als ob diese etwas Besonderes zu bedeuten hätten

Opinion – Meinung

Allasiaclis – Vakarel (Bulg.), tü. Bez. Alaca kilise

Hichtimon – Ihtiman (Bulg.)

David Ungnad – David von Ungnad, österreichischer Gesandter 1573–1578

S. 49

Deruent – Klisura (Bulg.), tü. Kapî Derbent, am Gebirgspaß der sog. Trajanspforte; die »alte verfallne Porten« war der Rest eines Bauwerks der Römerzeit

Erebum – es ist wohl das Rhodopengebirge gemeint; Hebrus war der alte Name des Flusses Mariza

Emum – das Balkangebirge, lat. Haemus, im 16.–17. Jh. wird der slawische Name Kamenica (von »kamen«, »Stein«) erwähnt; im Altertum hatte man von der Höhe des Balkans übertriebene Vorstellungen

Plin. – Plinius d. Ä. (23/24–79), römischer Historiker und Schriftsteller, schrieb eine naturkundliche Enzyklopädie in 37 Büchern

Tadarbasar – Pazardžik (Bulg.), tü. Bez. Tatarpazarî

Philippopoli – Plovdiv (Bulg.), tü. Bez. Filibe; ursprünglich thrakische Siedlung, 342/41 v. u. Z. von Philipp II. von Makedonien erobert und als Philippopolis begründet. Philipp siedelte auch Strafgefangene hier an, daher die ironische Bezeichnung Poneropolis »Verbrecherstadt«. In röm. Zeit (seit 46) als Trimontium Hauptstadt der röm. Provinz Thrakien

Mesgith – tü. mescit: (kleinere) Moschee. Zur Moschee gehörten je nach Größe eine Reihe von Nebenbauten für gemeinnützige Zwecke wie Herberge, Speisehaus für Bedürftige, Bad, Schule, Bibliothek

S. 50

Conosch – Konuš (Bulg.)

Virobo – Virovo (Bulg.)

Mustapha Wascha Dschupri – Svilengrad (Bulg.), tü. Bez. Mustafa Paşa Köprüsü (tü. köprü »Brücke«); Erbauer der Brücke ist wahrscheinlich nicht Mustafa Pascha, der Eroberer von Zypern (vgl. 4. Anm. S. 74), sondern der gleichnamige Großwesir (gest. 1512) Bayazits II.

Wascha – das heißt »ein Kopf« – der Titel Pascha (vgl. 1. Anm. S. 35) geht sicher nicht auf tü. baş (»Kopf«) zurück, sondern auf den Titel Padischah (vgl. 8. Anm. S. 68)

S. 51

Adrianopel – Edirne (Türk.), als Uskudama Hauptstadt eines Thrakerreiches (5.–4. Jh. v. d. Z.), in makedonischer Zeit (4.–2. Jh.) Orestias genannt, 117 vom römischen Kaiser Hadrian neu gegründet; 1366–1453 Hauptstadt des Osmanischen Reiches

»gaur« – tü. gâvur »Ungläubiger, Giaur«

Cadi – tü. kadî: Richter, Angehöriger der Geistlichkeit

Pirschrohr – Jagdgewehr

S. 52

Dschuma – tü. cami: große Moschee, in der am Freitag (tü. cuma), dem islamischen Wochenfeiertag, das große Gebet abgehalten wird. Hier ist die Selimiye-Moschee gemeint, 1568–74 erbaut, das Meisterwerk des berühmten osmanischen Architekten Sinan (1489–1578 oder 1588)

Selim – Sultan Selim II. (1566–1574), bekannt als »der Trinker«, war der erste Sultan, der ein Serailleben führte und sich deutlich von den Regierungsgeschäften zurückzog; während seiner Regierung wurde Zypern erobert (1571)

vier Türn – vier Türme

Hapsa – Havsa (Tü.)

Vesirasem – tü. veziri azam: Großwesir, erster Wesir (bei Schweigger »Oberwascha« u. ä. oder nur »der Wascha«; vgl. 1. Anm. S. 59), Stellvertreter des Sultans in Regierungs- und Militärangelegenheiten. Zur Person des Großwesirs Mehmet Sokollu vgl. 3. Anm. S. 90

S. 53

Porgas – Lüleburgaz (Tü.)

Propontis – das Marmara-Meer, vgl. 2. Anm. S. 105

Silembria – Silivri (Tü.), im Altertum Selymbria

Pontigrando – Büyükçekmece (Tü.), wörtl. »Große (Zug-)Brücke«; ital. Bez. Ponte grande

Pontipicolo – Küçükçekmece (Tü.), »Kleine (Zug-)Brücke«, ital. Ponte piccolo

Gerlach – Stephan Gerlach (1546–1612), Theologe aus Tübingen, Prediger in der Gesandtschaft David von Ungnads 1573–1578, schrieb darüber ein sorgfältiges Tagebuch, das 1674 veröffentlicht wurde

S. 55

was …, weil ich da gewest, fürgeloffen ist – was …, solange ich da gewesen bin, sich zugetragen hat

Carabansarai des Herrn Oratoris – der sogen. Elçi Han: »Gesandtenherberge« (Han = Karawanserei), wo die österreichischen Gesandten bis Mitte des 17. Jh.s wohnten; im 19. Jh. abgerissen

Som – Saum: Ladung eines Lasttiers

S. 56

Ponti Euxini – Pontus Euxinus: das Schwarze Meer, vgl. 5. Anm. S. 105

Bosphori Thracici – Bosporus, vgl. 1. Anm. S. 105

Matzen – Matze: Matte
Stollen – Pfosten
ein ziemliche Notdurft – eine ganze Menge
Wandläus – Wanzen
S. 57
Barrn – der Barr(e)n: Futterkrippe, Raufe
»Kirch des Ali Wascha« – Eski (oder Atik) Ali Paşa Cami, erbaut 1496/97 vom
Großwesir Hadîm Ali Pascha
Asper – von griech. aspron (»Weißling«): Bezeichnung einer byzantinischen
Silbermünze, die von den Osmanen übernommen und türkisch Aktsche (akçe
»weißlich«) genannt wurde. Nichttürken gebrauchten weiterhin den Namen
Asper (vgl. Münz- und Maßeinheiten)
Zausch – vgl. 3. Anm. S. 30
Schmieralien – Bestechungsgeschenke
»aspro« ... – neugriech.: aspros – »weiß«, mavros – »schwarz« (to mavro »das
Schwarze«)
S. 58
Panormo in Bythinia – Bandîrma (Tü.) an der Südküste des Marmarameers,
antike Bez. Panormus; Bithynien: antike Region in NW-Kleinasien
mehr Reis – ferner Reis
Bartolomeum Petz, I. V. D. – Bartholomäus Petz (Pezzen) (um 1550–1605),
Dr. jur. (iuris utriusque doctor = Doktor beider Rechte, d. h. des weltlichen
und des kanonischen – kirchlichen – Rechts), 1587 und 1590–92 selbst als
Gesandter in Istanbul
Sigeth – vgl. 1. Anm. S. 26
S. 59
Saraia – tü. saray: Palast, vgl. 2. Anm. S. 66
Capitßhiwascha – tü. kapîcî başî (»Oberster der Torwächter«): Befehlshaber
der kapîcî (von Janitscharen gebildet), die die beiden ersten Tore des Serails
bewachten. Der höchste kapîcî başî fungierte als Zeremonienmeister
Capagaschi – tü. kapî ağasî (»Pforten-Aga«): oberster Beamter des »inneren«
Hofstaats (ausschließlich mit Palastangelegenheiten befaßt)
Constantinus Magnus – vgl. 3. Anm. S. 107
Carolus Magnus – Karl der Große (742–814)
auf leimen Füßen – auf tönernen Füßen
Despekt – Geringschätzung
S. 60
Kredenzschreiben – Beglaubigungsschreiben
sich solches gegen ihm ... versehe – solches von ihm erhoffe
vor kurzen Jahren verschienen – vor kurzem bis jetzt
von gülden Stücken, ... ein gülden Stück – gülden Stück: 1) golddurchwirkter
Stoff 2) ein Gewand aus solchem Stoff
drei Wascha – hier sind die Wesire (Minister) gemeint, die stets den Titel Pascha (vgl. 1. Anm. S. 35) trugen. Ursprünglich gab es nur 2, später bis zu 9 Wesire. Sie hießen nach ihrer Rangordnung der erste (= der Großwesir), zweite,
dritte (usw.) Wesir.
S. 61
prangen – sich zieren, geziert dastehen

S. 62

lötig – vollwichtig, unvermischt

Leimen – Lehm, Ton

S. 63

Pfeben – Kürbisse

Selim – Selim II., vgl. 2. Anm. S. 52

messin – aus Messing

Baurenkirweih – Bauernkirchweih, -kirmes

Marcus Despota ... Murath – Der serbische Fürst (Despot – Titel dieser Fürsten) Lazar (1371–1389) wurde in der Schlacht von Kosovo Polje 1389 von den Osmanen besiegt und anschließend enthauptet. Sultan Murat I. (1362–1389) wurde schon zu Beginn der Schlacht von einem serbischen Helden erstochen. Die epische Überlieferung der Serben hat diese Ereignisse etwas verändert und ausgeschmückt

nahm ... ihm für – nahm sich vor

S. 64

abzuleinen – abzulenken

S. 65

Charatsch – tü. haraç »Tribut«: im engeren Sinne Bezeichnung für die nach dem islamischen Gesetz von den Nichtmuslimen der unterworfenen Länder erhobene Grundsteuer (auf dem Balkan wurde auch die Kopfsteuer so genannt); oft aber auch ganz allgemein für »Tribut« gebraucht

Biali Wascha – Piyale Pascha (gest. 20.1.1578), 2. Wesir, vorher bedeutender osmanischer Großadmiral (1554–1568)

Achmat Wascha – Ahmet Pascha (gest. 1580), 3. Wesir, Großwesir seit Okt. 1579

Mustapha Wascha – Lala Mustafa Pascha, vgl. 4. Anm. S. 74

Janitscher Aga – der Janitscharen-Aga, vgl. 1. Anm. S. 68

Schmelzwerk – Emailarbeit

Laubwerk – Verzierung, Bekränzung

Kandel ... Kanden – Kanne

Beglerbeeg aus Graecia – vgl. 8. Anm. S. 165

S. 66

Sinam Wascha – Sinan Pascha (gest. 1596), Feldherr (Eroberung von Tunis 1574, seit Anfang 1580 Oberbefehl im persischen Feldzug), fünfmaliger Großwesir seit Aug. 1580, als grausam bekannt

Saraia – tü. saray (aus dem Persischen; die Ableitung von hebräisch »sar« ist nicht richtig): »Schloß, Palast; Serail«. Es handelt sich um das Sultansschloß Topkapî-Saray (erbaut Mitte des 15. Jh.) auf der Landspitze zwischen Bosporus und Goldenem Horn, seit der Mitte des 16. Jh. Residenz der Sultane (bis 1853). Das Saray ist eine Anlage von verschiedenen kleineren Palästen, Moscheen, Gärten; gegliedert durch drei Tore: Bab-i Humayun (»Erhabene Pforte«), das heute nicht mehr zum Saraykomplex gehört, Bab-i Selam oder Orta Kapî (»Tor des Grußes« oder »Mitteltor«) und Bab-i Seadet (»Tor der Glückseligkeit«), das zu den innersten Teilen des Sarays führte

S. 67

Vorschöpf – Vorschopf: überdachter Gang

S. 68

Janitschaer – tü. yeniçeri »neue Truppe«: Janitscharen; vom Staat besoldete

Infanterie-Elitetruppe, durch Zwangsaushebung aus der unterworfenen christlichen Bevölkerung rekrutiert, lebten kaserniert und ehelos; eingeteilt in 196 orta, kommandiert vom Yeniçeri Ağasî (Janitscharen-Aga), der gleichzeitig zu den höchsten Beamten des »äußeren« Hofstaats und zur Zentralregierung zählte; schon Ende des 16.Jh.s begann die Korrumpierung dieser Truppe (z. B. durch willkürliche Einschreibungen), 1826 wurde sie aufgelöst

Buluck Wascha – tü. bölük başî »Anführer eines Bölük«; Bölük: Truppeneinheit bei den Janitscharen (andere Bezeichnung für orta oder zusammenfassend für eine bestimmte Gruppe der ortas; auch als Einheit von 100 Mann)

Capi – tü. kapî »Tor«, manchmal auch Bezeichnung für Truppeneinheiten

Seitenwehr – Hieb- und Stoßwaffen, die an der Seite getragen werden

Bärnhäuter – die nichtsnutzigen Kerls

Tartschen – Schilde

Capitschi Wascha – vgl. 2. Anm. S. 59

Padeschach – tü. padişah (aus dem Persischen): Padischah, offizieller Titel des Sultans, im Sinne von »Kaiser«

damit sie ihnen selbst die Weil kürzen – damit sie sich selbst die Langeweile verkürzen

mit dem Sakrament gehn – fluchen

S. 69

Historiis Jovi – vgl. 4. Anm. S. 33

Ferdinandus – vgl. 7. Anm. S. 33

Ludwig … Muhatsch – vgl. 9. Anm. S. 41

der Weiwoda – Johann Zapolya, vgl. 4. Anm. S. 36

Oberdanßki – Johann Hobordansky v. Salathnok, 1528/29 erster österreichischer Gesandter beim Sultan

drei Legaten – Leonhard, Graf von Nogarola und Josef Graf Lamberg reisten 1532 zu Süleyman II. ins Lager vor Belgrad

Ferdinandus Maluetius – Johann Maria Malvezzi, war 1546–1552 der erste ständige österreichische Vertreter, wurde 1551 in der Festung Anadolu Hisar eingekerkert, starb 1554 in Komárno

ein Walch – ein Italiener (»Welscher«)

Augerius Bußbeck – Ogier Ghiselin von Busbeck (1522–1592), Gesandter 1554–1562, verfaßte eine wertvolle Beschreibung seines Aufenthalts (Legationis Turcicae Epistulae IV, 1581)

Albertus von Wis – Albert von Wyß, Gesandter 1562–1569, starb 1569 in Istanbul

Galata – vgl. 2. Anm. S. 134

S. 70

Carl Rim – Karl Rym van Estenbek, Gesandter 1569–1573

David Ungnad – vgl. 6. Anm. S. 48

Johann Breuner – Johann von Preyner, Gesandter 1581–1584, starb 1584 in Istanbul

Paul von Eitzing – Michael von Eytzing, Gesandter 1584–1590

Bartolomeus Betz – vgl. 2. Anm. S. 55

von Crakawitz – Friedrich von Kreckwitz, Gesandter 1591–1593, wurde nach Ausbruch des österreichisch-türkischen Krieges 1593 verhaftet und schwer mißhandelt, starb 1593 im türkischen Lager vor Belgrad

S. 71

interim patitur justus – (lat.) inzwischen leidet der Gerechte

Sinan Wascha – vgl. Anm. S. 66

Zubuß – Zuschuß

S. 73

die Schanz übersehen – Pech gehabt

Ziffer – Chiffre

vertuscht – unterschlagen

Cantacuzenum – Michael Kantakuzenos, ein Angehöriger der griechischen Oberschicht (Kantakuzenen – byzantinische Kaiserfamilie im 14. Jh.), der sich u. a. durch vom Staat gepachtete Einkünfte gewaltig bereichert hatte; seine Hinrichtung 1578 zielte auch gegen den Großwesir, dessen Günstling K. war

Anchialo – Pomorie (Bulg.), tü. Bez. Ahyolu

im Bestand – in der Pacht

Maut – Zoll

S. 74

rauher War – Pelzwerk

vergantet – versteigert

Vlutsch oder Gilitsch Ali, Meercapitan – Uluç Ali, später Kılıç Ali, auch als Occhiali bekannt (um 1500–1587), bedeutender osmanischer Flottenbefehlshaber (tü. kaptan paşa, von venezianisch capitan = »Großadmiral«) von 1572–1587

Mustapha Wascha – Lala Mustafa Pascha (gest. Okt. 1580), osmanischer Heerführer, eroberte 1571 Zypern, wobei die grausame Hinrichtung des venezianischen Kommandanten Antonio Bragadino bekannt wurde; erhielt zu Beginn des persisch-türkischen Krieges (1578–1590) den Oberbefehl über die Armee, verlor ihn Anfang 1580 an seinen Rivalen Sinan Pascha (vgl. Anm. S. 66), wurde 2. Wesir

Scutari – Üsküdar, vgl. 1. Anm. S. 138

Galeen – Galee: Galeere

S. 75

eintreiben – bezwingen

non bene ... – (lat.) Königreiche und die Liebe sind nicht gut zu teilen

Alcuran – arab. al-qur'an (al »der«, qur'an »Vortrag, Rezitation«): der Koran, die heilige Schrift der Muslims, enthält die gesammelten Offenbarungen Muhammads

Ali – Ali, vierter der »rechtgeleiteten« Kalifen (656–661), Vetter und Schwiegersohn des Propheten Muhammad. Die schiitische Richtung des Islam (bestehend aus verschiedenen Sekten) erkennt nur ihn als rechtmäßigen Nachfolger Muhammads an; manche schreiben ihm auch die Qualität eines Propheten zu. Im Iran wird seit den Safawiden (vgl. 2. Anm. S. 85) der Islam von der Schia geprägt

Ebubecar ... Osman und Aomar – Abu Bakr, 'Umar und 'Utman, die drei ersten der vier »rechtgeleiteten« Kalifen, der nmittelbaren Nachfolger Muhammads aus dem Kreise seiner ältesten Anhänger; Abu Bakr (632–634

Vater von Muhammads Lieblingsfrau 'A'iša, 'Umar (634–644) begründete das arabische Großreich, nach der Ermordung 'Utmans 656 sonderten sich die Schiiten (Ši'at 'Ali »Partei Alis«) ab

sich noch einmal beschneiden lassen – diese seltsame Aussage geht vielleicht darauf zurück, daß es in Anatolien schiitische Sekten gab, bei denen die Beschneidung nicht oder nicht vorschriftsmäßig durchgeführt wurde

S. 76

temperieren – mischen, ins Verhältnis setzen

Frontier – Front (franz. frontière, Grenze)

Imrahor Wascha – tü. (büyük) imrahor (»der [Große] Stallmeister«), Oberstallmeister, hoher Beamter des »äußeren« Hofstaats (»Wascha« kann der Titel Pascha oder ... başî »Ober-« sein)

Nachrichter – der das Urteil vollstreckt

S. 77

Fortunati Wünschhütlein – deutsches Volksbuch vom Anfang des 16.Jh. dessen Held Fortunatus einen Zauberhut besaß, der ihn an jeden gewünschten Ort versetzte

der Chymicorum Lapidem Philosophorum – (lat.) den Stein der Weisen der Alchimisten

»Auro loquente ...« – (lat.) Wenn das Geld spricht, vermag keine andere Rede etwas

S. 78

masul – tü. mazul »abgesetzt«

hinterstellig gemacht – an ihrem Auftrag verhindert

ihm selbst Gift beigebracht – sich selbst Gift beigebracht

als der da sorget – als ob jener fürchtete

Cul – tü. kul »Sklave«, im Sinne von kapî kulu »Sklave der Pforte«

S. 79

Ps. 39 – Psalm 39, V. 7

Harpigiae – Harpyien: Dämonen der griechischen Sage, halb vogel-, halb menschengestaltig, die auf den Strophaden (zwei kleinen Inseln im Ionischen Meer) ihr Unwesen trieben

Maxud – Maksud Ḥan kam am 4.8.1580 nach Istanbul

S. 80

Vlutsch Ali – vgl. 3.Anm. S.74

so rund und fertig ohn ein Vorteil – so gewandt ohne eine Hilfe zum Aufsitzen

postiert ... für ihn über – trabt an ihm vorbei

Tapeten – Teppichen

S. 81

Reichspieß – als Bezeichnung für eine bestimmte Art von Spießen nicht zu belegen; es gab im 16.Jh. Reisspieße (etwa 3,5 m lange Reiterspieße) und Langspieße (bis 5 m lange Spieße des Fußvolks)

S. 82

Haken – Hakenbüchsen, vgl. 2.Anm. S.27

ihnen im Maul umbgrasen – sich täuschen lassen (einem ein Hälmlein durchs Maul ziehen = durch glatte Worte täuschen)

Olim fuimus Troes – (lat.) Einst sind wir Trojaner gewesen (Zitat aus der »Aeneis« von Vergil, vgl. 6.Anm. S.104)

S. 83

Padeschach – Padischah, vgl. 8.Anm. S.68

zierlichen Schrift – Die Kalligraphie war eine bei allen islamischen Völkern gepflegte Kunstform; die Perser entwickelten einen besonderen Duktus der arabischen Schrift

Schimpf und Ernst – eine beliebte Schwanksammlung von Johann Pauli, erschienen 1522

S. 84

Stümpf – Strümpfe

Tartschen – Schilde

Wunschag – tü. boncuk: ein Haarschweif als Halsgehänge des Pferdes

Jovius – Giovio, vgl. 4. Anm. S. 33

S. 85

Selim ... Calderaner Heiden – Sultan Selim I., »der Grausame« (1512–1520), der Eroberer Syriens und Ägyptens (1516/17), zerschlug die mit den Safawiden verbündete schiitische Opposition in Ost-Anatolien, besiegte 1514 den persischen Schah Isma'il I. in der Ebene von Čaldiran (Süd-Aserbaidshan)

Ismael Sophi – Schah Isma'il I. (1501–1524), Begründer der persischen Dynastie der Safawiden (hervorgegangen aus Anführern schiitischer Derwische), erhob die schiitische Lehre des Islam (vgl. 4. Anm. S. 75) zur Staatsreligion. Der in Europa gebrauchte Titel »Sophi« ist vermengt aus pers. safi, safawi »Safawide« und arab. sufi (tü. sofi) »Sufi, islamischer Mystiker«

zween georgianische Fürsten – der Herrscher (georg. Atabag) des südwestgeorgischen Fürstentums Samzche, Quarquare, und sein Bruder Minučehr suchten türkische Unterstützung gegen die Perser. Die lokalen Feudalfehden in dieser Region hatten auch den Anlaß zum türkisch-persischen Krieg geboten. Samzche wurde 1578 zur osmanischen Provinz Çildir; das eigentliche Georgien mit dem Zentrum Tbilissi ging nach kurzer Zeit wieder verloren

Sansag – für tü. sancak (beyi): Sandschakbeg, Gouverneur eines Sandschak (vgl. 3. Anm. S. 147), er kontrollierte die zivilen und die militärischen Angelegenheiten seines Bezirks (z. B. hatte er in Kriegszeiten das Kommando über die Lehenskrieger)

S. 86

Tiphan – Diwan, vgl. 1. Anm. S. 171

S. 87

gülden Stück – golddurchwirktes Gewand

Meotischen See – dem Asowschen Meer, vgl. 5. Anm. S. 42

Hircanischen See – lat. Mare Hyrcanum, das Kaspische Meer

Albanier ... Colchi usw. – Die Verbindung der antiken Iberer und Kolcher mit den heutigen Georgiern und Mingreliern (in West-Georgien) ist gerechtfertigt, dagegen haben die alten Albaner im Ost-Kaukasus mit den Tscherkessen, einem nordwestkaukasischen Volk, nichts zu tun. Auch der Zusammenhang mit den Iberern Spaniens ist irrig. Die Kumanen waren ein turksprachiges Volk, das im 11./12. Jh. nördlich vom Schwarzen Meer und vom Kaukasus lebte

erkennen den Patriarchen zu Constantinopel ... – Die orthodoxe georgische Kirche hat ihr eigenes kirchliches Oberhaupt, den Katholikos

S. 88

ein spanischer Kurier – Don Giovanni Marigliano, der bei der Eroberung von Tunis 1574 in osmanische Gefangenschaft geraten war, kam 1577 als Gesandter Philipps II. von Spanien nach Istanbul

ab seiner Zukunft – wegen seiner Ankunft

S. 89

eines florentinischen Legaten Ankunft – Don Bongianni Gianfigliazzi führte 1578 Freundschaftsverhandlungen für Florenz

Memet Wascha zu Ofen – Mustafa Pascha, bedeutendster Statthalter der Provinz Budin (1566–1578), Neffe des Großwesirs Mehmet Sokollu, gegen welchen auch M.s Ermordung am 10.10.1578 gerichtet war (ausgeführt vom Imrahor Ferhat, vgl. 5. Anm. S. 146)

Ricken – Schlingen

»Hemer padeschach« – tü. emr-i padişah »Befehl des Sultans«

Pommersaiten – Pommer: ein dumpftönendes Saiteninstrument

S. 90

ein ziemliche Notdurft – einen genügenden Vorrat

des Vesirasems Gemahl – die einflußreiche und herrschsüchtige Esmahan (1546–1583), Tochter Sultan Selims II. (Schwester Murats III.)

Memet Wascha – Mehmet Sokollu Pascha, geb. um 1500 in Bosnien (nicht im griechisch-albanischen Epirus), ermordet am 11.10.1579; einer der berühmtesten osmanischen Großwesire, kam durch den »Knabenzehnt« an den osmanischen Hof, wurde 1565 Großwesir; unter Selim II. herrschte er unumschränkt, unter Murad III. begann seine Macht zu sinken; in seiner europäischen Politik war M.S. zurückhaltend

Deruis – Derwisch, vgl. 3. Anm. S. 194

S. 91

dies Bad übergetan – diese Falle gestellt

Anagnostis – griech. Anagnostes »Vorleser«

Leinlach – Leintuch

Sinum Ceratinum – das Goldene Horn, vgl. 4. Anm. S. 105

Eiubansaria – Eyüp (= der Name »Hiob«): Vorstadt von Istanbul, benannt nach Aiyub al Ansari, dem Fahnenträger des Propheten Muhammad, der (wahrscheinlich 672) während einer mehrjährigen Belagerung Konstantinopels durch die Araber dort starb; in der Eyüp-Moschee fand die feierliche Schwertumgürtung der osmanischen Sultane bei ihrer Thronbesteigung statt (angeblich mit dem Schwert Osmans, des Begründers der Dynastie)

S. 92

ein Araber – es handelt sich um den arabischen Astronomen Taqi ed-Din (1520/21–1585). Schweigger gibt die landläufige Meinung wieder, die in ihm nur den Astrologen sah. Das Observatorium wurde 1580 zerstört

Verlag – Auslagen

verholfen – behilflich

Galata – vgl. 2. Anm. S. 134

S. 93

Ptolemei, … – Ptolemaios (nach 83– nach 161) bedeutendster Astronom der Antike; Euklid (um 365– um 300 v. u. Z.) griechischer Mathematiker; Proklos (412–485) griechischer Philosoph

Glockenspeis – Bezeichnung für die Metallegierung, aus der Glocken hergestellt werden

Muphti – tü. müftü: Mufti; islamischer Rechtsgelehrter, der Gutachten (Fetwa) in Rechtsfragen erteilt; hier ist der Mufti von Istanbul gemeint, der im Osmanischen Reich den Rang des obersten religiösen Würdenträgers einnahm

Kiselwasch – tü. Kîzîlbaş (»Rotkopf«): Bezeichnung der Türken für schiitische Derwische, speziell die Safawiden (vgl. 2.Anm. S.85) nach deren typischer roter Kopfbedeckung, später allgemein für die Perser bzw. deren Schah gebraucht

Ginaffen – (der) Ginaff, Gänaffe: Narr, Gaffer

Sidera – (lat.) Sternbilder

S. 95

für einen Jungen – als einen Diener

Fürbieg – Vorbug: der Brustriemen des Pferdegeschirrs

entfrembdet – gestohlen

Musulman – tü. müslüman »der Muslim«, von persisch musliman bzw. arabisch muslimun (Dialekt: muslimin) »die Muslims«, d. h. »die (Gott) Ergebenen«

»La helahe ...« – das islamische Glaubensbekenntnis: (arab.) La ilaha illa 'llah, Muhammadun rasulu 'llah »Es gibt keinen Gott außer Allah, Muhammad ist der Gesandte Gottes«; die Anerkennung dieser Formel ist einer der »fünf Grundpfeiler« des Islam

Tangri bir ... – dasselbe vereinfacht auf türkisch: Tanrî bir (beyin bir), Muhammet peygamber-i Hak »Gott (dein Herr) ist einzig, M. ist der Gesandte Gottes«

S. 96

Collegium zu Galata – vgl. 4.Anm. S.169

Canisa – Nagykanizsa (SW-Ungarn) im habsburgisch-türkischen Grenzgebiet

S. 97

das Untreu unterm Mäntelein – der untreue Nachbar unter dem Mantel: ein Gesellschaftsspiel

S. 98

fürderlich – alsbald

Gelegenheit – Beschaffenheit

Fustien – Fuste (ital. fusta): eine Galeerenart

Callipoli – Gelibolu (Tü., europ. Teil)

Rhodis, Chio, Lemno – die Inseln Rhodos, Chios, Lemnos (Griech.)

Morea – Bezeichnung für den Peloponnes (Halbinsel Griechenlands) nach einem 1204 dort gegründeten französischen Fürstentum (seit 1460 osmanisch)

Insulis Cycladibus ... – Kykladen, Sporaden: griechische Inselgruppen

S. 99

Gaddien – ital. ghettine »Gamaschen«

genannt ..., benannt – festgesetzte Menge

Hectoris ... Priami – Priamos: in der griechischen Mythologie König von Troja, Hektor: dessen Sohn

Krieg in Italia – vgl. 6. und 7.Anm. S.32

S. 100

Catechismum ... Brentii – Johannes Brenz (1499–1570), württembergischer Reformator, machte sich um die Entwicklung des Schulwesens verdient; sein Katechismus (1527/28) ist der bedeutendste vor und neben dem lutherischen

Catechismum Italicum – Salomon Schweigger: Il catechesemo translato della lingua tedescha in la lingua italiana per Salomon Sveigger ... Tübingen 1585

Ludwig – Herzog Ludwig von Württemberg (1568–1593)

Schalkdeckelein – Hut oder anderes Kleidungsstück (»um die Schalkheit zu bedecken«)

S. 101

dem Wahlen – der Wahle: Italiener (»Welscher«)

Kaufmann – Käufer

vexieren – ärgern, verspotten

Schlacht der Venediger mit den Türcken – die Seeschlacht von Lepanto (Naupaktos in Griechenland) im Jahre 1571, in der eine spanisch-venezianische Flotte über die Türken siegte

beide Kastell am Hellesponto – die Dardanellenschlösser Kilit ül-Bahr und Kale-i Sultaniye (Çanakkale)

Granizen – Grenzen (slaw. graniza), Grenzgebieten

ranzoniert – ranzionieren: auslösen, loskaufen

S. 102

hausen – wirtschaften

tragen ... Treid ab – entwenden Getreide

ihnen zuwegen bringen – sich herbeizuschaffen

Besasten – tü. bezesten, bedesten: der alte Kern des Großen (Gedeckten) Basars in Istanbul

S. 103

feilset – feilscht

flüssigen – mit bösem Fluß (Blutfluß, Bauchfluß usw.) behaftet

Galeon – Galeone: großes Kriegs- und Kauffahrteischiff

S. 104

weitgrillenden – weitgellenden

Karbatsch – Karbatsche (tü. kırbaç): starke Peitsche

Farren – Farr(e): Ochse

schmeißt: – schlägt

»Tira la ...« – ital.: Tira la catena, canaglia! »Schüttle die Kette, Kanaille!«

Virgilii – In der »Äneis« des Publius Vergilius Maro (70–19 v. d. Z.) wird auch der Abstieg des Aeneas in die Unterwelt beschrieben

Plautus – Titus Maccius Plautus (um 250–184 v. d. Z.), bedeutendster römischer Komödiendichter, eines seiner Werke ist das »Eselsspiel« (»Asinaria«)

fustitudines et ferricrepidines – (lat.) Stockprügel und Kettenrasseln

S. 105

Bosphorum Thraciae – (lat.) Thrakischer Bosporus (wahrsch. thrakischer Name, erst später als griechisch »Ochsenfurt« gedeutet): Meerenge zwischen Europa und Asien, die das Schwarze Meer mit dem Marmara-Meer verbindet, 31,7 km lang und zwischen 0,6 und 4,7 km breit

Propontidem Maris Aegaei – Propontis (»Vormeer«): antiker Name des Marmara-Meers, durch die Dardanellen vom Ägäischen Meer und den Bosporus vom Schwarzen Meer getrennt, entgegen Schweiggers Angabe gibt Herodot (vgl. 1. Anm. S. 48), 4. Buch, 80, dessen Länge mit 1400 Stadien an, was der tatsächlichen Länge von 280 km näherkommt

stellen – untergebracht sind

Sinus ceratinus – (griech.-lat.) »Hornbucht«, das Goldene Horn; 7 km lange Bucht des Bosporus, einer der besten Naturhäfen der Welt

Pontus Euxinus – (griech.-lat.) antiker Name des Schwarzen Meers, tü. Bez. Kara Deniz (»Schwarzes Meer«)

Theodosia – Feodossija an der SO-Küste der Krim (antiker Name der Krim: Chersonesus Taurica), 600 v. d. Z. als Theodosia von Griechen gegründet, seit 1266 als Kaffa genuesische Handelskolonie, 1475 von den Türken erobert; gleichzeitig wurde das Khanat der Krimtataren osmanischer Vasallenstaat

Bosphoro Cimmerio – (lat.) Bosporus Cimmerius: die Straße von Kertsch, die das Schwarze mit dem Asowschen Meer verbindet

Scutari – vgl. 1. Anm. S. 138

Hellespontus – antiker Name der Dardanellen (65 km lange Meerenge zwischen Marmara-Meer und Ägäischem Meer)

S. 107

Zum Plan der Stadt vgl. 2. Anm. S. 125 (A), 2. Anm. S. 55 (B), 2. Anm. S. 66 (C), 2. Anm. S. 111 (D), 6. Anm. S. 126 (E), 4. Anm. S. 111 (F), 6. Anm. S. 111 (G), 5. Anm. S. 126 (I), 5. Anm. S. 133 (K), 1. Anm. S. 123 (L), 3. Anm. S. 111 (M), 1. Anm. S. 133 (N), 4. Anm. S. 133 (O), 5. Anm. S. 91 (P), 3. Anm. S. 135 (Q), 4. Anm. S. 102 (R), 2. Anm. S. 134 (T), 1. Anm. S. 138 (V), 8. Anm. S. 138 (X), 2. Anm. S. 137 (Y), 2. Anm. S. 105 (Z), 5. Anm. S. 111 (3), 5. Anm. S. 105 (7), 1. Anm. S. 105 (9), 4. Anm. S. 105 (10); zu R: der Leanderturm (tü. Kîz kulesi) im Bosporus vor Üsküdar

Byzantium ... – Die Stadt wurde 660 v. d. Z. als griechische Siedlung Byzantion gegründet, 196 von den Römern erobert und Augusta Antonina genannt, 326 als Nova Roma (Beiname: Anthusa) Hauptstadt des Römischen Reiches, 330 als Constantinopolis eingeweiht (seit 395 Hauptstadt des abgesonderten Oströmischen bzw. Byzantinischen Reiches); slawische Bezeichnung Zarigrad, türkische (seit 1453): Istanbul (auch Stambul gesprochen), von griech. eis ten polin »in die Stadt«, auch (arabisch) Qostantiniya genannt

Constantino Magno – Constantinus I., der Große, römischer Kaiser 306–337, Begründer Konstantinopels als Hauptstadt des frühbyzantinischen Staates, vollzog die staatliche Anerkennung des Christentums, von der orthodoxen Kirche als Heiliger verehrt

Alexii Comneni ... Francken und Venedigern – Gegen den Komnenenkaiser Alexis III. (1195–1203) eroberten westeuropäische Kreuzfahrer unter Führung Venedigs Byzanz und gründeten das »Lateinische Kaiserreich« (1204–1261)

Trapezuntisch Reich – Trapezunt: selbständiges Kaiserreich im 13.–15. Jh.

Michaele Paleologo – Michael VIII. Paläologos, byzantinischer Kaiser 1261–1282, eroberte Byzanz zurück; räumte den italienischen Stadtstaaten Handelsvorrechte ein

S. 108

Prusia – Bursa (Brussa) in NW-Kleinasien (antikes Bithynien) Hauptstadt der Osmanen von 1326–1365; Adrianopel vgl. 1. Anm. S. 51

Universität – die 425 gegründete »Staats-Universität« von Byzanz

Johannes Chrysostomus – bedeutender griechisch-christlicher Schriftsteller (geb. um 350 in Antiochia, gest. 407), seit 397 Bischof von Konstantinopel

Buchkammer – die berühmte Bibliothek an der Bischofskirche von Konstantinopel wurde 1204 von den Kreuzfahrern vernichtet

Planudes – Maximos Planudes (1260–1310), griechischer Philologe, lebte als Mönch in Konstantinopel, übersetzte viele lateinische Schriften ins Griechische

Sieben Türnen – vgl. 3. Anm. S. 133

19 Tor – nicht alle, aber die meisten Tore sind angeführt; Yedikule Kapî (1), Silivri Kapî (2), Top Kapî (3), Edirne Kapî (4), Eğri Kapî (5), Eyüp Kapî (6) ist sonst nicht bekannt, Ayvansaray Kapî (7), Balat Kapî (8), Içeri Fener Kapî »Tor des inneren Leuchtturms« hieß in byzantinischer Zeit Diplophanarion (9), Fener Kapî (10), Balîk Kapî ist wahrscheinlich Yeni Kapî oder Petri Kapî(11), Aya Kapî (12), Un(kapan) Kapî »Tor an der Mehlwaage« (13), Yeni Kapî oder Ayazma Kapî (14), Odun Kapî (15), Yemiş (iskelesi) Kapî »Tor der Landungsbrücke für Fruchtschiffe« (16), Balîkpazarî Kapî (17), Cîfît Kapî (18), Bahçe Kapî »Gartentor« (19), Kum Kapîsî »Sandtor«

S. 109

dryfache Mauer – die westliche Landmauer (bis heute erhalten) ist ein byzantinisches Bauwerk aus dem 5. Jh., besteht aus Innenmauer, Außenmauer und vorgelagertem Graben (dazwischen früher noch eine Brustwehr)

Zwinger – der Wall zwischen den Mauern bzw. dem Graben

Leimen – Lehm

Stuben – Stube: Bezeichnung für Ofen

Umbklittern – klittern, klütern: klecksen

Zeug – Baumaterial, hier wohl: Ziegelsteine

büchin Holz – Buchenholz

hohl – konkav, nach innen gewölbt

S. 111

Dschuma – tü. cami, vgl. 1. Anm. S. 52

St. Sophia – Die Hagia Sophia, bedeutendstes Baudenkmal der byzantinischen Kunst, 532–537 unter Kaiser Justinian errichtet; die Türken verwandelten die Kirche in eine Moschee und fügten vier Minarette an (heute Museum)

Sultan Solimans – Süleymaniye-Moschee, 1550–1557 für Süleyman II. von dem Baumeister Sinan erbaut, ein Höhepunkt osmanischer Architektur

Sultan Bajazetis – Bayazit-Moschee, 1497–1505 für Sultan Bayazit II. (1481–1512) erbaut

Sultan Memet Eßki – Moschee Sultan Mehmets II. des Eroberers (Fatih), von einem griechischen Baumeister 1463–1469 erbaut

Sultan Memet Jeni – Prinzenmoschee (Şehzade-Cami), 1544–1548 von Sinan erbaut, zum Andenken an den Prinzen Mehmet, Lieblingssohn Sultan Süleymans II.

Cyzici – Kyzikos: antike griechische Hafenstadt an der asiatischen Küste des Marmara-Meers, südlich von Erdek, Ruinen aus dem 4. Jh. v. d. Z. bis 2./3. Jh.

Sultan Selim – vgl. 1. und 2. Anm. S. 52

S. 112

Mesgit – vgl. 7. Anm. S. 49

daß der ihm vorhin ... nicht genügen ließ – daß wer sich vorher nicht begnügte

nimbt ... williglich für gut – nimmt bereitwillig vorlieb

Schnarcher – Prahler

zum Barrn bringen und dämmen – zur Ruhe bringen (= wie ein Pferd zum Barren treiben) und zähmen

Laubwerk – Verzierung, Bekränzung

S. 113

Kamelott – Mischgewebe aus Wolle und anderen Garnen

Dschalma – tü. çalma »unordentlich gewundener Turban«; die heutige Bezeichnung für Turban ist sarık

Talismanni – tü. danişment: Student der höheren Stufen bis zum Abschluß des Studiums an einer Medrese

Cadi – tü. kadî: Richter, Angehöriger der Geistlichkeit

Cadileßkir – vgl. 4. Anm. S. 167

Odscha – tü. hoca: Hodscha; Schullehrer, Erzieher; Angehöriger der Geistlichkeit

Midresa – tü. medrese: Medresse, islamische Hochschule, meist Teil des Moscheenkomplexes; die Lehrfächer des Medressenstudiums konzentrierten sich im Osmanischen Reich des 16. Jh.s auf die religiösen Wissenschaften (Theologie im engeren Sinne, Recht, arabische Grammatik); auch von diesen Fächern nennt Schweigger im folgenden nur eine Auswahl: sarf »Morphologie«, nahiv »Syntax«, kelâm »Glaubenslehre«; mantîk »Logik« gehört zu den rationalen Fächern (er lehnt sich dabei an die entsprechenden Fächer der europäischen Universität an)

S. 114

Muderis – tü. müderris: Lehrer an einer Medresse, Professor, Angehöriger der Geistlichkeit; ein müderris konnte auch zu höheren Stufen der geistlichen Ämter aufsteigen

Dschochda – tü. softa: Student der unteren Stufen

Magister artium – akademischer Grad der mittelalterlichen Universität, Doktor der Artistenfakultät (Vorläufer der Philosophischen Fakultät)

Aristotelem – Aristoteles (arab. Aristu): bedeutendster griechischer Philosoph (384–322 v. d. Z.)

Platonis – Platon (arab. Aflatun): griechischer Philosoph (427–347 v. d. Z.)

S. 115

Hippocratis – Hippokrates (um 460–370 v. d. Z.) griechischer Arzt, Begründer der wissenschaftlichen Medizin

Socratis – Sokrates (470–399 v. d. Z.) griechischer Philosoph

Imam – tü. imam: Imam, Führer (in verschiedenen Bedeutungen), Titel für hervorragende Gelehrte des Islam wie die Begründer der vier orthodoxen Schulen der Rechtsauslegung: Abu Hanifa, Ibn Hanbal, Malik b. Anas, Al-Šafi'i (Die Türken gehören der Schule von Abu Hanifa an)

Linguis und Artibus – (lat.) den Sprachen und Künsten (im Sinne der »sieben freien Künste« – Bildungsfächer seit der Antike, Inhalt des Studiums an der Artistenfakultät

S. 116

einzubilden – einzuprägen

vom Grund der andern Facultatum – vom Anfang der andern Fächer

Imareth – tü. imaret: Speisehaus für Bedürftige, Teil des Moscheenkomplexes bzw. einer frommen Stiftung

Bosa – tü. boza: Getränk aus gegorener Hirse

der Hof abgeblasen – der Aufenthalt aufgekündigt

Columnae, Cippi, Colossi – (lat.) Säulen, viereckige Spitzsäulen, Riesenstandbilder

Losament – Wohnung

S. 117

Smuns – unklares Wort; das türkische Bad heißt hamam; auch die Badehäuser waren Stiftungen für gemeinnützige Zwecke

Gefäll – Einkünfte

hohlen Gläsern – gewölbten Gläsern

artlich – artig, zierlich

Zweifelsstrick – ineinander verschlungene Linien (Zweifaltsstriche)

S. 118

Schimpfred – Scherzrede

ringer – beweglicher

Gymnazin – griech. gymnazein »Leibesübungen anstellen lassen«

Schrepfen – schröpfen

Ventosen – ital. ventosa »Schröpfkopf«

S. 119

Chrisma – (griech.) Salbe; die Haarentfernungscreme (in anderen Quellen als »rusma« belegt) bestand aus ungelöschtem Kalk und Schwefelarsen

roter … Roßfarb – Henna, orientalisches Färbemittel aus pulverisierten Blättern eines Strauches (lawsonia inermis); dient als Verschönerungsmittel zum Färben der Fingernägel und anderer Körperteile

S. 120

Hypocausta – (griech.-lat.) eine Art Zentralheizung im Altertum und Mittelalter

Dollen – Gewölbe

S. 121

Bettmatzen – Bettmatten

Kotzen – Kotze: grobe Wolldecke

Jarküchen – Garküche

Häfen – Töpfe

S. 122

Barrn – der Barr(e)n: Futterkrippe, Raufe

kurz Futter – gehäckseltes Futter

Tanister – Tornister

Hauptgestidel – Hauptgestüdel: Kopfgestell des Pferdes

der Patriarch – Oberhaupt der griechisch-orthodoxen Kirche; ein bedeutender Inhaber dieses Amtes war Jeremias II., Patriarch von Konstantinopel von 1572 bis 1595 (mit Unterbrechungen); mit ihm hatten die protestantischen Theologen aus Tübingen 1573 eine Religionsdiskussion begonnen, für die Stephan Gerlach (vgl. 6. Anm. S. 53) und Salomon Schweigger als Mittelsmänner fungierten

Calogeri – neugriech. kalójeri »Mönche«

Protohermineus – (griech.) »Obererklärer, -dolmetscher«

Protonotarius – (griech.-lat.) »Obersekretär«

Logothetae – griech. logothetes »Rechnungsprüfer, Kanzler«

Episcopi – griech.-lat. episcopus: Bischof

Metropolitae – (griech.-lat.) Metropolit: zweithöchster Rang in der Hierarchie der orthodoxen Kirche

S. 123

Kirch im Kloster – die Kloster-Kirche Panaghia Pammakaristos (»Allerseligste Jungfrau«), erbaut 11./12. Jh., erweitert 13./14. Jh., war von 1455–1591 Sitz des Patriarchen von Konstantinopel, beherbergte verschiedene Reliquien und das Grab des byzantinischen Kaisers Alexis I. Komnenos (1081–1118), seit 1591 Moschee (Fethiye)

Euphemie … Salome – Euphemia, Salome: Heilige der orthodoxen Kirche

Aposteislerei – falsches Aposteltum, Aberglaube

des Salvatoris – (lat.) des Erlösers

B. Mariae Virginis – der Hl. Jungfrau Maria

S. 124

ziemliche Kapellen – bescheidene Kapellen

Habitu – lat. habitus: Aussehen, Gewandung

Haf – Topf

Bühne – Zimmerdecke

S. 125

Gedächtnussen – Denkmälern

Atmeidan – tü. At Meydani »Roßplatz«: Platz in Istanbul, auf dem die Rennbahn (Hippodrom) von Byzanz stand, errichtet im 2.–4. Jh.

ein alte hohe Säul – der Gemauerte Obelisk, 911–59 unter Kaiser Konstantin VII. Porphyrogennetos errichtet, die ursprüngliche Verkleidung aus vergoldeter Bronze wurde 1204 von den Kreuzfahrern eingeschmolzen

ein Obeliscus – der Ägyptische Obelisk (nicht: Pyramide), ein 20 m hoher Monolith aus rotem Granit, der aus dem Amuntempel in Karnak stammte (um 1455 v. d. Z. vom Pharao Thutmosis III. dort aufgestellt), 390 wurde er vom römischen Kaiser Theodosius I. nach Konstantinopel gebracht und durch Hinzufügung eines Sockels auf dem Hippodrom errichtet (i. J. 400)

S. 126

Literae Hieroglyphicae – Die ägyptischen Hieroglyphen (griech. »heilige Zeichen«) sind in der Mehrzahl echte Buchstaben (im Gegensatz zu der früher vorherrschenden Meinung), nur ein Teil hat seinen Bildwert behalten

ein irdine Säul – die 5,5 m hohe bronzene Schlangensäule, 479 v. d. Z. im Apollotempel von Delphi aufgestellt, wahrscheinlich von Kaiser Konstantin I. (vgl. 3. Anm. S. 107) nach Konstantinopel gebracht

Mahomet – Sultan Mehmet II., vgl. 2. Anm. S. 140

Busigan – tü. bozdoğan: eiserner Streitkolben

(Säule) von braunem Porphyrstein – die Verbrannte Säule, aus Porphyr, 40 m hoch, stand ursprünglich auf dem Forum in Rom, wurde ebenfalls von Konstantin I. nach Konstantinopel gebracht, von Kaiser Manuel I. Komnenus (1143–1180) restauriert; die Geschichte der Plünderung ist wohl mit jener des Gemauerten Obelisken vermengt worden (vgl. 3. Anm. S. 125)

Säul mit den Historien – die Arkadiussäule (403 vom oströmischen Kaiser Arkadius errichtete, 47 m hohe Triumphsäule), wurde Anfang des 18. Jh.s abgetragen

Stafflen – Staffeln: Stufen

S. 127

Afratbasar – tü. avrat pazarî »Frauenmarkt«

»To theion ... – im Original in griechischer Schrift

S. 128

Hantierung – Handel

Memet Wascha – der Großwesir, vgl. 3. Anm. S. 90

Scherbet – tü. şerbet: orientalisches Fruchtsaftgetränk, besonders aus eingeweichten (und gegorenen) Rosinen

Hutzelwasser – die Flüssigkeit von eingeweichten Hutzeln (Dörrobst, geschnit-
zelte Früchte)

S. 129

»Carabali« – die Bedeutung »Schwarzer Honig« ist nicht richtig; es handelt
sich um einen Personennamen

S. 130

Orten – Seiten

Selim – Selim II., vgl. 2. Anm. S. 52

Kollation – (leichte) Mahlzeit

»Caradegnis« – vgl. 5. Anm. S. 105

ordinarie – (lat.) im allgemeinen, gewöhnlich

Atschamoglan – vgl. 4. Anm. S. 169.

Bostansiwascha – tü. bostancî başî »Obergärtner«, Beamter des »äußeren«
Hofdienstes, befehligte das militärische Korps der Bostancî

Cisterna – die Binbirdirek-Zisterne, zweitgrößte bedeckte Zisterne Istanbuls
mit 224 Säulen, aus frühbyzantinischer Zeit

Aquaeductus – Istanbul hatte mehrere Aquädukte aus byzantinischer und türkischer Zeit, die der Stadt Quellwasser aus dem Belgrader Wald nördlich von
Istanbul zuführten

S. 131

dann etwan – außer früher einmal

S. 132

Fabian – Paviane

Besasten – vgl. 4. Anm. S. 102

Damasket – Damast (nach Damaskus benannt)

Corduban – Ziegenleder, Saffianleder (nach der Stadt Cordoba)

S. 133

Eßki Saraia – tü. Eski Saray »Alter Palast«, heute nicht mehr erhaltene erste
Residenz der Sultane (Mitte des 15. bis Mitte des 16. Jh.s), noch etwas länger
Sitz des Harems, später nur der Aufenthaltsort für den Harem verstorbener
Sultane oder für Haremsdamen, die in Ungnade gefallen waren; zum Begriff
»Kaiserin« vgl. 2. Anm. S. 146

Sechsschillinger- oder Schindpferd – geringe, magere Pferde

Kastell zun Sieben Türnen – tü. Yedikule »Schloß der Sieben Türme« in Istanbul, an der Stelle einer byzantinischen Zitadelle 1457–58 von Sultan Mehmet II. errichtet; diente zur Aufbewahrung des Staatsschatzes und als Staats-
gefängnis

König von Tunis – Mulay Muhammad, letzter Herrscher der berberischen
Hafsidendynastie, nach der osmanischen Eroberung von Tunis 1574 in Istanbul gefangengehalten

Palatium Constantini – tü. Tekfur Sarayï »Kaiserschloß«, erhaltene Ruine eines byzantinischen Palastes, erbaut von Kaiser Konstantin Prophyrogennetos (912–959), ausgebessert und verändert im 12. und 13.Jh.

S. 134

Werkstücken – behauenen Steinen

Galata – Teil von Istanbul, am Goldenen Horn (nördliche Seite) und Bosporus gelegen (Schweigger bezeichnet den Bosporus oft schon als Schwarzes Meer); der Name Galata geht auf die keltischen Galater zurück, die im 3.Jh. v. d. Z. (unter einem Anführer Brennus) in Kleinasien einfielen. Die Bezeichnung Pera (griech. pera »jenseits«) beschränkte sich in späterer Zeit auf die höhergelegene Vorstadt nördlich von Galata, den heutigen Stadtteil Beyoğlu (vgl. 1.Anm. S.135); seit 1261 war G. autonome Kolonie der Stadtrepublik Genua (vgl. 6.Anm. S.107), es spielte als solche eine wichtige Rolle im Kampf um die Vorherrschaft im östlichen Mittelmeer; auch nach der osmanischen Eroberung 1453 war es noch in begrenztem Umfang ein Stützpunkt italienischer Kaufleute

S. 135

in der obern Vorstadt – das heutige Beyoğlu (früher Pera), war der bevorzugte Wohnsitz europäischer Gesandter

Baiulo di Vinegia – Bailo (ital. baiulo »Lastträger«): Titel der venezianischen Gesandten in Istanbul

Arsenale – tü. Tershane (von arab. dar as-sina'a): das 1515 angelegte Marinearsenal an der Nordseite des Goldenen Horns; dort befand sich auch das Bagno der Galeerensklaven (nach Schweigger bei der Kirche von St.Paul – heute Arap Cami)

Archinaule – ital. archinavale »Hauptdock, -werft«

S. 136

vier Orten – vier Seiten

vermacht – verbaut, versperrt

Plünderlein – Bündel

»Topana« – tü. Tophane »Kanonenplatz«: die Geschützgießerei am Bosporusufer, von Sultan Mehmet II. angelegt und von Sultan Süleyman II. erweitert; heute Bezeichnung eines Stadtviertels

Falkonen – Falken: leichtere Geschützart

Siebenschläfer – christliche Legende von den sieben Schläfern, sieben Männern aus Ephesos (antike Hafenstadt in Westkleinasien), die sich vor der Christenverfolgung des römischen Kaisers Decius (249–251) in eine Höhle des Berges Celion flüchteten und erst zur Zeit Kaiser Theodosius II. (408–450) wieder erwachten. Die Legende findet sich mit anderem Sinn auch im Koran; ihre weite Verbreitung führte zur öfteren Verlegung des Schauplatzes

Schwarzer Turn – die Festung Anadolu Hisar am asiatischen Ufer der engsten Stelle des Bosporus, 1395 durch Sultan Bayazit I. zur Kontrolle des Bosporus gegen Byzanz erbaut, 1452 von Sultan Mehmet II. vergrößert; verlor nach der Eroberung Konstantinopels (1453) ihre militärische Bedeutung und diente u. a. als Kerker (vgl. 7.Anm. S.69)

S. 137

Phanar – tü. Fener »Leuchtturm«, hier ist Rumeli feneri, der Leuchtturm der europäischen Seite am Ausgang des Bosporus gemeint

Columnam Pompeii – die nicht mehr erhaltene, von europäischen Reisenden so genannte »Pompejussäule«, stand auf einem der fünf Basaltriffe nahe dem europäischen Leuchtturm, die als die Kyanäischen Inseln oder Symplegaden (zusammenschlagende Felsen) der griechischen Argonautensage betrachtet werden (auf dem Plan der Stadt – vgl. S.107, Y – sind diese Inseln falsch eingezeichnet; im Marmara-Meer befinden sich die »Prinzeninseln«

S. 138

Scutari – Üsküdar (der Name geht über das Persische auf einen griechischen Ortsnamen zurück, hat nichts mit lat. scutum »Schild« zu tun), von Europäern Skutari genannt: Stadtteil Istanbuls auf asiatischer Seite, antiker Name Chrysopolis, war ein bedeutender Warenumschlagplatz des Osmanischen Reiches, Endpunkt großer Karawanenstraßen

Carmannia – Die Provinz Karaman im südlichen Zentralanatolien, war berühmt für den Export edler Pferde

notfeste – starke

gänge – (Pferde), die gute Läufer sind

Ausbund – Prachtstück

Semschi Wascha – Şemsi Pascha, Günstling und Gesellschafter Sultan Murats III. (auch schon Selims II. – vgl. 2.Anm. S.52 – und Süleymans II.), war als Dichter nicht sehr bedeutend (Verfasser einer gereimten osmanischen Geschichte), stammte aus einer alten anatolischen Herrscherfamilie, aber nicht aus dem Hause der Osmanen

temperieren – vermischen

Calcedon – tü. Kadıköy: Teil von Istanbul auf der asiatischen Seite, als Kalchedon (Chalkedon), auch Prokerastis und Kolpusa genannt, 20 Jahre vor Byzanz (um 680 v. d. Z.) gegründet; auf dem Konzil von K. (451) wurde das Dogma von den zwei Naturen in Christus (Gott und Mensch) angenommen, woraufhin sich die Kirchen der Monophysiten absonderten, die dieses Dogma ablehnten (die Kopten z. B.)

Martiano – Marcianus, oströmischer Kaiser 450–457

Metropolita – vgl. 11.Anm. S.122

S. 139

türmisch – verwegen

Euxini ... Axeni – (griech.-lat.) das Wortspiel stammt von den beiden Bezeichnungen für das Schwarze Meer: der ältere Name Pontus Axenus »ungastliches Meer« wurde später beschönigt zu Pontus Euxinus »gastliches Meer«

des Sultans Mutter – Nur Banu (gest. 1584 oder 1585), Mutter Murats III., eine von Piraten geraubte Venezianerin, als Mutter des regierenden Sultans (tü. valide sultan) verfügte sie über entscheidenden Einfluß am Hofe; ließ 1583 die Eski (Atik)-Valide-Moschee in Üsküdar bauen

»Stambol« ... »Stalanime« ... »Stancoi« – vgl. 2. Anm. S.107; griech. eis ten Lemnon »nach Lemnos«, eis ten Koon »nach Kos« = Lemnos und Chios (tü. İstanköy): griechische Inseln im Ägäischen Meer (Schweigger gibt neugriechische Aussprache)

S. 140

Victualia – Viktualien: Lebensmittel

Memet – Sultan Mehmet II. (1451–1481), der »Eroberer«; einer der bedeutendsten osmanischen Sultane, stärkte die innere Zentralisierung des Staates, vollendete die Unterwerfung des Balkans und eroberte Konstantinopel; die Belagerung der Stadt begann am 7.4.1453, am 29.5. wurde sie eingenommen (vgl. auch 2. und 3. Anm. S. 107)

S. 141

Chalcondiles – Laonikos Chalko(ko)ndyles (um 1423– um 1490), bedeutender byzantinischer Historiker, beschrieb in einem zehnbändigen Werk die byzantinische und osmanische Geschichte von 1298 bis 1487

Nicetas – Niketas Akominatos (oder Choniates) (gest. um 1215), byzantinischer Historiker, beschrieb in 21 Büchern die byzantinische Geschichte von 1118 bis 1206

Jovius – vgl. 4. Anm. S. 33

Sansovinus – Francesco Sansovino, Herausgeber und Mitverfasser eines Sammelwerkes »Historia universale dell'origine et imperio de' Turchi« (Venedig 1560 und 10 weitere Auflagen), des italienischen Standardwerkes über die Türken in der 2. Hälfte des 16. Jh.s

Menavinus – Giovanantonio Menavino (geb. um 1491), genuesischer Kaufmannssohn, wurde 1503 von Piraten geraubt und als Page ins Serail gebracht, flüchtete 1513 wieder nach Italien, stand später in französischem Dienst; schrieb einen sachlichen und kompetenten »Trattato di costumi et vita de' Turchi« (Venedig 1548 und weitere Auflagen), der seit 1563 auch oft auf deutsch verlegt wurde (in bekannten Sammelwerken wie den »Türckischen Historien« von Heinrich Müller oder der »Türckischen Chronik« von Siegmund Feyerabend; vorher auch schon in der italienischen »Historia universale ...« des Sansovino, vgl. vorhergehende Anm.); Schweigger stützt sich auf M. vor allem im Kapitel über die Hofbeamten des Sultans

S. 142

Brudermord – vgl. 2. Anm. S. 148

Attila – Attila (Etzel), um 434–453 König der nomadischen Hunnen, besetzte die römischen Balkanprovinzen und zwang Ostrom zum Tribut

Tamerlan – Timur Lenk, bedeutender Mongolenherrscher in Mittelasien (Hauptstadt Samarkand) 1370–1405, erweiterte sein Reich bis nach Vorderasien und Nordindien, besiegte 1402 auch die Osmanen bei Ankara; in den unterworfenen Gebieten führten seine Feldzüge zu Verwüstungen

Terror Europae – (lat.) der Schrecken Europas

»Türck« – Die (alttürkische) Grundbedeutung des Namens »Türk« ist »Kraft, Macht«; im Osmanischen Reich dienten die Bezeichnungen »Osmanli« und »Türk« zum Ausdruck des sozialen Gegensatzes zwischen den gebildeten Schichten und der einfachen Bevölkerung; mit dem Erwachen des türkischen Nationalismus Anfang des 20. Jh.s wurde der Begriff »Türk« wieder mit positivem Inhalt erfüllt

S. 143

Livius – Livius (59 v. d. Z.–17 u. Z.), bedeutender römischer Historiker, verfolgte in seinen Werken patriotisch-erzieherische Ziele

Externus timor ... – (lat.) Die äußere Furcht (die Furcht vor äußerer Bedrohung) ist das größte Band der Eintracht

temperiert – mischt

Solimann – Süleyman II., vgl. 5. Anm. S. 32

Carolum Quintum – Karl V., vgl. 6. Anm. S. 32

S. 144

Selim – Selim II., vgl. 2. Anm. S. 52

anschlägiger – kluger

Maximilianum Secundum – Maximilian II., vgl. 4. Anm. S. 30

Murath den Dritten – Sultan Murat III. (1574–1595; geb. 1546), ein schwacher Charakter, der beherrscht wurde von Günstlingen und Damen des Harems, besonders seiner Mutter (vgl. 7. Anm. S. 148) und der Favoritin Safiye; seine Regierungszeit offenbarte durch Mißbräuche im Lehens- und Beamtenwesen die beginnende Schwächung des Osmanischen Reiches; allgemein bezeugt wird sein Hang zur Mystik und Poesie (er verfaßte – wie auch andere Sultane – selbst Gedichte), seine Geldgier und der große Aufwand in der Hofhaltung; seine wichtigste außenpolitische Aktion war der Perserkrieg 1578 bis 1590, der – mehr nominelle – Landgewinne in Georgien und Aserbaidshan brachte

die jetzt regierend Röm.Kais.Maj. – Rudolf II. von Habsburg (geb. 1552), römisch-deutscher Kaiser 1576–1612, residierte in Prag, auch König von Ungarn und Böhmen; war eine schwache Persönlichkeit, später geisteskrank; ließ in Österreich Erzherzöge regieren, förderte aber auch die dort begonnene Rekatholisierung; in seine Regierungszeit fällt der österreichisch-türkische Krieg 1593–1606

»Schach« – pers. šah »Schah, Kaiser; König im Schachspiel« (daher das deutsche Wort); zu »Padeschach« vgl. 8. Anm. S. 68

Ponto – Pontus: in der Antike Provinz und Königreich an der nordöstlichen Küste Kleinasiens

Bende – vielleicht die osmanische Garnison Bender am Dnestr (heute Bendery in der Moldauischen SSR)

Cappadocia (bis) Caria – antike Landschaftsnamen in Kleinasien

Sigea – vielleicht das antike Sigeum (Vorgebirge und Stadt) an der NW-Spitze Kleinasiens

Scuntia – unklar

Albania – antike Region im Ostkaukasus

Tartarei – der Vasallenstaat der Krimtataren, vgl. auch 11. Anm. S. 112

leibig und wohlersetzt – feist und wohlgenährt

S. 145

Unschlitt – Talg

fallenden Krankheit – Epilepsie

daß er ihm … einbildete – daß er sich einprägte

Sphaeram materialem – (lat.) eine künstliche Himmelskugel

Praeceptorem – lat. praeceptor: Lehrer; Murats Erzieher (tü. Hoca), Sa'deddin (1536–1599) war einer der berühmtesten osmanischen Geschichtsschreiber; stand in besonderer Gunst des Sultans

sein Mutter – vgl. 3. Anm. S. 139

S. 146

seinen Vorfahrern – seinen Vorgänger

die Kaiserin – Seit dem 15. Jh. heirateten die Sultane nicht mehr offiziell (d. h. keine freien Mohammedanerinnen), sondern besaßen einen Harem aus gefangenen Ausländerinnen; daraus erhoben sich die Favoritinnen (kadîn), die gleichsam als Ehefrauen betrachtet wurden; sie erhielten den Titel haseki sultan, wenn sie einen Sohn geboren hatten. Murat wurde zu Anfang von seiner Haseki Safiye, Mutter des nachfolgenden Sultans Mehmet III., völlig beherrscht, später ergab er sich dem Haremsleben (er zeugte über 100 Kinder)

Wascha zu Oven – vgl. 2. Anm. S. 89

Memet Wascha – vgl. 3. Anm. S. 90

Verat Wascha – Ferhat Pascha, zuerst Oberstallmeister, seit 1582 Oberbefehlshaber im persischen Krieg, 1591–1592 und 1595 Großwesir, wurde auf Betreiben seines Rivalen Sinan Pascha (vgl. 1. Anm. S. 66) im Juli 1595 hingerichtet (schon unter der Regierung Sultan Mehmets III.!)

S. 147

setzten sie … den Schimpf auf ein Ort – ließen sie den Spaß beiseite

Magnesia – Manisa (Stadt nahe der Westküste Kleinasiens)

Sansagatschaft – europäisiert für tü. sancak: Sandschak, militärische Verwaltungseinheit im Osmanischen Reich (sancak: eigentlich das Banner, die Fahne, unter der sich die Lehenskrieger des betreffenden Gebiets sammelten), Teil eines Eyalets oder Beylerbeyliks (vgl. 8. Anm. S. 165)

verhelingt – verhehlt

S. 148

Springer – Fußeisen

Muphti … Vetfa – vgl. 3. Anm. S. 93; in anderen Quellen steht die umgekehrte, wahrscheinlichere Version, daß Murat den Brudermord trotz »Widerraten« des Mufti vollzog; der Brudermord bei der Thronbesteigung eines Sultans war ein schon länger – aber nicht immer – praktiziertes Gewohnheitsrecht, das schließlich in einer Art Gesetzbuch offiziell verankert wurde; zu Anfang des 17. Jh.s kam es außer Gebrauch

eines Juden Kind – die Geschichte von der vermeintlichen jüdischen Herkunft wird in anderen Berichten auf Murats Vater Selim II. bezogen, den Sohn Süleymans II. und der Roxelane

S. 149

Zeschnihir Wascha – tü. ceşnigir başı »Oberster Vorkoster«, hoher Beamter des »äußeren« Hofdienstes, verantwortlich für das Auftragen der Speisen; das Ansehen dieses Amtes sank im 17. Jh.

S. 150

Duplet – ein zweiteiliger Trinkbecher

Ciuadar – tü. çuhadar (ağa): Großwürdenträger der vierten und höchsten Abteilung oder Kammer (has oda) des »inneren« Hofstaats, bewahrte den Mantel des Sultans auf; manche alte Berichte schreiben ihm auch das Amt der Wasserkanne zu

S. 151

Giupter – vielleicht ist der Rikâptar (ağa) »Steigbügelhalter des Sultans« gemeint, ein anderer Großwürdenträger der Has Oda; das Nachtragen des Regenmantels gehörte eigentlich zum Amt des Çuhadar Ağa (vgl. vorher); ein »Cüppedar« (arab. ğubba > tü. cüppe > dtsch. Joppe und nicht umgekehrt) ist unter den osmanischen Hofämtern im allgemeinen nicht bekannt

Silichdar – tü. silihtar (ağa): »Waffenmeister des Sultans«, Großwürdenträger der Has Oda

ein zwerchen Finger – ein Finger, der Breite nach gemessen

Häften – Haft: Naht

S. 152

Asnadar Wascha – tü. Hazinedar başî »oberster Schatzmeister«, Vorsteher der Schatzkammer (hazine odaŝi; = dritte Abteilung des inneren Hofdienstes), die den Privatschatz des Sultans verwaltete; außerdem waren deren Pagen für Kleider, Pelzwerk und Waffen des Sultans zuständig

Spadones – (lat.) Eunuchen

Gefäll – Einkünfte

Timaar – tü. tîmar: kleinste Kategorie der osmanischen Militärlehen, wurde einem verdienten Soldaten als Entlohnung für Kriegsdienste aus dem Staatsland gegeben; übertrug dem Lehensträger die Nutznießung in Form der bäuerlichen Steuern des betreffenden Gebiets. Zur Zeit Murats III. begannen Mißbräuche bei der Lehensvergabe; Personen, die keinerlei militärische Dienste leisteten, (wie z. B. Palastbeamte), erhielten solche Lehen. Vielleicht handelt es sich in diesem Zusammenhang aber auch um ein Großlehen; das auch schon früher an hohe Zivilbeamte vergeben wurde

Asnaoglanler – tü. hazine oğlanlarî »Knaben der Schatzkammer«, d. h. deren Pagen (tü. iç oğlanî »Page«)

odaoglanler – tü. oda oğlanlari »Knaben der Kammer«; mit dieser Kurzform sind wahrscheinlich auch die Pagen der Schatzkammer gemeint (vgl. 1. Anm.)

Kihaia ... Aga – tü. ağa: Aga, Bezeichnung für die Vorsteher der einzelnen Kammern (Abteilungen) des inneren Hofdienstes; tü. kâhya: deren Stellvertreter (in den ersten drei Kammern)

Chileroglanler – die Pagen der Kiler Odasî (zweite Abteilung des inneren Hofdienstes) und ihr Vorsteher, der Kilerci Başî (»Oberster über Küche und Keller«), hatten für die Speisen und Getränke des Sultans zu sorgen

S. 153

Saraia Wascha – wahrscheinlich der Saray Ağasî, Vorsteher der ersten Abteilung des inneren Hofdienstes, in der die Pagen ausgebildet wurden; auch als Sicherheitsbeamter tätig

Capagaschi – vgl. 3. Anm. S. 59

Monone – arab. ma'nun »impotent«

Atrienses – (lat.) Hausmeister

Cudschuk Imrahor – tü. küçük imrahor »der Kleine Stallmeister«, hoher Beamter des »äußeren« Hofdienstes neben bzw. unter dem Büyük Imrahor (vgl. 3. Anm. S. 76)

Impedimenta – (lat.) Reisegepäck

Roßdorsen – Pferdeäpfel

Barrn ... kurz Futter – vgl. 1. und 2. Anm. S. 122

S. 154

wie es dann nicht wohl kann ohn sein – wie wohl nicht daran zu zweifeln ist

Pharmacopaeus – (griech.-lat.) Apotheker

Terram sigillatam – Terra sigillata (»Siegelerde«) oder lemnische Erde, eine Tonerde, die auch in der Heilkunde verwendet wurde

Rhabarbarum – eine Rhabarberart, deren Wurzel zu einem Abführmittel verarbeitet wird

bescheiden – beordert sind

Himpler – Stümper, Pfuscher

Cassiam – Kassie, Sennesstrauch, dessen Blätter als Abführmittel verwendet werden

S. 155

Capitschi Wascha – vgl. 2. Anm. S. 59

Tartschen ... Haken – Schilde, Hakenbüchsen (vgl. 2. Anm. S. 27)

Spahi – vgl. 2. Anm. S. 47

Sansagen – Sandschakbegs, vgl. 4. Anm. S. 85

Beglerbeeg in Graecia – vgl. 8. Anm. S. 165

Siausch Wascha – Siyavuş Pascha, dreimaliger Großwesir zwischen 1582 und 1593, heiratete 1575 eine Schwester Murats III.

Doctores Legum – (lat.) Doktoren der Gesetze

S. 156

Dignitates – (lat.) Würden

Abyssiner aus Priester Hansen Reich – die seit dem Mittelalter existierende Sage von einem christlichen »Reich des Priesters Johannes« in Afrika wurde später auf Äthiopien (Abessinien) bezogen

Messich Wascha – Mesih Pascha, Großwesir von Okt. 1585 bis April 1586

Locum Tenens – (lat.) Statthalter; Gouverneure von Ägypten waren 1575–1580 der eben erwähnte Mesih Pascha und 1580–1583 Hasan Pascha, beides Eunuchen

S. 157

die rechte Hand ... nicht das Ehrort – das ist unrichtig; gerade im Islam ist der Unterschied zwischen der »reinen« rechten Hand und der »unreinen« linken besonders ausgeprägt

Enakim und Samesunim – Enakiter: in der Bibel ein sagenhaftes Volk von Riesen; Samson (Simson): biblischer Held, mit ungewöhnlicher Kraft begabt

Causa principalis – (lat.) die Hauptursache

Causa instrumentalis – (lat.) die Ursache, die das Werkzeug ist

Causam efficientem – die bewirkende Ursache

S. 158

Unweg – falscher Weg

Job 12 – fast wörtlich nach dem Buch Hiob 12, V. 24,25

Thren. 3 – fast wörtlich nach Die Klagelieder Jeremias (Threni) 3, V. 42

Levit. 26 – sinngemäß nach 3. Buch Mose (Leviticus) 26, V. 8

S. 159

Wäscher – Schwätzer

sie brauchen ... für ... – sie gebrauchen ... als ...

Affectus – (lat.) Launen

Jer. am 5. und 12. – fast wörtlich nach Jeremia 5, V. 12,13 und 12, V. 4

S. 160

ahn wird – los wird, verliert

S. 161

des Volks – des Kriegsvolks

S. 163

Calderaner Heiden – vgl. 1. Anm. S. 85

Schimpf – Kampf(spiel)

S. 164

Ringlerennen – Ringelrennen: ein Reiterspiel, bei dem mit der Lanze ein aufgehängter Ring getroffen werden mußte

Fleischmulter – Fleischtrog

Handrohren – vgl. 4. Anm. S. 27

luck – locker, schlaff

Hakenschützen – vgl. 2. Anm. S. 27

Doppelsöldner – Soldat mit schwerer Rüstung (der doppelten Sold bekam)

Vesirasem – vgl. 5. Anm. S. 52

Waschen – vgl. 5. Anm. S. 60

S. 165

Memet Wascha – vgl. 3. Anm. S. 90

Mustapha Wascha – vgl. 4. Anm. S. 74

Achmat Wascha – vgl. 3. Anm. S. 65

Sinan Wascha – vgl. Anm. S. 66

Siausch Wascha – vgl. 6. Anm. S. 155

Satrapias – lat. satrapea »Statthalterschaft«

masul – tü. mazul »abgesetzt«

zween Beglerbeegen – tü. beylerbeyi: Beglerbeg, Generalgouverneur einer aus mehreren Sandschaks bestehenden Großprovinz (Eyalet oder Beylerbeyilik); ursprünglich gab es nur zwei: den B. von Europa oder Rumelien (Rumeli beylerbeyi) und den B. von Anatolien (Anadolu beylerbeyi); diese beiden gehörten zur Zentralregierung. Mit der wachsenden Expansion wurden in Europa, Asien und Afrika weitere Eyalets mit einem Beglerbeg an der Spitze gebildet. Ende des 16. Jh.s gab es 40 Eyalets. Die ältesten Eyalets Anadolu und Rumeli hatten 12 bzw. 21 Sandschaks; die höheren Zahlen, die Schweigger angibt, kommen wohl daher, daß er andere Eyalets in Europa und Kleinasien miteinbezieht

Sansagbeegen und Beegen – vgl. 4. Anm. S. 85 und 4. Anm. S. 29

Triballia Bulgariae – in der Antike Siedlungsgebiet der thrakischen Triballer in NW-Bulgarien

S. 166

Cuteia – Kütahya in W-Anatolien

den reisigen Zeug – die Schar der berittenen Krieger

Tribunos militum – lat. tribunus militum: Militärtribun, Oberst

Janitschar-Aga – vgl. 1. Anm. S. 68

Bulukwascha – vgl. 2. Anm. S. 68

Chiliarchae, Myriarchae – (griech.-lat.) Anführer von 1000 Mann, Anführer von 10000 Mann

Centuriones, Decuriones – (lat.) Anführer von 100 Mann, Anführer von 10 Mann

Atschamoglani – vgl. 4. Anm. S. 169

S. 167

Calasyrios … Hermotibies – Herodot (2. Buch, 155–157) erzählt von altägyptischen Kriegern, den Kalasiriern und Hermotybiern; die Zahlenangaben hat Schweigger vertauscht

bescheiden – bestellt

Mamalucken – die Dynastie der Mamluken (1250–1517) in Ägypten und Syrien; die Mamluken waren ursprünglich Kriegsgefangene meist türkischer und kaukasischer Herkunft (Kolchis, Iberien: antike Landschaftsnamen im

Kaukasus), aus denen sich arabische Herrscher ihre Leibgarden bildeten; Sultan Selim I. (1512–1520) besiegte die Mamluken 1516 und 1517

beiden Cadileßkieren – tü. kadîasker (von arab. qadi 'l-'askar) »Heeresrichter«; es gab deren zwei, den Rumeli Kadîaskeri und den Anadolu Kadîaskeri; in der geistlichen Hierarchie rangierten sie nach dem Großmufti als höchste Gesetzesvertreter; sie waren Teil der Zentralregierung

Spenn – Streit

Nißdanschi Wascha – vgl. 7. Anm. S. 43

Emiralem – tü. mir-i alem »Träger (Herr) des Banners«, hoher Beamter des »äußeren« Hofdienstes

Defderdar – tü. defterdar: Die beiden Defterdare (für Rumelien und Anatolien) fungierten als Finanzminister der Zentralregierung

Zausch Wascha – tü. çavuş başî »Oberster der Çavuş (vgl. 3. Anm. S. 30), hoher Beamter des »äußeren« Hofdienstes (Zeremonienmeister neben dem Kapîcî Başî, vgl. 2. Anm. S. 59) und später Regierungsbeamter (Justizminister)

Busigan – tü. bozdoğan: eiserner Streitkolben

Mutapharaca – tü. müteferrika: Angehörige einer Elitegarde des Sultans, sie wurden hoch bezahlt oder mit großen Lehen ausgestattet; nur Söhne hoher Beamter waren zugelassen

S. 168

Spahi – tü. sipahi: Angehörige eines Teils der stehenden Kavallerie (nicht zu verwechseln mit den gleichnamigen Lehenskriegern, vgl. 2. Anm. S. 47), mit hohem Prestige

Solaki – tü. solak: eine ausgewählte Bogenschützengarde des Sultans

Sansagen – Sandschakbegs, vgl. 4. Anm. S. 85

S. 169

Sansagatschaften – vgl. 3. Anm. S. 147. Die Bezeichnung »Sansagatlah« ist unklar; vielleicht tü. sancak + otlak »Weideland«

andere Beglerbeegen – vgl. 8. Anm. S. 165; die Bezeichnungen sind teilweise ungenau: antike Landschaftsnamen wie Cappadocia; Belgrad/Griechischweißenburg gehörte zur Provinz Budin, Amasya zur Provinz Sivas (im nördlichen Zentralanatolien); zu Caramannia vgl. 2. Anm. S. 138

Peikler – tü. peyk »Bote, Lakai«: zusammen mit den Solak die eigentliche Leibwache des Sultans

Atschamoglani – tü. acemi oğlan »fremder Knabe«: Bezeichnung für die aus der christlichen Bevölkerung ausgehobenen Knaben (Knabenlese, Knabenzehnt); ein Teil von ihnen wurde in Spezialschulen (in Galata oder im Palast selbst) als Pagen (iç oğlanî) ausgebildet, wonach sie zu höchsten Ämtern gelangten; andere kamen als Arbeiter zu Privatpersonen oder zu den Lehensträgern auf dem Lande; der Großteil jedoch wurde in das Korps der Janitscharen (vgl. 1. Anm. S. 68) eingereiht; innerhalb dieser Organisation bildeten die Acemi Oğlanî als Rekruten eine besondere Abteilung

S. 170

Trippelknecht – geringe Knechte

Grosch – tü. kuruş: Silbermünze (vgl. Münz- und Maßeinheiten)

S. 171

Tiphan – tü. divan: Staatsrat, Bezeichnung für das oberste Organ der osmanischen Regierung und dessen Versammlung; unter dem Vorsitz des Großwe-

sirs gehörten zum Diwan die Wesire (vgl. 1. Anm. S. 60), die Heeresrichter
(vgl. 4. Anm. S. 167), die beiden obersten Provinzgouverneure (vgl. 8. Anm.
S.165), die Finanzminister (vgl. 8.Anm. S.167), der Janitscharen-Aga (seit dem
17.Jh.), der Großadmiral und der Kanzler (vgl. 7.Anm. S.43); geistliche Würdenträger (hohe Richter) assistierten dem Großwesir an einem Tag in der Wo-
che; der Çavuş Başî (vgl. 9. Anm. S. 167) hatte keinen offiziellen Sitz im Diwan)

dezidiert oder expediert – entschieden oder abgefertigt

S. 172

Officiales – (lat.) Beamten

Malefizsachen – Strafrechtssachen

Subwascha – tü. subaşî: ein Janitscharenoffizier, der als städtischer Oberin-
spektor und Polizeipräfekt fungierte

exequiert – vollstreckt

S. 173

Schergant – Scherge

Harumbalts – wahrscheinlich von ungarisch: három »drei« und pálca »Stock«

Hassassen – tü. asas: Polizist, unter dem Kommando des Asas Başî, eines Ja-
nitscharenoffiziers, der mit dem Subaşî zusammenarbeitete und besonders für
Exekutionen zuständig war

rechtfertigt – richtet

so es ihn ... anficht – wenn es ihm einfällt

S. 174

Kundschaft – Zeugenaussage

Belialskind – Teufelssohn

vorhin hat eingebildet – vorher eingeprägt hat

S. 175

Muphti – vgl. 3. Anm. S. 93

Aiaktiphan – tü. ayak divani: Ratsversammlung bei besonders dringlichen An-
lässen; in Gegenwart des Sultans, der als einziger saß

S. 176

Rakos – auf dem Rákosfeld bei Budapest (nach einem kleinen Fluß benannt)
versammelte sich vor 1526 der ungarische Reichstag

zum Heinzen treten – unklare Wendung; vielleicht eine lokale Redensart, von
schwäbisch Heinze »Trockengestell für Heu«, heinzen »das Heu zum Trocknen auftürmen«, woraus vielleicht die Bedeutung »sich ans Werk machen«
verallgemeinert wurde; oder evt. schwäbisch Heinzer »junges Pferd« – dann
etwa »sich aufs Pferd schwingen«

geflissen – eifrig bemüht

Vorkaufer – Verkäufer

S. 177

Agere triumphum ... – (lat.) den Triumph vor dem Sieg feiern

S. 178

»Alcuran« – vgl. 3. Anm. S. 75

Trumm – das Endstück eines Gegenstandes

Begamber – tü. peygamber: Prophet, insbes. der P. Muhammad

S. 179

Propheten und Apostel – Muhammad verstand sich als Vollender der jüdischen

» 257 «

und christlichen Tradition und betrachtete somit auch viele aus der Bibel bekannte Gestalten als Apostel und Propheten Allahs. Er selbst schließt die Reihe als »Siegel der Propheten« ab. Die nachkoranische Lehre nennt 315 Apostel und eine größere Anzahl von Propheten. Im islamischen Volksglauben ist die Zahl der letzteren besonders groß

Muderis – vgl. 1. Anm. S. 114

ihres ... Propheten Ankunft – Muhammad, der Begründer des Islam, wurde um 570 in Mekka geboren (Arabia Felix: antike Bezeichnung für die Küstengebiete Südarabiens); im Alter von 40 Jahren begann er als gottgesandter Prophet aufzutreten; wegen des Widerstands der mekkanischen Kaufmannschaft übersiedelte er 622 nach Medina. Von dieser Auswanderung (Hidschra) an datiert die islamische Zeitrechnung. 630 zog er siegreich wieder in Mekka ein; er starb 632 in Medina. (Arabia Peträa: antike Bezeichnung für Nordwestarabien). Die Ausbreitung von Muhammads neuer Religion führte zur Vereinigung der arabischen Stämme in einem frühfeudalen Staat

Heraclii – Heraklius I., byzantinischer Kaiser (610–641)

Propheten und Jünger – die Bezeichnung – natürlich auch die Zahl – ist irreführend; es sind die Genossen und späteren Gefolgsleute des Propheten gemeint, auf die sich die islamische Traditionswissenschaft (Wissenschaft von den Nachrichten über Worte und Taten Muhammads und seiner Genossen) stützt

Ebubecar ... – vgl. 4. und 5. Anm. S. 75

Schwäher – Schwiegervater

S. 180

daß Gott Gott sei – der Sinn des islamischen Glaubensbekenntnisses (vgl. 5. Anm. S. 95) wurde mit der Übersetzung »Gott ist Gott« oft entstellt

Das ander Stück im Alcuran – die vergröberte Darstellung islamischer Mythologie bezieht sich auf die spätere Überlieferung, wo bestimmte Koranstellen zum Anlaß für Legendenbildung wurden, so z. B. über die Himmelfahrt Muhammads, seine Wundertaten oder über Gestalt und Größe der Engel. Der Erzengel Gabriel gilt als der Übermittler des Korans

Sprüchen – Der Koran enthält 114 Suren (Abschnitte), die insgesamt 6336 Verse umfassen. Um Widersprüche im Koran zu erklären, hat man später eingeräumt, daß 25 Verse durch später entstandene (widersprechende) Verse außer Kraft gesetzt sind

S. 182

Narrenteiding – Narretei

S. 183

Mecha – Mekka, Geburtsort des Propheten, beherbergt das Zentralheiligtum des Islam, die Kaaba, (deren Gründung Abraham zugeschrieben wurde), ist somit Ziel der islamischen Pilgerfahrt und Richtung des Gebets; in jeder Moschee zeigt die Gebetsnische die Richtung nach Mekka an

Medina – zweite heilige Stadt des Islam, in ihr befindet sich das Grab Muhammads

Gebet – das fünfmal am Tage zu verrichtende rituelle Gebet (tü. namaz) mit vorheriger Waschung gehört zu den fünf »Grundpfeilern« des Islam; in der Moschee muß es nicht unbedingt verrichtet werden; die Zeiten des Gebets sind vor Sonnenaufgang, am Mittag, am Nachmittag, bei Sonnenuntergang und zwei Stunden danach (tü. sabah namazı, öğle n., ikindi n., akşam n., yatsı n.)

S. 184

»O Gott, ...« – sehr freie Übersetzung der Fatiha, der ersten (eröffnenden) Sure des Korans, die zu Beginn des Gebetsrituals gesprochen wird

Muesin – tü. müezzin: der Gebetsrufer

»Alla egber, ...« – arab. Allahu akbar »Gott ist der Größte«, (La ilaha illa'llah) wa ašhadu an la ilaha illa'llah »und ich bezeuge, daß es keinen Gott gibt außer Allah«, wa ašhadu anna Muhammadan rasulu'llah »und ich bezeuge, daß Muhammad Gottes Gesandter ist«, haiya 'ala'l-salat »auf zum Gebet«, haiya 'ala'l-falah »auf zum Heil« sind die wichtigsten Bestandteile des Gebetsrufs

S. 185

die Weibsbilder – Die religiösen Pflichten gelten im Islam im Prinzip genauso für die Frauen (obwohl das oft nicht extra erwähnt ist); ein Platz im Paradies kommt ihnen ebenso zu; allerdings empfahl die spätere Tradition – und das wurde streng durchgeführt –, daß Frauen getrennt von den Männern beten sollen

ein Genanntes – eine bestimmte Anzahl

Theßbich – tü. tespih »Lobpreis Gottes«: Bezeichnung für die aus 33 (oder 99) Perlen bestehende Gebetskette; die Lobpreisformeln sind (arab.) subhana'llah »gepriesen sei Gott«, al-hamdu li'llahi »Lob sei Gott«, Allahu akbar »Gott ist der Größte«

S. 186

»slunge ...« – tü. (in älterer und abgeschliffener Form) selamunge »Friede für dich« statt arab. al-salam 'alaikum »Friede über euch«; die Grußformel richtet sich an den guten Engel zur Rechten und den bösen zur Linken, die nach islamischer Vorstellung den Menschen lebenslang begleiten und seine entsprechenden Taten aufschreiben

»Allahe illela« – Das Glaubensbekenntnis (vgl. 5. Anm. S. 95) wird eigentlich noch vor der Grußformel gesprochen

S. 187

»La helahe ...« das Glaubensbekenntnis, vgl. 5. Anm. S. 95 und 1. Anm. S. 180

S. 188

Muesin – Vorbeter in der Moschee ist der Imam

gölft – gelfen: schreien

Dschumadion ... Dschuma – tü. cuma günü »Freitag«; cami »Freitagsmoschee« (vgl. auch 1. Anm. S. 52)

Muderis – vgl. 1. Anm. S. 114; die (türkische) Bezeichnung für den Prediger im Freitagsgottesdienst ist Hatip. Die Gewohnheit, daß sich der Hatip während der Predigt auf einen Bogen, Stab oder ein Schwert stützte, geht auf altarabische Traditionen zurück, als der Hatip der Wortführer des Stammes war

S. 189

Gebachens – Gebackenes

Reinfal – eine sehr geschätzte südliche Weinsorte (vinum rabiole)

Leckzelten – Lebkuchen

Mesgit – vgl. 7. Anm. S. 49

S. 190

Tsunet – tü. sünnet »Beschneidung«; eine sehr alte Reifezeremonie; auch der Islam führt sie auf Abraham zurück

er kunnt kein Weber ankommen – er konnte keinen Weber antreffen

S. 191

Ramadan ist Adam ... – türkische Namen: Ramazan (= nicht Adam), Ibrahim, Yakup, Yusuf, Davut (= David), Süleyman, Bayazit, Murat, Mehmet, Mustafa (= arabischer Name, nicht Stephan), Selim, Ahmet, Idris, Ferhat, Hasan, Sinan, Siyavuş, Mesih, Iskender; Fatma, Sultan ist der (dem Namen nachgestellte) Titel für Prinzessinnen, Ayşe, Ayn, Yasemin, Hüsne

Ramadan – Der Fastenmonat Ramadan (tü. ramazan) ist der 9. Monat des islamischen Kalenders. Da das islamische Mondjahr nur 354 Tage umfaßt, beginnt jeder Monat 11 Tage früher als im vergangenen Jahr (und nicht, wie von Schweigger beschrieben). Die Einhaltung des Fastengebots (von Sonnenaufgang bis Sonnenuntergang) ist einer der fünf »Grundpfeiler« des Islam

S. 192

»Alla rachmet ileson« – tü. Allāh rahmet eylesin! »Gott erbarme sich!«

»Allah beretchet vuersung« – Allah bereket versin! »Vergelt's Gott!«

S. 193

Weiran – tü bayram »Fest«; der »Kleine Bayram« (tü. Küçük bayram) wird nach Abschluß des Monats Ramadan als Fest des Fastenbrechens gefeiert; der »Große Bayram« (tü. Büyük bayram) ist das Opferfest, das den Höhepunkt der Wallfahrt nach Mekka bildet. Es beginnt 65 Tage nach Ende des »Kleinen Bayram«, d. h. am 10. Tag des Pilgermonats (12. Monat des islamischen Kalenders). Die Verwechslung der beiden Feste rührt daher, daß der »Kleine Bayram« in der Praxis größere Bedeutung hat

»Lik Wairam« – tü. bayramlık »Festtagsgabe« (nicht als Gruß, sondern als Aufforderung zu einer Gabe)

Atschamoglani – vgl. 4. Anm. S. 169

S. 194

gautschen – schaukeln

Orten – Seiten

Deruißler – tü. derviş (Plur.: dervişler): Derwisch, Angehöriger einer religiösen Bruderschaft im Islam, im engeren Sinne Bettelmönch. Die Zahl solcher Bruderschaften, die mit den verschiedensten Methoden die religiöse Mystik pflegten, war in der Vergangenheit sehr groß. Oft standen sie im scharfen Gegensatz zur offiziellen Theologie wie auch zum Staat. Die bekanntesten dieser Art waren die ständig wandernden Kalender-Derwische. In europäischen Berichten des 16. Jh.s sind Iomai oder Giomai (vielleicht von tü. gümrah, Plur. gümrahlar – »Ketzer«) als umherziehende Derwische mit langem Haar und unauffälliger Kleidung erwähnt

S. 195

Paulus zun Röm. am 1. – Brief des Paulus an die Römer 1, V. 27

mössine – aus Messing

Maslac – tü. maslık: Stechapfel (dessen Blätter Alkaloide enthalten); Rauschmittel waren bei den islamischen Mystikern verbreitet

S. 196

Pomp.Mela – Mela Pomponius, römischer Geograph (Mitte 1. Jh.), von ihm stammt die älteste erhaltene geographische Beschreibung der antiken Welt

Hagißlar – tü. hacî (Mehrzahl: hacîlar): Hadschi, Bezeichnung (Titel) für den Mekkapilger; hier ist wohl eine besondere Art Bettelpilger gemeint. Die Wallfahrt nach Mekka (vgl. 1. Anm. S. 199) ist einer der fünf »Grundpfeiler« des Islam und Pflicht der Muslims, soweit sie dazu imstande sind. Sie umfaßt verschiedene Zeremonien; eine davon ist das Opferfest (tü. Büyük Bayram, vgl. 1. Anm. S. 193)

Observanten – Mönche, die strenge Ordensregeln beachten

Medina – vgl. 2. Anm. S. 183; das Grab Muhammads ist auch Ziel von Wallfahrten, die aber nicht den Rang der Mekka-Wallfahrt haben

S. 197

Cudsumebarek – tü. Kudüs (mübarek) »gesegnetes Heiligtum«: Bezeichnung für Jerusalem; das Hauptheiligtum der Muslims in J. ist der Felsendom (erbaut im 7. Jh.) auf dem Tempelplatz, wo der Tempel König Salomos (9. Jh. v. d. Z.), der im Islam ebenfalls verehrt wird, gestanden hatte

Saka – tü. saka: Wasserträger; die Einrichtung der Wasseralmosen war Teil einer frommen Stiftung zu gemeinnützigen Zwecken

S. 199

Bund – Turban

erblichen Krankheiten – ansteckenden Krankheiten

sich kranker Leut äußere – sich des Umgangs mit kranken Leuten enthalte

S. 200

Cicero – Cicero (106–43 v. d. Z.), römischer Redner, Staatsmann, Schriftsteller

Trippelknecht – geringer Knecht

Nahrung zutragen – In den islamischen Ländern ist der Einkauf auf dem Markt meist Sache der Männer – eine Gewohnheit, die sich aus der früheren strengen Abschließung der Frau im Hause ergab. Diese Abschließung wie auch das im folgenden beschriebene müßige Leben traf vor allem auf die Frauen der städtischen Mittel- und Oberschichten zu

Docken – Puppen

S. 201

Seidenwat – Seidenstoff

Geflinder – Flitter

S. 202

Fauna – Fauna oder Bona Dea: römische Göttin der Frauen

Kobelwagen – Bezeichnung für vornehme Kutsche

S. 203

Nalum ... – tü. nalın »hölzerner Stelzenschuh«, iç edik »halbhoher weicher Saffianstiefel«, başmak »Pantoffel«, kaftan »leichter mantelartiger Überwurf«, zîbîn »Unterkleid, -jacke«, çakşir »lange, weite Hose«; arakçin »Frauenkappe«; sîrma »Goldflitter«; ferace »mantelartiges Straßenkleid für Frauen«

Rodis – die griechische Insel Rodos

S. 204

gülden Stücken – golddurchwirkten Stoffen

S. 205

Schauessen – Tafelaufsätze bzw. Nachbildungen von Speisen aus nicht eßbarem Material; hier die künstlichen Palmen, die bei orientalischen Hochzeitszügen vorangetragen wurden

Scherbet … Hutzelwasser – vgl. 3. und 4. Anm. S. 128

Brinsch … – tü. pirinç »Reis«, koyun »Schaf«, tuz »Salz«, sağyağ, sadeyağ »Kochbutter«, et »Fleisch«, su »Wasser«, şarap »Wein«

S. 206

die Türcken hielten's beide … – die Türken betrachten es zum einen (für sich) als läppischen (oder: schändlichen) Unsinn, und zum anderen läßt es ihnen ihre Eifersucht nicht zu

besondere Musicam … – tü. çalpara: Kastagnetten und tef: Tamburin (B)

türckischen Feldspiel – Die (abgebildeten) Instrumente der türkischen Janitscharenmusik sind tü. zurna: Schalmei, Oboe (C), davul: große Trommel (D), nakkare: kleine Doppelpauke (E), boru: Trompete (F), zil: Becken (G). Dazu gehören noch Triangel und Rasselstab (mit Roßschweifen zum Schellenbaum geworden). Die negative Meinung über die türkische Musik änderte sich schlagartig nach dem Sieg über die Türken von 1683; danach eroberten sich die typischen Instrumente der Janitscharenmusik einen festen Platz in der europäischen Militärmusik und auch im Orchester der Kunstmusik

S. 207

etlich Wehr – etliche Waffen

erhüllt – widerhallt

S. 208

Tripel – Triolen

Cithara … ein anders – tü. tambura: orientalische Gitarre (A) und saz: orientalische Langhalslaute (H), die jeweils mehrere Unterarten haben

federen – federartigen

Schimpfreden – Scherzreden

muß er mit Geld … lösen – hier ist das Brautgeld gemeint, das an die Familie der Braut gegeben und meist zu deren Aussteuer verwendet wird. Diese Dinge sind persönlicher Besitz der Frau, den sie im Falle einer Scheidung mit sich nimmt

Schwäher – Schwiegervater

Polygamia – Das islamische Gesetz gestattet dem Mann, bis zu vier Frauen gleichzeitig zu haben. Der Durchschnittsmuslim machte auch schon früher von diesem Recht weniger Gebrauch, als oft angenommen wurde; er nutzte eher die Möglichkeit der leichten Ehescheidung

Ehescheidungen – Der Mann kann nach islamischem Gesetz durch einfaches Aussprechen einer Scheidungsformel die Ehe lösen. Für die Frau sind die Scheidungsmöglichkeiten sehr begrenzt, und sie muß sich dabei an den Kadi wenden. Das Sorgerecht für die Kinder hat die Frau nur eine bestimmte Zeitlang (für Mädchen länger als für Jungen)

S. 209

vernügt – zufrieden

Zügen – Linien, Figuren

Opus mosaicum,… vermiculatum, … segmentatum – (lat.) Mosaikarbeit

Münz- und Maßeinheiten im 16. Jh.

Heller – kleinste Silbermünze in Süddeutschland

Kreuzer – Silbermünze in Süddeutschland

Batz, Batzen – Silbermünze in Süddeutschland; = 4 Kreuzer

Gulden – Silbermünze in Süddeutschland; = 60 Kreuzer (oft nur als Rechnungswert gebraucht)

Taler – Silbermünze. Seit 1566 als Reichstaler zu 72 Kreuzer

Dukaten – Goldmünze verschiedener europäischer Länder

Akçe (Asper) – wichtigste türkische Silbermünze (verlor Ende des 16. Jh.s beträchtlich an Wert); entsprach etwa 2 Kreuzern

Kuruş – türkische Silbermünze, = 40 akçe; entsprach etwa 1 Taler

Altîn (Sultani, Şerifi) – Goldmünze, türkischer Dukaten, = 60 akçe; entsprach dem europäischen Dukaten (bzw. 2 Gulden)

1 Spanne = 0,22–0,28 m

1 Schuh = 0,29 m

1 Elle = 0,58 m

1 Schritt = 0,72 m

1 Klafter = 1,74 m

1 Stadium (griech.) = 180 m

Roßlauf = deutsche Bezeichnung für das Stadium

1 (kleine) deutsche Meile = 5760 m

Jauchart – Flächenmaß unterschiedlicher Größe (andere Bezeichnung für Morgen), etwa zwischen 2000 und 5000 m²

Metze – Hohlmaß (Trockenmaß) sehr unterschiedlicher Größe, zwischen 3,4 und 80 l

1 Okka – türkisches Gewicht, = 1283 g

Dilger, K.: Untersuchungen zur Geschichte des osmanischen Hofzeremoniells im 15. und 16. Jh., München 1967

Freely, J./Sumner-Boyd, H.: Istanbul: Ein Führer, München 1975

Gallwitz, E. (Hrsg.): Istanbul, Frankfurt a. M. 1981

Gerlach, St.: Stephan Gerlachs deß Aeltern Tage-Buch der von zween glorwürdigsten Römischen Käysern, Maximiliano und Rudolpho ... an die Ottomannische Pforte zu Constantinopel abgefertigten ... Gesandtschaft. Herausgegeben von Samuel Gerlach, Frankfurt a. M. 1674

Göllner, C.: Turcica. Die europäischen Türkendrucke des 16. Jh. Bd. 1 (1501–1550) Bucureşti/Berlin 1961, Bd. 2 (1551–1600) Bucuresti/Baden-Baden 1968, Bd. 3 (Die Türkenfrage in der öffentlichen Meinung Europas im 16. Jahrhundert) Bucuresti/Baden-Baden 1978

Heyd: Schweigger, Salomon, Allgemeine Deutsche Biographie, 33. Bd., Leipzig 1891, S. 339–340

Jäck, J. H. (Hrsg.): Taschenbibliothek der wichtigsten und interessantesten Reisen in die Türkey, 4 Theile, Nürnberg 1828 (Grätz 1831–1833) = Taschenbibliothek der wichtigsten und interessantesten See- und Landreisen ..., Bde. 10, 13, 16, 32, 34, 36, 37, 40, 41, 72, 74

Jireček, C. J.: Die Heerstraße von Belgrad nach Constantinopel und die Balkanpässe, Prag 1877

Jorga, N.: Geschichte des Osmanischen Reiches. Bd. I–V, Gotha 1908–1913

Müller-Wiener, W.: Bildlexikon zur Topographie Istanbuls. Byzanton, Konstantinupolis, Istanbul bis zum Beginn des 17. Jh., Tübingen 1977

Spuler, B.: Die europäische Diplomatie in Konstantinopel bis zum Frieden von Belgrad (1739), Jahrbücher für Kultur und Geschichte der Slaven, Jg. 1935, H. 1, S. 53–115, H. 2, S. 171–222, H. 3/4, S. 313–366, Jahrbücher für die Geschichte Osteuropas, Jg. 1 (1936), H. 2, S. 229–262, H. 3, S. 383–440

Teply, K. (Hrsg.): Kaiserliche Gesandtschaften ans Goldene Horn (Aus den Originalberichten ausgewählt, übertragen und erläutert), Stuttgart 1968

Watt, W. M./Welch A. T.: Der Islam, I., Stuttgart (u. a.) 1980

Werner, E.: Die Geburt einer Großmacht – Die Osmanen (1300–1481), 3. Aufl. Berlin 1978

Werner, E./Markov, W.: Geschichte der Türken von den Anfängen bis zur Gegenwart, Berlin 1978

Zinkeisen, J. W.: Geschichte des Osmanischen Reiches in Europa, T. I–VII, Hamburg/Gotha 1840–1863